약속의 땅
아이러브 아프리카

약속의 땅, 아이러브 아프리카

지은이 이창옥
펴낸이 김명식
펴낸곳 (주)넥서스

초판 1쇄 발행 2014년 10월 10일
초판 2쇄 발행 2014년 10월 15일

출판신고 1992년 4월 3일 제311-2002-2호
121-893 서울시 마포구 양화로 8길 24
Tel (02)330-5500 Fax (02)330-5555
ISBN 979-11-5752-026-8 03230

저자와 출판사의 허락 없이 내용의 일부를 인용하거나
발췌하는 것을 금합니다.
저자와의 협의에 따라서 인지는 붙이지 않습니다.

가격은 뒤표지에 있습니다.
잘못 만들어진 책은 바꾸어드립니다.

www.nexusbook.com
넥서스CROSS는 (주)넥서스의 기독 브랜드입니다.

약속의 땅

아이러브 아프리카

이창옥 지음

넥서스CROSS

to. _____

_____

_____

_____

_____

_____

_____

_____

_____

_____

from. _____

생명의 우물 2만 개가
끝없이 이어지기를

나는 라인홀트 니부어(Reinhold Niebuhr)의 기도문을 좋아한다. 살다 보면 기도밖에는 그 어떤 것도 할 수 없을 때가 찾아온다. 나는 그럴 때 니부어의 기도문을 조용히 그리고 반복해서 외우곤 한다. 멀리서 이창옥 선교사가 아프리카에서 사역하는 이야기를 들었을 때도 같은 마음이었다. 척박하고 거친 땅에서 들릴 듯 말 듯 작은 숨소리로 생의 끝자락을 붙잡으려 애쓰는 이들의 이야기를 들었을 때, 나는 비로소 안타까운 마음으로 기도문을 읊조리게 되었다.

이창옥 선교사가 가냘픈 여자의 몸으로 아프리카 땅에 작은 변화의 바람을 일으키는 용기에 박수를 보낸다. 그 눈물의 씨앗이 열매 맺는 모습이 참으로 아름답다. 그들의 손을 맞잡고 함께 거친 땅을 헤쳐 나가는 그 용기와 사랑이야말로 지금 이 시대에 가장 필요한 것이 아닐까. 오늘, 아프리카 사람들의 생(生)을 이어 가는 생명의 우물 2만 개가 끝없이 이어지기를 손 모은다.

_이어령

모은 것이 아니라
뿌린 것

신이 만든 것 중에 가장 아름다운 것은 사람이고, 사람이 만든 것 중에 가장 찬란한 것은 사랑일 것이다. 하나님은 이창옥 선교사를 만들었고, 그녀는 아프리카에 30년 동안 사랑의 궁전을 지어 주고 있다.

사람은 불행을 극복하기 위해 희망을 만들었고 고통과 눈물에 저항하기 위해 사랑을 만들었을 것이다. 이창옥 선교사는 아프리카에서 질병을 얻어 사경을 헤매다가 기도로써 치유했다. 기도의 놀라운 은혜를 알게 된 그녀는 고난받는 아프리카 사람들에게 생명의 존엄함을 실천하여 하나님의 진정한 '나눔과 봉사의 도구'가 되었다. 니체는 '인간은 행복조차 배워야 하는 동물'이라고 했다. 그러나 아프리카 오지의 어린이들은 행복이란 단어조차 생각할 수 없을 만큼 열악한 환경에서 반 모금의 더러운 물을 찾아 헤매는 절박한 위기에 놓여 있다. 그들에게 사랑을 실천하는 천사가 없다면 속수무책으로 굶주림과 질병과 극한 상황을 맞이할 수밖에 없을 것이다.

절망하는 인간을 어루만져 희망의 깃발을 펄럭이게 한 참으로 아름다운 '사랑과 소망의 발명품'이 된 이창옥 선교사는 우리에게 '인생을 마감한 뒤에 남는 것은 모은 게 아니라 뿌린 것'이라는 걸 유감없이 선포한 우리 시대의 진정한 향기이다. 그 향기가 우리 곁에 있어서 참 고맙다.

_김홍신 (소설가)

감동의 릴레이가 아프리카로

나눔은 사랑을 낳고 사랑은 행복을 만든다. 지구촌의 아픈 곳, 어려운 이웃을 찾아다니며 위로하고 챙기는 따뜻한 마음과 실천은 평화를 이루는 길이다. 이창옥 회장은 아프리카를 향해 따뜻한 손길을 내민 지 30여 년 세월이 흐르면서 그들에게 꿈을 꿀 수 있도록 희망의 길을 열정으로 열어 주었다. 그 속에는 아픔도 있고 좌절도 있었지만 샘물같이 넘치는 사랑과 연민이 그 일을 중단시키지 않았다. 챙겨 주고 아껴 주고 보듬어 주는 마음은 100여 년 전 미국 선교사들이 이역만리 우리나라 땅에 "계획은 인간이 해도 진행은 하나님이 하신다."는 굳건한 믿음 아래 찾아왔던 그 감동의 릴레이가 아프리카로 이어진 것이다. 역사는 길이고 릴레이고 동행이다. 이 아름다운 길 위에 더 많은 동역자가 동행하여 세상을 밝게 비추는 등불을 들고 다 함께 뛰었으면 좋겠다.

_이배용 (한국학중앙연구원장, 전 이화여자대학교총장)

생명의 기적을 창출시키는
아프리카 선교 사역

한국에서 2004년에 하나님의 소명을 받고, 아프리카에 죽어 가는 어린 생명을 지켜 주겠다는 이창옥 선교사를 만나게 되었다. 세계의 굶주리는 어린 생명을 돕기 위해 국제구호개발사업을 펼쳐 온 월드비전 회장으로서 고통 속에 있는 어린이를 돕는 일이 얼마나 힘든 일인지 잘 알고 있다. 그래서 이창옥 선교사의 용단에 깊은 감명을 받았고, 이 선교사가 아프리카 선교를 시작하는 감사예배에 참석해 말씀을 전하며 하나님의 특별한 은총이 함께하시길 기도했다. 이 선교사는 아프리카의 절망적인 어린이들에게, 축복받은 우리가 어떤 이웃이 되어 어떻게 축복의 근원이 되어야 하겠는가를 이 저서를 통해 전해 주고 있다. 한 여성이 아프리카 사랑의 결단과 실천이 얼마나 놀라운 생명 구원의 기적을 나타내고 있는지 이 저서를 통해 깨닫게 되리라 확신한다. 그리고 많은 독자에게도 생명의 기적을 창출시키는 아프리카 선교 사역에 동참하는 축복이 되길 바란다.

_박종삼 (한국글로벌 사회봉사연구소 소장, 전 월드비전 회장)

마더 테레사처럼,
아프리카 선교사 리빙스턴처럼

1977년, 식인종이 존재한다는 아프리카에서 이창옥 이사장은 풍토병에 걸려 사경을 헤매며 절규한다. "하나님! 제발 목숨만을 살려 주세요! 무엇이든지 시키는 대로 다 하겠습니다." 하나님은 즉시 살려 주셨고, 이사장은 그 약속을 가슴에 품고 30여 년의 세월을 보낸다. 그리고 약속대로 아프리카 아이들의 마마(엄마)가 되어 우리 앞에 나타났다. "병균이 우글거리는 무서운 물을 먹고 아프리카 아이들이 죽어 가고 있어요!"라며 〈아프리카 우물 2만 개 파 주기 릴레이 운동〉을 펼쳤다. 마더 테레사처럼, 아프리카 선교사 리빙스턴처럼 예수의 길을 쫓아가는 생명수 같은 이사장이 참 아름답다. 자기 삶에만 몰두하는 요즘, 이창옥 이사장의 안쓰러운 외침이 생명 존중 우물 파 주기로 이어지기를 진심으로 기원한다. _손병두 (호암재단 이사장, 박정희대통령기념재단 이사장)

참된 사랑의 화신이다

내가 아는 이창옥 이사장님은 겉으로 보기엔 화려하고 멋이 있어 보인다. 그러나 그분의 참모습은 외면의 화려함과 멋이 아니라 '하나님에 대한 사랑', '인간에 대한 사랑', 즉 인간이 가질 수 있는 '가장 아름다운 사랑'을 가슴속에 간직하고 실천하는 '참된 사랑의 화신'이다. 처음에 이창옥 이사장님의 외면만 보고서 "저런 분이 과연 그 어렵고 힘든 일을 하실 수 있을까?" 하고 믿어지질 않았다. 그런데 머지않아 그의 마음이 '진정한 인간에 대한 사랑'임을 알 수 있었다. 아프리카에서 새로운 생명의 꽃을 피워내고자 힘든 일을 몸소 실행에 옮기신 '진정한 하나님의 종이 될 수 있었다.'라고 확신된다. 이창옥 이사장님의 이러한 희생과 사랑으로 머지않아 세상의 지옥인 아프리카가 새로운 희망의 대륙으로 탄생될 날을 기대하면서 '약속의 땅, 아프리카'가 '새로운 희망, 약속'이 되기를 진심으로 기원한다. _윤홍근 (제너시스 BBQ 회장)

아프리카에 필요한 것은
관심과 사랑

끊이지 않는 내전과 길고 긴 흉년, 병들어 가는 사람들, 배고픈 아이들. 《약속의 땅, 아이러브 아프리카》의 저자는 이렇게 지쳐 있는 아프리카에 필요한 것은 관심과 사랑이라고 말합니다. 어려운 이웃을 돌아보고 먼저 손 내밀어 위로해 줄 수 있는 용기가 무엇보다 필요한 때입니다. '누군가를 돕는 일에는 마음을 내려놓는 용기가 필요하다.'는 책의 내용대로 대가를 바라지 않고 사랑을 실천하는 이창옥 이사장의 숭고한 행보에 찬사를 보냅니다. _강석희 (CJ E&M 대표이사, CJ그룹 총괄부사장)

철의 여인 이창옥 대표에게
힘찬 파이팅을

2년 전 그녀와 함께 탄자니아에 우물 파기 봉사를 다녀왔다. 순수한 아이들의 맑고 깨끗한 눈망울을 보는 순간 그들에게 매료되었다. 하지만 그들에게는 인간이 살 수 없는 최악의 조건만이 있는 상태였다. 인간이 세상에 태어날 때 부여받는 최소한의 권리, 즉 숨 쉬고, 마시고, 자고, 먹고, 그중에서 마실 물이 없어 고통받고 병들어 가고 죽어 가는 그들에게 우물이라는 오아시스를 만들어 주는 그녀는 아프리카의 빛이자 수호신이다. 또한 대한민국의 위상과 복음을 전파하는 위대한 여성이라 하겠다. 무작정 국내가 아닌 왜 머나먼 아프리카여야만 하는가! 의구심을 가진 이들에게도 많은 이해와 사랑과 감동을 가져다주리라 자신한다. 철의 여인 이창옥 대표에게 힘찬 파이팅을 외친다.

_길용우 (배우)

진정한 봉사정신으로
가장 낮은 자세로

외교부 갓 들어와 연수 받을 때 아프리카에 뼈를 묻겠다던 소박한 마음이 있었다. 그러나 곧 아프리카를 잊고 외교생활에 젖은 중에 탄자니아에 부임하게 되었다. 그때서야 예전에 했던 말이 떠올랐다. '그런데 뭘 어떻게 하지?' 이때 내 앞에 25년 된 초등학교에 우물을 파 준다며 같이 봉사 가자고 이창옥 회장님이 나타나셨다. 진정한 봉사정신으로 가장 낮은 자세로 아프리카 사람들의 아픔을 어루만지고 계신 모습이 아름다운 분이다. 사람이 나이가 들면 편한 것을 찾게 되는데, 이 회장님은 그 모든 것을 희생하고 있으니 참 장한 분이다. 진정한 신앙심 없이는 불가능한 일일 것이다. 독자 여러분도 이 저서를 통해 관심과 사랑이 있기를 소망한다. _**정일 (탄자니아 한국 대사)**

아프리카의
실상이 리얼하게 전달

《약속의 땅, 아이러브 아프리카》가 출간됨을 함께 기뻐하며 진심으로 축하드립니다. 이창옥 이사장은 이 책에서 거대한 아프리카 대륙을 자신의 삶의 맥락에서 다루고 있어 자칫 딱딱해지기 쉬운 주제를 읽기 쉽게 잘 서술하고 있습니다. 동분서주 바쁘신 가운데서도 언제 이렇게 좋은 글들을 정리하셨는지 그저 감탄할 따름입니다. 이 책의 출간을 기뻐하는 또 하나의 이유는, 아프리카라는 숲을 잘 그려내면서도 그 안에 서 있는 나무 한 그루까지 세세하게 볼 수 있도록 친절하게 안내해 주고 있다는 점입니다. 모두에게 이 책의 일독을 권하며 아프리카의 실상이 리얼하게 전달된 이 소중한 책이 또한 아프리카에 대한 개발 협력에 기여하고자 하는 분들에게 나침반과 같은 길잡이가 되리라 확신합니다. _**최동규 (케냐 한국 대사)**

나누고 싶은 이야기

처음 아프리카를 사랑하겠다고 외쳤던 날이 엊그제 같은데, 벌써 30여 년이란 세월이 흘렀습니다. 아무것도 모르던 20대의 나이에 남편을 따라 서아프리카 라이베리아의 수도 몬로비아에서 수년간 살았습니다. 그때만 해도 아프리카에 가면 식인종이 사람을 잡아먹는다는 이야기가 있어 지인들은 공항에서 작별 인사할 때 마치 제가 죽으러 가는 것처럼 눈물을 흘리던 모습이 지금도 선합니다.

아프리카의 낭만을 만끽하며 행복하던 어느 날, 저는 갑자기 풍토병과 말라리아, 심한 눈병에 걸려 사경을 헤매게 되었고, 그때 아프리카까지 와서 죽는 게 너무 억울해 잊고 살던 하나님께 매달리며 울부짖었습니다. 신기하게도 저는 거짓말처럼 즉시 나았지요. 제가 경험하고도 믿을 수 없는 사실이었습니다.

귀국한 뒤 저는 다시 태어나게 해 준 제2의 고향, 아프리카를 위해 무언가 할 수 있는 일이 있기를 간절히 기도하며 소망했습니다. 그리고 30여 년 동안 나 자신과의 싸움, 사회적 활동을 하며 받은 훈련을 끝내고서야 부끄럽지만 그들을 위해 조금이나마 일할 수 있게 되었습니다. 많이 늦은 나이인데도 말입니다. 이제 제게 남은 삶의 이유는 아프리카를 사랑하고 그들과 함께하는 것입니다.

요즈음 제가 한국보다 더 긴 시간 동안 머무는 아프리카는 기아, 더러운 물, 에이즈, 질병, 내전으로 어린 생명들이 피지도 못한 채 죽어 가거나 살려 달라고 울부짖고 있습니다. 이 아이들과 우리가 피부색은 다를지라도 형제자매로서 차마 모른 척 할 수 없습니다. 아프리카 아이들에게는 희망을, 젊은이들에게는 꿈을 꿀 수 있도록 두려움과 좌절 속에 멈춰 버린 이들에게 갈 길을 인도해 주고 싶었습니다.

잔인한 말처럼 들릴지라도, 우리는 그들이 거저 받는 손이 부끄럽다는 것을 깨닫고, 자립의 길로 들어갈 수 있도록 이끌어 줘야 합니다. 주는 빵을 받아먹는 것이 다가 아니라 고기를 낚는 방법을 가르쳐 줘야 합니다. 어떻게 고기를 잡고, 잡은 고기를 어떻게 해 먹으며, 내 손으로 잡은 고기가 돈이 되는 희열을 맛보게 해야 합니다. 그래서 하루 한 끼도 먹기 힘든 빈민촌 청소년들이 중고 컴퓨터를 가지고도 당당하게 기술을 배우고 익혀서 '나도 컴퓨터 수리 기술자가 되겠구나!' 하는 희망으로 자생력을 키워 가도록 도와주고 싶었습니다. 가난한 환경을 원망하지 않고, 부자를 부러워하지 않고, 자신을 극복할 수 있는 힘이 생긴다면,

바다 깊은 데로 들어가 큰 그물을 던질 수 있을 것입니다. 베드로처럼 주님이 함께해 주신다면, 청소년 어부들의 인생은 희망으로 옮겨질 것입니다.

제가 아프리카 전문 국제구호개발 NGO 아이러브아프리카를 설립한 이유는 바로 여기에 있습니다. 열악한 환경 속에서도 살아 숨 쉬는 아이들에게 희망의 날개를 달아 주고 싶었기 때문입니다.

제가 걷는 이 길이 힘들 때마다 항상 떠오르는 두 얼굴, APMI(Asia Pacific Mission Institute)선교 사관학교 이사장이신 이수철 목사님과 은종복 사모님, 늘 기도해 주셔서 감사드립니다. 제가 직접 써야 진실한 감동이 전달된다며, 만약 녹음기로 녹음해서 대필한 원고를 보내온다면 절대 사절이라고 위협(?)해서 끝까지 제 손으로 탈고하도록 용기를 준 넥서스 출판사의 김명식 목사님, 신옥희 상무님, 진행을 맡아 준 정효진 과장님 그리고 아프리카를 혼자만 사랑하면 말이 되느냐고 어서 출간해 실상을 알리라고 잔뜩 부담을 준 CTS기독교TV 강명준 전무님, 사랑하고 감사합니다. 최고의 작가 빼고는 대표님이 가장 글을 잘 쓴다고 내가 지치지 않도록 빨간 거짓말을 무수히 남발한 아이러브아프리카의 옥광민 팀장, 새벽녘 서재의 문을 살며시 열고 골똘히 앉아 있는 내게 "허허! 글 쓴다고 잠도 안 자나!" 걱정하던 사랑하는 남편에게 정말로 고맙습니다. 돌아보면 한 분 한 분이 가까이에서 또는 보이지 않는 곳에서 부족한 저를 도와주었기에 책을 출간할 수 있었습니다. 소중한 경험을 나누고 싶은 이야기로 여러분과 함께하기를 희망합니다.

　그동안 함께해 준 여러분,

　앞으로 저와 책을 통해 마음을 나눌 여러분,

　하나님의 축복이 영원하기를 기원합니다. 고맙습니다.

약속의 땅, 아프리카에서

이창옥

1부

내 삶의 이유,
내 사랑 아프리카

"정말요? 그렇게 위험한데 꼭 이 길로 물을 뜨러 가야 해요? 다른 길은 없어요?"

"길은 오직 여기 하나예요. 원주민들은 모두 이 길로 물을 길어다 먹어요."

가도 가도 끝이 없는 고단한 걸음으로 한 걸음 한 걸음 걸어가는 여인들

사자와 독사를 만나는 길

2012년 탄자니아 바가모요 산골 초등학교에 우물을 파주러 갔다. 탄자니아 사람인데 특이하게 북한에서 대학을 졸업한 조지는, 2002년 아프리카 대탐험 길에 통역을 맡아 준 것이 인연이 되어 이번에도 원주민의 스와힐리어 통역자로 동행했다. 원주민은 우리를 보고 좋아하며 말하기를 웅덩이에 물을 길러 가는데 함께 가자고 했다. 안 그래도 물 기르는 현장에 가 보고 싶었는데 먼저 제안하니 우리는 마치 소풍 가는 아이처럼 신이 나서 그들이 건네주는 플라스틱 물통을 들고 쫄랑쫄랑 뒤따라갔다. 그런데 가도 가도 끝이 없었다. 햇볕은 내리쬐고 땀은 줄줄 흘러내렸다. 그때 큰 산 옆으로 난 좁은 길에 들어서자 한 원주민 아낙네가 갑자기 겁에 질린 표정으로 뭐라고 큰 소리로 말했다. 익살스러운 조지가 재치 있게 받아서 북한 말투로 실감나게 통역한다.

"전에 물 뜨러 갈 때 저 산에서 사자가 내려왔답네다."

"어머나! 사자한테 물려서 죽은 사람이 있대요?"

"직접 본 사람은 여기 물 뜨러 가는데 안 왔습네다. 여러분이 주변을 쏘아보고 걸으면서 조심하라는 것입네다. 사자한테 잡히면 서울도 못 가시게 된다, 이런 말씀입네다. 낄낄낄!"

우리는 커다란 나무 그늘 아래서 잠시 쉬다가 다시 길을 걸었다. 이번에는 앞서 걷던 다른 원주민 아낙네가 멈춰 서더니 또 큰 소리로 말하면서 입을 씰룩거렸다. 그러고는 손가락으로 풀숲을 가리키다가 이내 자신의 발등을 꽉 붙잡았다.

"아이고! 여기에서 독사가 내려와 물 뜨러 가는 아이의 발등을 꽉 물었답네다."

"세상에! 물린 아이는 어떻게 됐어요?"

"다행히 죽지는 않고 독이 퍼져서 다리를 싹뚝 잘랐다고 합네다."

"아이구 끔찍해! 그게 언제 있었던 일이래요?"

"2년 정도 된 이야깁네다. 그 아이가 목발을 짚고 지금 동네에 살고 있습네다."

"정말요? 그렇게 위험한데 꼭 이 길로 물을 뜨러 가야 해요? 다른 길은 없어요?"

"길은 오직 여기 하나입네다. 원주민들은 모두 이 길로 물을 길어다 먹습네다."

우리는 사자가 불쑥 나올까, 독사가 기어 나올까, 조심조심 살피면서 산길을 걸었다. 땡볕에 한참을 걷다 보니, 어느 순간 무서운 것도 까맣게 잊고 그저 빨리 물웅덩이에 도착하고 싶은 마음뿐이었다.

"벌써 한 시간이 훌쩍 넘었는데 왜 이렇게 웅덩이가 안 나와요?"

"다 왔습네다. 저기 보이는 게 웅덩이입네다."

아이들이 웅덩이 앞으로 우르르 달려갔다. 그러곤 큰 소리로 뭐라 뭐라 한다.

"웅덩이에 물이 없다고 합네다. 아침에 아주 먼 곳에서 사람들이 와서 다 퍼 갔다고요. 조금 더 걸어가면 다른 웅덩이가 하나 더 있다는 것입네다. 자! 그리로 가시게 되겠습네다."

조금만 더 가면 된다는 말을 믿고 다시 길을 나선 지 얼마가 지났다. 저쪽에 작은 물웅덩이 하나가 보였다.

"세상에나! 이걸 먹는다고요?"

물웅덩이를 본 우리는 순간 울컥했다. 조그마한 웅덩이에 있는 물은 회색빛이 나는 데다 물속에는 개구리밥으로 보이는 물거품이 동글동글 뭉쳐 있었다. 한눈에 봐도 무서운 병균이 우글거릴 것 같은 물이었다. 그런데 이 물이 바가모요 산골 초등학교 아이들과 원주민의 생명수인 식수라니! 우리는 기가 막혀서 할 말을 잃고 멍하니 서 있었다. 그 순간 아이들은 땡볕에 걸어오느라 갈증이 났는지 병균이 꿈틀거리는 잿빛 물을 떠서 벌컥벌컥 마시는 게 아닌가! 우린 일그러진 표정으로 가엾은 아이들의 입만 쳐다볼 수밖에 없었다. 웅덩이 물을 맛있게 떠먹는데 더러운 물이라고 먹지 말라고 하면, 그것은 이곳 사람들에게 큰 상처가 될 것이다. 더러운 물을 먹지 않게 하는 최선의 방법은 어서 빨리 우물을 만들어 주는 것뿐이었다. 그때 봉사자들이 말했다.

"여기 와서 보니까 아프리카 사람들이 왜 일찍 죽는지 알 것 같아요. 이런 물을 먹으니 병에 걸려서 오래 살 수가 없겠어요. 이곳 사람들을 보니까 물을 함부로 쓴다는 게 죄짓는 일 같아요."

"우리가 땡볕에서 한 시간을 넘게 걸어 겨우 이 물웅덩이 하나 발견했는데, 이게 온 동네의 식수라니 정말 당황스러워요. 물이 부족하니 아이들이 제대로 씻지도 못하고 말이죠. 아까 아이들 머리 봤어요? 이발해 줄 때 보니까 두피와 머리카락에 온통 모래가 붙어서 아무리 털어도 잘 떨어지지 않더라고요. '너 언제 목욕했니?'라고 물어보니까 그저 배시시 웃기만 하던데, 그 이유를 이제야 알겠네요. 물이 있어야 목욕을 하지요!"

나도 한마디 거들었다.

"아이들이 학교 갈 때 이 웅덩이에 와서 작은 플라스틱 통에 물을 담아 갑니다. 학교에 우물이 없으니까 이 물을 떠서 쉬는 시간에 아껴 먹지요. 그런데 이제 우리가 우물을 세워 주면 아이들이 힘들여 웅덩이를 찾아갈 필요가 없어요. 깨끗한 물을 학교에서 먹고, 방과 후 물통에 물을 담아서 집에 가져가서도 먹으니 마음껏 먹을 수 있게 되지요. 아이들이 깨끗한 물을 먹는다는 것은, 건강을 지키는 것뿐 아니라 아프지 않으니까 학습 능력도 올라가서 훗날 아프리카의 미래를 밝게 해줄 겁니다. 예전에 한국예탁결제원 사장님이 제게 이런 말을 하신 적이 있어요. '사람으로 태어나서 물을 못 먹어 죽는다는 게 말이 되느냐.' 물은 사람이 살기 위한 가장 기본적인 요소라는 거지요. 문제는 아프리카 사람들이 땅속에 있는 물을 꺼내 먹을 수 있는 능력이 없다는 거예요. 이 안타까운 현실에 정 많은 우리나라 사람들이 우물 파 주기에 나서는 것 아니겠어요! 그야말로 아이들이 먹지 못해 굶더라도 물만큼은 먹어야 공부든 뭐든 할 게 아닙니까?"

"맞습니다. 와 보니까 정말 느껴져요. 아, 지금 아이들이 개구리밥이 떠 있는 이 더러운 물을 벌컥벌컥 먹잖아요. 그런데 문제는 이런 물웅덩이마저도 별로 없다는 사실이에요."

"아! 이사장님이야말로 물 한 컵 시원하게 드셔야겠습니다. 열정이 넘치셔서 숨 한 번 안 쉬고 말씀하시네요."

"어머나! 제가 그랬나요? 자! 이제 물을 통에 가득 채웠으니 우리도 돌아갑시다."

우리는 일어나서 각자 들고 갈 물통을 번쩍 들었다. 긴 시간을 걸어왔으니 한 방울이라도 더 주민들에게 가져다줘야 한다며 물통에 개구리밥이 가득한 물을 꽉 채웠다. 그런데 얼마 지나지 않아 문제가 발생했다.

"아이고! 이 조그만 물통이 왜 이렇게 무거워?"

"젖 먹던 힘까지 다 써야겠는데요."

나 역시 물통을 들고 뒤따라갔다. 앞에 걷는 팀원들이 온몸에 힘이 잔뜩 들어간 채 물통을 들고 뒤뚱뒤뚱 걷는데 그 모양새가 마치 작은 물통에 매달려 가는 것 같다. 햇볕은 이글이글 내리쬔다. 그런데 갑자기 앞서 가는 팀원들이 가던 길을 멈추고 물통을 열어 황금 같은 물을 조금씩 버리기 시작했다. 아직 꽤 먼 거리를 더 가야 하기 때문에 후들거리는 다리를 지탱하기 위해 아까운 물을 버릴 수밖에 없었던 것이다. 나 역시 점점 뒤처지면서 살짝살짝 물을 버린다는 게 어느 순간 물통을 보니 남은 물이 바닥에 가까워졌다. 모래로 된 길을 오래 걷다 보니 운동화에 눌린 발가락이 아파서 나는 원주민 아낙네처럼 맨발로 물통을 들고 걸었다.

아낙네들은 물통과 한몸이 되어 손도 대지 않고 이고 걷는다. 물 긷는 인생이 삶의 전부인 여인들이다. 나는 거의 빈 물통을 들고 빠른 걸음으로 쫓아가면서 같은 여자로서 자꾸 안쓰러워 혼자 미안하다고 중얼거리며 걸었다.

앞선 팀원도 손에 들었던 물통을 여자처럼 머리에 이고 걸어가는데, 옆으로 휘어졌던 그의 허리가 꼿꼿해졌다. 그런데 노란색 유니폼을 입고, 눌러 쓴 모자 위로 물통을 얹은 한국 신사의 폼이 어째 좀 이상하다. 나는 물통 들고 비틀비틀 걸어가는 팀원들을 열심히 뒤따라가다가 갑자기 코끝이 찡해졌다. 아! 정말 고마운 사람들! 숨 막히는 땡볕 더위에도 봉사자들은 자발적으로 아프리카 시골까지 나를 따라나섰다. 서울에선 점잖은 신사들이 아프리카 산골에 와서 물동이를 머리에 이고 걸어가는 모습이란……. 그들은 무엇을 생각하며 걷고 있을까? 나는 맨발로 허우적거리며 생각한다. 어서 빨리 다른 산골 아낙들에게도 우물에서 쏟아지는 맑은 물을 꼭 선물해야 한다고.

생명수로 다시 태어난 아내

　　"지금 우리가 저 한 폭의 그림 같은 산등성이를 넘어간단 말이지요?"

　2007년 8월 어느 날, 나는 4시간에 걸쳐 케냐의 아름다운 시골길을 달려갔다.

　"선교사님, 안녕하세요!"

　"오시느라 고생이 많으셨습니다."

　"산새가 참 아름다워요. 산이 병풍처럼 교회와 학교 건물을 뺑 둘러싸고 있어서 꼭 왕이 사는 궁전에 들어온 것 같아요."

　"네! 제가 이곳에서 왕이신 주님을 모시고 삽니다. 하하하. 저는 사업을 하다가 장로 선교사로 부름을 받아 남은 삶을 주님께 바치려고 케냐와 탄자니아 국경 근처인 이곳으로 들어왔습니다. 여기는 전기가 들어오지 않아 냉장고가 없어요. 우물도 없어서 십리 길을 걸어가서 물을 길어 와야 하고요. 하지만 순박한 마사이족과 함께 생활하면서 선교하는 기쁨이 얼마나 큰지 대표님은 모르실 겁니다. 그런데 이 대표님! 간절한 기도 제목이 하나 있는데 부탁드려도 될까요?"

　"그게 뭔데요?"

　"보시다시피 여기는 땅이 40만 평이나 됩니다. 그런데 아직 우물이 없어요. 이 지역은 킬리만자로 산줄기를 따라 물이 내려와서 땅속에는 화강암이 묻혀 있다고 합니다. 그래서 지하수를 300m 정도 파야 물이 나온다고 해요. 우물을 파는 비용이 적어도 3천만 원은 있어야 하는데 아직 후원자를 만나지 못했어요. 이 대표님이 여기 오셨으니 후원자를 꼭 보내 달라고 기도 좀 해 주세요."

"우물 팔 장소가 어디죠?"

"저기 말뚝 보이시죠? 측량사가 저기에 물이 있다고 말뚝을 박아 놓았어요."

"제가 부족한 사람이지만 그래도 기도할게요. 우선 말뚝 위에 선교사님의 두 손을 얹으세요."

나는 선교사님이 얹은 두 손 위에 나의 두 손을 올린 뒤 같이 기도하기 시작했다.

"전능하신 하나님 아버지, 제가 룸보아 마을 마사이 종족이 사는 곳에 왔습니다. 이곳은 당신의 종, 장 선교사가 마사이족과 가족처럼 살고 있습니다. 그런데 생명이 될 우물이 아직 없다고 합니다. 그래서 여기 말뚝 박은 곳을 뚫어서 물을 끌어올리려고 합니다. 우물을 팔 비용을 채워 주셔서 이곳에 물이 쏟아져 나와 마사이족이 풍성하게 먹고 마시도록 인도해 주옵소서. 부족한 여종이지만 말뚝 위에 손을 얹고 간절히 기도드립니다. 하나님! 제 기도에 꼭 응답해 주시기를 예수님 이름으로 간절히 기도합니다. 아멘!"

나는 팔이 부들부들 떨릴 정도로 꽉 힘주어 기도를 마친 뒤 "하나님께서 곧 만들어 주실 것입니다!"라고 대책 없이 큰 소리로 말하고 한국으로 돌아왔다.

그로부터 3개월 뒤 어느 날이었다. 나와 아세아연합신학대학원 동문인 김 목사님이 내게 전화를 주었다.

"이창옥 선교사님! ACTS 동문 임 전도사 기억하죠? 그분이 갑자기 병을 얻어 하나님 곁으로 돌아갔어요."

"아니, 어쩌다 젊은 사람이 그리되었나요? 정말 안타깝네요."

"주님만 아시는 일이지요. 어쩌겠습니까. 그런데 임 전도사의 남편이 조의금을 가슴이 아파서 차마 어디에 쓰지 못했대요. 그러다가 기도하는 중에 아프리카 오지에 우물을 만드는 일에 쓰고 싶다는 마음이 들었다고 연락을 주었어요."

"네, 마음이 참 아프네요."

"이 선교사님! 그래서 말인데요. 아프리카는 이 선교사가 잘 아니까 정말 생명을 많이 살릴 수 있는 곳에 우물을 하나 파도록 알아봐 주세요."

"네, 감사합니다. 그런데 저보다는 목사님과 친분 있는 합동 측에서 파송받은 선교사님이 계시잖아요. 그분께 말씀을 드리는 게 어떨까요?"

"안 돼요! 이 우물은 꼭 이 선교사가 파야 맞아요. 이 선교사는 입만 열면 아프리카에 우물을 파 줘야 한다고 외쳤잖아요. 그렇게 외치는 사람이 더 잘 팔 것 같으니까 이 선교사가 파면 좋겠어요. 우물 파는 데 필요한 후원금은 우리 여선교회와 임 전도사 남편이 가진 금액을 합쳐서 3천만 원이 될 겁니다."

나는 그렇게 김 목사님과 통화를 끝내면서 갑자기 장 선교사와 함께 손을 얹고 기도한 말뚝이 퍼뜩 떠올랐다. 그래서 후원금을 받은 즉시 케냐에 있는 장 선교사에게 송금했다. 장 선교사는 이 숭고한 뜻을 받들어 우물 파기 공사에 착수했다.

물이 있다고 예측한 지점에서 지하 200m까지 파 내려갔다. 그러나 그 밑으로는 암반으로 가득 차 있어 아쉽게도 200m 이상은 우물 파는 일을 진행할 수 없어 멈췄지만, 암반과 암반 사이에 흐르는 미네랄이 풍부한 깨끗한 물을 끌어올리는 데는 성공했다.

제너레이터 우물이 세워지는 날, 김 목사님과 임 전도사 남편은 한걸음에 케냐로 달려왔다. 눈물을 흘리며 우물 건립 예배를 드리고 이 우물에서 나오는 깨끗한 물을 통해 마사이 종족들의 생명을 살리는 일이 이어지기를 간절히 기도했다.

임 전도사의 남편은 아내를 기념하는 현판을 걸으며 그리운 아내에게 사랑의 메시지를 전했다.

"사랑하는 나의 아내여, 내가 당신을 그대로 보낼 수 없어 여기에 당신의 생명을 이어 갈 생명의 우물을 하나 세웠소. 이제 당신의 따뜻한 마음으로 마사이족 여인들은 매일 십리 길을 걸어가서 물을 길어 오는 고통에서 해방될 것 같소. 이게 모두 당신의 사랑이 내 마음에 신호로 알려 준 덕분이 아니겠소? 여보 사랑하오! 언젠가 하늘에서 다시 만납시다. 그때까지 편히 쉬시오."

이 우물은 하루 10톤의 물을 공급한다. 이것도 물을 사용하는 원주민에 비해 풍족할 만큼의 매장량은 아니다. 그러나 이들은 물 한 방울

아프리카의 수많은 생명을 살리기 위한 우물

이라도 소중히 아껴서 사용하기 때문에 충분히 먹고, 빨래하고, 옥수
수와 콩 등의 농작물까지 키운다. 이제 무럭무럭 자라 열매를 맺게 된
농작물은 마사이족의 양식을 책임지게 되었다. 이처럼 우물은 수많은
생명을 살리는 통로 역할을 하였다. 아마도 임 전도사도 하늘에서 행
복한 미소를 지을 것이다.

딸을 가슴에 묻은 어머니의 우물

"여보세요, 여보세요? 거기 기독교 텔레비전에 나오시는 이창옥 선교사님 계신가예?"

"네! 제가 이창옥 선교사입니다."

"아이고, 그렇습니까? 참으로 반갑습니다. 텔레비전에서만 뵙다가 이렇게 직접 목소리를 들으니까 정말 좋습니더."

"전화 주셔서 제가 더 감사합니다."

"아니라예. 저는 권사도 아니고 집사도 아니고 초신자입니더. 저는 나이가 칠십이 훨씬 넘은 할머니라예."

"네. 앞으로 권사님이 되실 거니까 제가 미리 권사님이라고 불러드릴게요."

"아이고, 참으로 감사합니더. 저 같은 사람에게 권사라고 불러 주시다니예. 선교사님! 우물 하나 파려면 돈이 얼마나 듭니까? 제가 우물을 팔라고 매일 조금씩 후원금을 모았어예. 그래서 이 후원금을 선교사님께 보내드리고 싶습니다. 얼마 안 되지만 이걸로 아프리카 아이들의 생명을 살리는 우물 하나 파 주이소."

"권사님! 감사합니다. 우물은 다른 후원자와 함께 두 분이 세우시면 되니까 아무 걱정하지 마세요."

"선교사님! 제가 현판에 이름을 새기고 싶습니다."

"네. 그러셔야죠. 권사님 성함을 불러 주시면 그대로 새기겠습니다."

"아닙니더. 제 딸아이 이름을 현판에 새기려고 합니더."

"그러면 따님에게 영어 이름 스펠링을 적어 달라고 하세요."

"선교사님! 그게 저…… 제 딸아이는 이미 이 세상 사람이 아닙니더."

"아이고! 권사님 죄송합니다. 그런 아픔이 있으셨네요."

"제 딸이 작년에 폐암으로 세상을 떠났습니다. 그래서 제가 딸을 가슴에 묻고 삽니다. 아프리카 아이들이 물이 없어서 제대로 못 먹고 병들어서 죽는 모습을 보니까 자꾸 딸이 생각나서 가슴이 아파서예. 딸의 생명을 아프리카 아이들에게 이어 주고 싶습니다. 딸아이 이름으로 우물을 하나 파서 그 어린 것들에게 물을 먹이려고 선교사님께 전화드렸습니다."

"권사님! 제가 무슨 말로 위로를 드려야 할지 모르겠네요. 권사님, 힘내세요."

"선교사님, 저는 괜찮습니다. 딸이 살았으면 이제 서른두 살입니다. 꽃 같은 나이에 떠난 딸도 있는데, 늙은이가 이만큼 살았으면 됐지, 저는 당장 죽어도 괜찮습니다. 딸만 생각하면 지금도 가슴에 못이 박혀 있습니다. 제 딸이 한 번 결혼했다가 실패하고 다시 좋은 남자를 만나 힘겹게 재혼했어예. 그런데 사위가 얼마나 착하고 믿음이 좋은지 사위 때문에 제 딸이 교회에 나가게 됐습니다. 그래서 하나님을 영접하고 둘이서 아주 재미나게 살면서 엄마도 교회 나가서 하나님 만나야 한다고 저를 전도했어예. 그런데 어느 날 딸아이가 자꾸 몸에 기운이 없다고 해서 병원에 갔더니 폐암 말기라는 겁니다. 마른하늘에 날벼락이지요. 병원에서 검진받고 얼마 안 지나 금방 가 버렸습니다. 딸이 이제야 좀 잘 사는가 싶어서 걱정 안 하려고 했는데……. 딸이 너무 가여워서 제가 죽어서도 눈을 못 감습니다. 딸이 자신은 죽더라도 엄마는 꼭 교회에 나가서 하나님을 믿으라고 한 말이 유언이 됐어예. 그래서 제가 교회에 나갑니다."

권사님은 전화 속에서 슬피 우셨다. 그리고 다시 말씀을 이어 갔다.

"선교사님! 돈이 적어서 죄송합니다. 꼭 딸아이 이름으로 우물을 파 주이소."

"걱정 마세요. 권사님, 제가 기도하면서 준비하겠습니다."

권사님은 젊은 시절 공부를 많이 했지만 지금은 건강식품 판매업을 하신다고 했다. 일찍 하늘나라로 떠난 딸을 생각하며 아프리카 아이들에게 우물을 파 주려고 차곡차곡 돈을 모은 권사님은 지금껏 가슴에 묻은 딸을 그리워하면서 하루하루 살아왔단다.

나는 권사님의 이야기를 들으며 자꾸 눈물이 흘렀다. 딸을 보낸 고통이 오죽할까. 나도 자식을 키우고 있기에 심장이 멎을 것 같은 어미의 마음을 잘 알 것 같았다. 권사님은 애절하게 말을 이어 갔다.

"차라리 나 같은 늙은이를 데려가시지. 하나님은 왜 불쌍한 딸을 데려가시느냐고 원망도 많이 했습니다. 그래서 처음에는 교회도 안 나갔어예. 그런데 생각해 보니 딸이 짧은 생애를 살면서 하고 간 일은 늙은 어미 예수 믿게 한 것뿐입니다. 그래서 지금은 하나님 원망 안 합니다.

이 늙은이가 이제라도 하나님을 알게 돼서 감사할 뿐입니다."

나는 권사님의 뜻에 따라 딸의 이름으로 탄자니아의 꿈나무들이 자라는 초등학교에 우물을 건립하기로 했다. 우물은 우물 파기 기계장비로 지하수를 끌어올린 후 타워를 쌓아 놓고 그 위에 물탱크를 올린다. 그리고 타워 정면 벽에 후원자의 이름을 새겨 넣은 현판을 달아 놓고 도둑이 파 가지 못하도록 콘크리트로 단단히 마무리한다. 그런데 나는 그 무렵 기도하는 가운데 크게 깨달은 바가 있어 서둘러 권사님에게 전화를 걸었다.

"권사님! 평안하셨어요?"

"네! 선교사님도 건강하시지예?"

"권사님! 제가 기도하면서 깨달은 것이 있어서요. 마치 따님이 천국에서 제게 텔레파시를 보내는 것만 같아요."

"제 딸이 천국에서 뭐라고 텔레파시를 보냈나예, 선교사님!"

"권사님 따님이 제게 '엄마의 이름으로 아프리카 아이들에게 생명의 우물을 세워 주세요. 살아서도 엄마의 가슴을 아프게 했는데 엄마 곁을 떠나서도 힘들게 하네요. 사랑하는 엄마의 이름으로 아프리카 아이들에게 우물을 파 주면 엄마가 그 아이들을 바라보며 웃음을 되찾고 희망이 생기실 것 같아요.'라고 말하는 것 같아서요."

권사님은 말없이 한참을 생각하다가 천천히 말씀하셨다.

"저는 선교사님 뜻대로 따르겠습니다."

"권사님, 감사합니다. 저는 권사님 이름으로 현판을 만들겠습니다."

나는 지난번에 딸의 이름을 새긴 현판을 가지고 탄자니아로 갔다가 기도 중에 노모의 이름이 새겨진 현판을 달아야 할 것 같아 그냥 한국으로 돌아왔다. 권사님과 통화한 뒤 4개월이 지나 나는 권사님의 이름으로 새긴 현판을 들고 다시 동아프리카 탄자니아로 건너갔다. 초등학교에 제너레이터 수도 우물을 건립하고 딸의 간절한 바람대로 노모의 이름을 새긴 현판을 튼튼하게 붙였다.

노모가 매일 건강식품을 팔아 한 푼 두 푼 정성들여 모은 사랑으로 세운 우물은 수도꼭지마다 물이 콸콸 쏟아졌다. 물이 쏟아지는 수도꼭지 위 벽면에 노모의 이름이 새겨진 현판이 붙어 있다. 아이들은 물을 보고 행복해서 환호성을 지른다. 아이들이 수도꼭지 밑에 서로 머리를 밀어 넣고 물총 세례를 받으려고 난리법석이다.

"한국 할머니! 우리 학교는 30년 동안 우물이 없었는데요. 한국 할머니가 우물을 파 주셔서 정말 감사합니다. 깨끗한 물 먹고 공부 잘해서 훌륭한 사람이 되겠습니다. 한국 할머니 사랑합니다!"

아이들이 권사님의 이름이 새겨진 현수막을 들고 기념 촬영을 하면서 활짝 웃었다.

"권사님! 가슴에 품은 따님을 하나님 품으로 돌려보내시니 똘망똘망한 눈을 가진 손자손녀 2천여 명이 권사님 품으로 달려왔습니다. 이제 가슴을 활짝 열고 밝아오는 새날을 맞이하십시오."

진짜 우물 파기 하는 거 맞지요?

"여보세요. 이창옥 선교사님이죠?"

"네, 장로님! 평안히 지내셨어요?"

"평안히 지내지 못했습니다. 우리 교회에서 알아보니까 우물 하나 파는 데 40만 원이면 된다는데, 이 선교사님은 뭔 돈을 수백만 원이나 받습니까? 그 우물 하나 파는 데 진짜 돈이 얼마나 드는 겁니까? 선교사가 이렇게 거짓말을 해도 되는 겁니까? 제가 후원금을 보낸 지가 언젠데 왜 아직도 우물을 안 파는 겁니까? 선교사님이 그러면 큰일 납니다. 하나님이 다 보고 계셔요!"

나는 일하는 중에 갑자기 걸려 온 전화에서 속사포처럼 쏟아지는 장로님의 말을 듣고 자리에서 벌떡 일어났다. 도대체 어디에서 무슨 소리를 들으셔서 이토록 장로님의 마음이 불편해졌을까? 누가 장로님의 심기를 저토록 어지럽게 만든 건지……. 나는 연세가 많은 장로님이 저렇게 언성 높여 흥분하다가 쓰러질까 봐 그게 먼저 걱정되었다. 장로님은 잠시도 쉬지 않고 속상한 마음을 모두 털어놓으셨다.

"텔레비전에서 이창옥 선교사님이 그 어린 것들에게 물을 먹이려고 사막에서 저수지를 파는 것을 보니 정말 은혜가 됐어요. 어린 것들이 시뻘건 흙탕물을 떠서 꿀떡꿀떡 마시는 것을 보고, 내 가슴이 찢어질 것 같아서, 오죽하면 저런 흙탕물을 맛있게 먹을까 기가 막혀서, 방송을 본 다음부터 3년 동안 꼬박꼬박 조금씩 모은 돈 3백만 원을 보내드렸잖습니까! 그런데 다른 사람은 40만 원이면 우물을 판다는데, 이 선교사님이 이렇게 많은 돈을 받는 게 말이 됩니까? 여자의 몸으로 그렇게 힘든 일을 하는 모습을 보고 내가 큰 감동을 받아서 한 일인데 정말 기가 막힙니다. 선교사님! 그 돈 함부로 쓰면 큰일 납니다 사실대로 말씀하세요!"

"장로님! 그런 말 하는 사람들의 말을 절대 믿지 마세요. 아프리카 우물은 절대 40만 원으로는 못 팝니다. 저는 우물을 안 파면 안 팠지 대충하지 않습니다. 최고의 우물을 정성껏 만들어 줘야지요. 그래야 오래오래 아프리카 사람들이 깨끗한 물을 먹을 수 있어요. 처음에 장로님이 제게 후원금을 보내 주실 때, 탄자니아에 우물 하나 파는 데 보통 한국 돈으로 천여 만 원 정도, 고산지대인 케냐는 화강암이 많아서 200m 정도 파는 데 3천여 만 원이 들어간다고 말씀드렸습니다."

아이러브아프리카에서 파는 우물은 제너레이터를 사용해서 수도 우물처럼 만들어 준다. 우물 파는 기계장비로 지하 100~200m 정도까지 파 내려가서 지하수를 끌어올리고, 중심축인 타워를 세운다. 타워에 안전장치를 위해 철재 문을 달고, 지하 100~200m를 뚫고서 박아 놓은 파이프에 수중 펌프를 집어넣는다. 그다음으로 타워 내부의 파이프 작업을 하고, 타워 외벽 또는 주변에 여러 개의 수도꼭지를 설치한다. 그리고 타워 위에 대형 물탱크를 올려놓는다. 전기공사를 마치면 컨트롤 스위치를 단다. 제너레이터는 타워 외부로부터 멀리 설치해야 하는데, 만약 제너레이터에서 기름이 한 방울이라도 떨어져서 우물에 스며든다면 식수로 사용할 수 없기 때문이다. 우물은 천여 명에서 3천여 명이 다니는 학교와 빈민가에 세우게 되고, 학교와 지역사회 주민들과 합의하여 함께 물을 먹게 되면, 대략 한 우물로 4~5천 명의 생명을 살리게 된다. 나는 장로님이 후원금을 보내 주실 때 말씀드린 내용을 거듭 자세히 이야기하며 장로님을 안심시켜드렸다.

"장로님! 저는 주님께 인정받고 싶은 이창옥 선교사예요. 저를 믿으셔도 실망하지 않으십니다. 제가 장로님이 후원해 주신 초등학교 우물에 가서 장로님 이름의 현판을 동영상과 사진으로 꼭 찍어 올게요. 학교 전경과 물을 먹는 아이들까지 장로님이 모두 보실 수 있게요. 장로님이 한국에서 사진만 보고도 그곳의 상황을 기쁨으로 느낄 수 있도록 꼭 전해드리겠습니다."

"선교사님! 우물은 파지도 않고 다른 사람이 파 놓은 우물에 가서 살짝 사진만 찍어 보내는 경우도 많다는데, 내게 보낸 사진이 진짜라는 걸 어떻게 믿습니까? 사진 찍을 때만 내 이름으로 만든 현판을 달고, 사진 찍고 나면 다시 다른 사람 현판으로 바꿔치기한다면서요? 그런 거 알 사람은 이미 다 알고 있는 얘깁니다. 벌써 교회에 소문이 다 돌았습니다."

"장로님! 그건 잘못된 소문일 거예요. 주님의 종인 선교사가 어떻게 그런 일을 저지르겠습니까! 더구나 저희는 현판 자재를 최상급 스테인리스로 두껍게 만들어서 타워 벽면에 깊게 집어넣고 나쁜 사람이 절대 못 뽑아가도록 시멘트로 평평하게 발라서 마감합니다. 후원자님 성함도 수작업으로 홈을 파서, 그 홈에 오래도록 보존할 칼라를 넣어요. 디자인도 제가 직접 했고요. 타워 외벽에는 아이들이 쉬는 시간에 한꺼번에 달려와서 물을 먹을 수 있도록 수도꼭지를 여러 개 설치해 놓는데요. 바로 그 수도꼭지 위 외벽에 장로님 성함이 새겨진 현판이 달리는 것입니다. 장로님! 그래도 저를 못 믿으신다면 걱정하지 마시고 계좌번호를 주세요. 보내 주신 후원금을 즉시 송금하겠습니다."

장로님은 아무 대답 없이 땅이 꺼지도록 깊게 한숨을 쉬면서 전화를 끊었다. 나는 자리에서 일어선 채로 손을 휘저어 가며 힘주어 열변을 토했더니 온몸에 진이 다 빠져 버렸다. 이렇게라도 장로님이 주변 사람들에게 잘못 전해 들은 이야기로 다친 마음을 풀어드리고 싶었다. 전화를 끊고 나니 힘들어서 아무 일도 할 수가 없었다. 기도원에 가서 하나님을 만날까, 아니 운전할 기운도 없었다. 나는 의자에 풀썩 주저앉아 등받이에 몸을 의지한 채 눈을 감고 조용히 생각했다.

얼마 뒤 존경하는 목사 사모님의 여동생이 우물을 한 개 판다고 전화가 왔다. 그리고 즉시 만 불을 송금했다. 그 뒤 여동생은 우물 파는 것이 기쁘고 감사해서 주변에 우물을 판다고 말하고 다녔다. 그런데 주변 사람들의 반응은 냉정했다. 선교사를 불신하는 말이 여기저기서 쏟아져 나왔다. 그래서 동생도 불안한 마음으로 내게 전화를 걸어왔다.

"언니! 내가 파는 우물 말이야. 물론 언니는 안 그렇겠지만 말이야. 섭섭하게 듣지 말고. 내 주변에서 하도 이렇게 말하는 사람이 많아서

그래. 요새 우물 판다고 돈 보내면 제대로 파지도 않고 다른 우물 사진 찍어 보낸다고 하더라고. 언니가 그럴 사람은 아니란 거 알아. 그런데 다른 선교사들 중에 그런 분이 있다고 교회에 소문이 자자하더라고. 언니한테 뭐라고 하는 건 아니야. 그냥 한번 물어보고 싶어서 그래. 내 마음 알지? 언니 사랑해! 아프리카 건강하게 잘 다녀와."

믿었던 동생마저도 내게 함부로 말하는 것을 보면서 나는 선교사의 위치가 어쩌다 동네북처럼 이렇게 두드려 맞나 싶어 눈물이 왈칵 쏟아졌다. 선교 일을 하면서 다 버린 줄 알았던 자존심이 남았는지 상처가 됐다. 그래서 당장이라도 후원금을 다시 부쳐줄 테니 가져가라고 말하고 싶었다. 하지만 그 순간 아프리카 아이들이 눈에 어른거려 꾹 참았다. 그래, 가엾은 아이들이 물웅덩이에서 병균이 가득한 물을, 그것도 개구리밥이 떠 있고, 각종 벌레가 우글거리는 물을 벌컥벌컥 맛나게 마시는 모습을 생각하면, 장로님이 뭐라 하든, 여동생이 내 속을 뒤집든, 그게 뭐 그리 대단한 일인가! 오히려 장로님과 동생 같은 후원자가 엄청 많이 생겨서 내가 노래하며 우물을 파다가 과로로 천국으로 간다면 얼마나 좋을까 생각했다.

그 후, 여동생의 일침을 받은 나는 아프리카에 가서 여러 개의 우물을 세웠다. 사진과 동영상 촬영도 했다. 그리고 서울에 돌아오자마자 여동생에게 전화했다. 동생은 숨도 안 쉬고 대뜸 내게 하는 말이 "언니 사진 찍어 왔어?"였다.

"그래, 수십 장 찍어 왔다. 지금 집으로 보내 줄까? 다음 주에 교회로 가져갈까?"

"언니, 지금 당장 휴대전화로 2장만 먼저 보내 줘."

"아니, 3장 보내 줄게."

여동생의 이름이 새겨진 현판 사진과 물이 콸콸 쏟아지는 우물 전체 사진을 받아 본 여동생은 바로 내게 전화를 걸어 울먹거렸다.

"언니! 정말 미안해. 이 우물은 내가 그동안 알던 우물과 전혀 달라. 발전기를 이용한 수도 우물이네. 수도꼭지가 여러 개라 아이들이 한꺼번에 먹을 수 있겠어. 언니, 내가 함부로 말해서 미안해. 나같이 부족한 사람에게 하나님께서 아프리카의 어린 생명들을 위해 일하게 하시다니 정말 감사해! 언니, 나 앞으로도 힘 닿는 데까지 또 우물 팔 거야! 언니, 고마워! 정말 사랑해!"

그 후 여동생은 우물 파기 홍보에 나섰다. 남편도 아이러브아프리카의 정기후원자로 가입시키고, 동창들에게도 월 만 원씩 아프리카 아이들 우물 파 주는 정기 후원자가 되라고 힘 줘서 말했다.

장로님의 전화를 받은 후 울적하고 초라해진 어느 날, 여 집사님이 우물을 파겠다고 전화를 주셨다. 집사님에게 5백만 원을 빌려간 사람이 있는데, 그는 수년이 지나도 돈은 주지 않고 오히려 으름장을 놓는 무서운 사람이었다고 한다. 집사님은 겁이 나서 기도하기를 '하나님! 이 돈을 받으면 아프리카에 우물을 파겠습니다.'라고 했단다. 그런데 그 돈이 예기치 못한 경로를 통해서 신기하게 받게 되자, 하나님에게 기도하기를 '하나님! 5백만 원이 들어왔습니다. 이 돈으로 약속대로 우물을 파겠습니다.'라고 하는데 갑자기 이창옥 선교사가 지금 힘든 상황이니 그를 통해서 우물을 파라는 마음이 강하게 들어 급히 전화했다고 말했다.

집사님은 우물 파기 선교 후원금이라고 정성껏 봉투에 적어 아들과 함께 가지고 오셨다. 우리는 봉투 위에 손을 모으고 이 우물이 아프리카 아이들의 생명을 살리게 해 달라고 간절히 기도하는데, 갑자기 하나님께서 우리를 돌보고 계심이 느껴져 한없이 눈물이 흘렀다. 하나님은 스스로 초라해진 내게 힘내라고 위로하시며 집사님을 보내 주셨다. 나는 장로님과 집사님이 보내 주신 후원금을 합하여 초등학교 어린이들에게 생명의 우물을 파 주었다. 하나님은 언제나 우리를 지키시고 협력하여 선을 이루도록 미리 준비하고 계셨다.

우물이 완성된 뒤 장로님과 집사님은 아프리카 아이들을 위해 매일 기도해 주시는 버팀목이 되셨다.

나는 열정이 넘치는 여자이다

2013년 9월 어느 날, 나는 2012년 탄자니아에 세운 우물 중에서 스무 개의 우물을 둘러보기로 결정했다. 만약 고장 난 우물이 있다면 즉시 에이에스(AS)를 해서 아이들과 주민들이 불편하지 않도록 하기 위함이다. 그래서 일명 '암행어사 출두요 에이에스(AS) 우물'이라는 사후 관리 프로젝트를 만들었다.

나는 탄자니아 아이러브아프리카 지부장인 우물 파기 동역자 손 선교사에게 알리지 않고 조용히 다르에스살람에 도착해서 깜짝 놀라게 해 주기로 마음먹었다. 내가 간다고 전화하면 손 선교사는 말하기를, 사진을 골고루 찍어 보내드릴 테니 비싼 경비 쓰면서 절대 오지 말라고 할 게 뻔하기 때문이다. 손 선교사는 내가 새벽부터 밤까지 동서남북으로 흩어져 있는 우물을 다 돌아보다가 불볕더위에 행여 쓰러지기라도 할까 봐 걱정하는 눈치이다. 이제 나이를 생각해서라도 몸을 아끼라면서 나를 걱정해 준다.

그러나 나는 열정이 넘치는 여자이다. 젊은 사람들도 힘들다고 덤비지 않는 험한 지역만 주로 골라 다니면서 일을 한다. 일할 때는 밀어붙이는 남성 기질로 바뀌어서 몸이 망가지는 줄도 모르고 대책 없이 앞만 보고 달리는 미련한 꼴통이다. 그래서 아프리카에서도 직접 방송카메라와 스틸카메라를 번갈아 들고서, 쓰러질 테면 쓰러져 봐라 누가

살인 더위 아프리카에서 온종일 카메라를 들고
몰두하고 있는 것은 기본이다.

이기나 해보자 하는 식으로 무서울 것 없이 돌진한다.

간혹 특별할 때는 방송국 PD와 신문사 기자를 동행시키지만, 보통은 현지에서 조달하고 급할 때는 내가 직접 동영상을 촬영한다. 펄펄 끓는 살인 더위의 아프리카에서 온종일 카메라를 들고 몰두하는 것은 기본이다. 나는 모자나 선글라스도 안 쓴다. 모자를 쓰면 머리가 땀으로 범벅이 되어서 머리 모양새가 이상해지기 때문이다. 선글라스는 쓰다가 벗으면 불타는 더위 때문에 콧등과 안경에 눌린 양 볼의 화장이 지워져 그 자리만 새까맣게 기미가 된다. 안 그래도 맨 얼굴을 보면 온통 까만 기미투성이라서 화장을 안 하면 지인들도 깜짝 놀랄 정도이다. 나는 여자의 생명인 얼굴과 멋을 중요하게 생각하지만 일단 아프리카로 출발하면 돌쇠 같은 무서운 여자로 변신한다.

선교사는 그런 나를 너무도 잘 알기에, 사진 찍어서 보내드리면 될 것을 군이 작년에 판 우물을 직접 봐야 한다고 고집을 피우는 나를 적극 만류할 것이 분명하다. 그러나 나의 생각은 반대이다. 내가 힘들더라도 직접 가서 내 눈으로 우물에서 물이 완벽하게 잘 나오는지 확인하고 싶다. 후원자들이 우물 하나 세우려면 오랜 기간 절약해 돈을 모아서 큰 결심 끝에 후원금을 보내 주는 것이기 때문이다. 그러니 나는 후원자에게 당신이 세운 생명의 우물이 1년 후에도 여전히 잘 나오고 있다고 알려 주는 것이 당연하다고 생각한다. 애초에 우물을 건립할 때부터 우물을 파는 것과 사후 관리는 바늘과 실처럼 항상 같이 가는 것이라고 생각했다. 비록 내가 아프리카에 가서 건강이 조금 나빠진다 해도, 나빠져서 내가 더 빨리 예수님 곁으로 돌아간다 해도, 나로서는 반드시 해야만 할 일인 것이다.

나는 탄자니아 우물 에이에스(AS) 점검 날짜를 잡고 이틀 만에 항공권을 구매했다. 출국 수속을 마치고 탑승구 앞에 앉아서 커피를 마시고 있는데, "아차!" 싶은 전화가 한 통 걸려 왔다.

"대표님! 지금 어디세요?"

"인천공항이에요."

"아이구, 제 느낌이 맞았네요. 그렇게 오시지 말라고 했는데 벌써 공항에 계시니 할 수 없죠. 어쨌거나 몸조심해서 오세요. 공항에서 기다리겠습니다."

탄자니아 공항에 입국한 나는 기다리던 선교사와 함께 코리아 게스트하우스로 향했다. 나와 손 선교사의 인연은 2002년 KBS 아프리카 대탐험 30,000km 육로 종단 8개국 길에서이다. 그때 선교사는 8개국 코디네이터를 담당했다. 나와 탐험대원들의 생명은 손 선교사 손에 달려 있었다. 아프리카 대탐험 길은 그가 어떻게 안내하느냐에 따라 목숨이 왔다 갔다 했다. 길도 없는 산속을 한밤중에 달려 내려오다가 상상 못했던 난민촌을 관통해 위험에 빠질 뻔한 일도 있었다. 손 선교사와 나의 인연은 어려움을 함께 겪은 귀한 가족이다. 우리는 그때부터 지금까지 세계영상선교센터를 통해 방송 선교와 구제 활동을 펼쳐 왔고, 이제 우물을 파고 생명을 살리는 일을 같이 한다.

다음 날 새벽 4시에 잠자리에서 일어났다. 가능한 두껍게 화장을 하고 간단히 조찬을 하고 5시 30분에 차에 오른다. 시골에서 도시까지 동서남북 흩어져 있는 우물을 점검하려면 출근길 교통 체증을 피해야 하기에 더 서둘러야 했다. 오늘부터 4일 동안 가 볼 우물은 스무 개이다.

새롭게 실시하는 '암행어사 출두요 에이에스(AS) 우물' 관리 프로젝트의 서막이 올랐다. 선교사가 운전하는 탱크 같은 사파리형 랜드 크루즈는 주로 험악한 아프리카 사막이나 산골에서 이용하기 좋은 편이

다. 갑자기 쏟아지는 폭우를 만나 진흙 구덩이에 빠지거나 위험한 상황에 처해도 안전한 자동차이다. 그래서 산골길을 달려 우물을 파려면 이 자동차가 필수이다. 앞에 달려가는 차 안에는 우물 파기 기술팀의 팀장들이 타고 있다. 점검 중에 고장 난 우물이 발견되면 현장에서 즉시 고칠 수 있는 것은 고치고 돌아와야 하기 때문이다. 또한 즉시 고칠 수 없는 우물은 점검한 뒤 다시 찾아가서 물이 쏟아지도록 해결해야 한다. 그래서 비상 대기조인 현지인 기술 팀장들을 동행시키는 것이다.

아! 아프리카 풍경은 언제 봐도 마음을 설레게 한다. 파란 하늘, 때 묻지 않은 풍경들……. 아프리카는 내가 살아가야 할 내 삶의 존재 이유를 항상 깨닫게 한다. 산골 초등학교를 향해 열심히 달리는 랜드 크루즈 안에서 나는 생각에 잠긴다.

1977년, 나는 아프리카에서 죽음을 만나 하나님께 살려 달라고 애원했다. 만약 살려만 주신다면 하나님께서 시키시는 대로 다 하겠다고 약속했다. 37년의 세월이 흐른 지금, 나는 겨우 약속을 지킬 수 있는 자리에 선 것 같다. 남들은 젊은 나이에 하나님의 부르심을 받아 아름다운 봉사를 많이 하는데, 나는 부족한 사람이라 60이 넘은 나이에 겨우 쓰임받고 있다. 오죽 '창옥'이라는 재료가 부실했으면 그러셨을까! 그럼에도 불구하고 하나님은 오랫동안 참으시며 내가 성장할 수 있도록 인도해 주셨다.

나는 사람들이 하던 일을 다 끝내고 쉴 나이에 일을 시작했기에 여러모로 힘에 부칠 때도 많다. 그래서 혼자 눈물을 뚝뚝 흘릴 때도 있다. 하지만 나는 하나님과의 약속을 지킬 수 있도록 고통받는 이웃과 함께 할 수 있는 일터가 있어 참으로 행복한 사람이다.

하나님은 내게 30여 년간 담대하고 강한 영적 훈련을 시켜 주셨다. 그것은 내가 아프리카 선교와 구제를 하기 위해서 반드시 필요한 훈련이었다. 내가 영적인 상태에서 호랑이와 싸우고 그 호랑이를 갈기갈기 찢어서 무찌른 일은, 나중에 맞이할 험난한 아프리카 활동과 무관한 일이 아니었다. 그건 하나님이 연약한 나를 강하고 담대하게 만들기 위한 훈련이었다.

"대표님, 무얼 그렇게 생각하세요? 거의 다 왔습니다. 요기만 지나면 울퉁불퉁한 학교 길로 들어갑니다. 기억나시죠?"

"네, 기억나지요. 선교사님, 지난번에 이 길을 지나가다 골동품 된 펌프 우물을 본 곳이잖아요. 동네 아줌마가 그 골동품 펌프 위에 모포를 말린다고 얹어 놓고선 막대기로 사정없이 두드리던 곳이잖아요."

"허허허, 맞습니다."

"선교사님, 우리 아이러브아프리카는 펌프 우물은 절대 안 세웁니다. 저는 항상 명품을 좋아하는 것 아시죠? 우물도 명품 우물로 정성껏 만들어야 합니다. 우물 몇 개 파는지에 초점을 맞추는 게 아니에요. 우물 한 개를 세울 때마다 좋은 양질로 만들어야 합니다. 이젠 아프리카 선교도 질이 더 중요한 때입니다. 현지인들도 다 알아요. 진심인지 대충 모양만 갖추려고 하는지요. 나는 예전엔 옷도 명품만 입었어요. 하지만 지금은 싼 옷을 사 입는 데도 감사해요. 그래도 그 옷 입고 나가면 사람들은 비싼 옷인 줄 알아요. 예전 이미지가 있기 때문이죠. 아이러 브아프리카에서 세워 주는 우물도 마찬가지예요. '그 단체에서 세워 주는 우물은 역시 최고야! 고장 나도 즉시 고쳐 주니 최고야 최고!' 이 런 이미지로 가는 겁니다. 그래야 목표한 우물 2만 개를 세우지요. 형 편없이 만들어서는 2백 개도 세우기 전에 그 고물 우물 다 집어치우라 고 할 것입니다."

"대표님! 염려 붙들어 매세요. 절대 그럴 일은 없습니다. 선교사로서 맹세합니다."

"대표님! 초등학교에 펌프 우물을 세우면 한 달도 못 가서 작두가 고 장이 날 것입니다. 그 많은 아이가 펌프질을 할 텐데 당할 수가 없어요. 우리가 우물을 파는 지역은 기계로 100m를 넘게 파는 우물이 대부분 입니다. 말이 100~200m이지 굉장히 깊습니다. 이렇게 땅속 깊은 곳 에서 물을 끌어올리기 때문에 많은 사람에게 충분히 깨끗한 물을 먹일 수 있습니다. 그래서 초등학교나 지역 주민이 다 먹을 수 있도록 우물 한 개당 수천 명이 먹는 우물을 파는 겁니다. 그리고 또 우리가 파는 제 너레이터 우물은 반영구적이라고 보시면 됩니다. 3년에 한 번 정도 수 중 펌프를 교체해서 넣어 주면 그것으로 우물이 잘 돌아갑니다. 뭐 또 잔고장이 나면 즉시 고쳐 놓으면 되니까요. 걱정하실 일이 없습니다. 스무 개의 우물을 가 보시면 아시겠지만요. 물 안 나오는 우물이 한 곳 도 없을 것입니다."

"선교사님! 지난번에 했던 말 또 하시려고 그러지요? 만약 우물이 고장 났다면 즉시 그 사람들한테 연락이 온다고요. 지금까지 아무 연락 없다는 것은 물이 잘 나오는 증거라고요. 내가 장담한다고요. 그 말 하시려고 그러죠?"

"허허허, 어떻게 아셨어요?"

"제가 선교사님 하루 이틀 본 사람입니까?"

우리가 떠드는 사이에 랜드 크루즈가 드디어 산골 학교에 도착했다.

나는 '암행어사 출두요 에이에스(AS) 우물' 관리 프로젝트가 고칠 우물이 하나도 없어서 선하품을 하며 싱겁게 끝나기를 마음으로 기도한다. 오늘 함께하는 탄자니아 아이러브아프리카지부의 현지인 팀장들에게도, 보물 같은 귀한 현지인 우물 파기 팀원 30여 명도 하나님께서 사랑하고 축복해 주시기를 진심으로 기도한다.

암행어사 출두요!

4시간을 달려 프와니 주 움크랑가에 있는 산골 초등학교에 도착했다. 이 학교는 1년 6개월 전에 우물을 세웠다. 130m 아래에서 퍼 올린 지하수는 물맛이 순하고 좋다. 현장에 도착하니 이곳 산골마을 원주민들이 이 우물을 사랑하는 남다른 이유가 있었다. 그것은 뭘까?

원주민들은 우물에 갈 때 150원을 꼭 쥐고서 달려간다. 도착하면 학교에서 우물을 관리하는 사람에게 다가가 150원을 내고 휴대전화를 제너레이터에 충전해 달라고 애교를 부린다. 그것이 가장 먼저 하는 일이다. 그러면 우물 관리자는 거드름을 피우며 150원을 받아 제너레이터에 사용할 기름값을 벌었다고 폼을 잡는단다. 원주민들에게 우물은 단순히 물만 주는 곳이 아니라 자신의 보물 1호인 휴대전화도 충전하는 고마운 곳이다. 게다가 간혹 동네 잔치가 열리면 제너레이터의 전기로 확성기를 사용해 원주민에게 기쁨을 준다.

다음 점검 우물로 달려간다. 2시간을 달려서 도착한 곳은 바가모요의 초등학교이다. 이 학교는 귀여운 녀석들이 유난히도 바글바글하다. 우물이 세워지기 전에 녀석들은 학교에 오가며 웅덩이에 고인 더러운 오물을 마셨다.

그러던 어느 날, 학교에 깨끗한 물이 콸콸 쏟아지는 수도꼭지가 달린 우물이 생겼다. 그리고 그 우물을 만들어 준 엄마 같은 여자가 한국에서 왔다면서 나를 에워싸고 옷자락에 와르르 매달렸다. 아이들은 생명의 우물을 만들어 준 엄마라며 "마마 리! 마마 리! 마마 리!"를 합창했다. 그러면서 나에게 다시 말했다.

"마마 리! 마마 리! 수도꼭지가 다 없어졌어요."

내가 당황해서 놀란 눈으로 바라보자 아이들은 하얀 이를 드러내고 씩 웃으며 쏜살같이 어디론가 달려가서 수도꼭지를 가져와 제자리에 끼웠다. 나는 놀란 가슴을 쓸어내렸다.

다르에스살람 캬지토냐마 슬럼가에 처음 갔을 때, 살기가 등등했던 그곳 주민들은 이제는 내가 자신들에게 우물을 세워 준 여자라며 적으로 생각하지 않았다. 슬럼 사람들은 우물 관리 주민자치회를 결성하여 한 가정당 60원씩 물값을 받아 조직적으로 관리하고 있었다. 공동묘지가 우물 뒤편 기슭에 있어서 '공동묘지 우물'이라 불리는 이 우물은, 슬럼가 빈민촌 사람들의 생명을 지켜 줬다.

도심의 길가 초등학교에 세운 우물도 찾아가 보았다. 그런데 이게 무슨 요상한 모양새인가! 수도꼭지에 시커먼 철통이 채워지고 대형 자물쇠로 잠가 놓았다. 그 이유는 주민들이 매일 밤마다 물을 받아가기 위해 몰래 와서 타워의 기물을 파손시키는 바람에 단호한 조치를 내린 것이었다.

그런 반면 학교장의 반짝이는 지혜로, 깨끗한 물을 1천5백여 명의 학생에게 먹이고, 3천여 명의 지역 주민에게까지 제공하여, 물값을 톡

수도꼭지 도난을 방지하기 위해 자물쇠로 보안을
철저히 하고 있는 우물 앞에서도 마냥 신난 아이들

톡히 받아 학교 발전기금으로 사용하는 우물도 있었다.

　다음 암행어사가 출두한 곳은 다르에스살람 테메케의 초등학교이
다. 교장 선생님은 나를 보더니 기겁하며 놀란 토끼 눈이 되었다. 도대
체 무슨 죄를 지어서 이렇게 놀라는지 그 모습을 보며 내가 더 마음이
급해졌다. 나는 급히 발걸음을 돌려 우물 앞으로 다가갔다.

　아니, 현판이 안 붙어 있다니! 가슴이 철렁했다. 조금 있으니 교장 선

생님은 스테인리스 현판을 들고 허겁지겁 달려왔다. 나는 교장에게 왜 현판을 떼었는지 물었다. 그러자 교장은 잘못을 뉘우친 어린아이처럼 서 있다가 도둑이 밤에 현판을 파서 팔아먹을까 봐 그랬다며 씩 웃었다.

'암행어사 출두요! 에이에스(AS) 우물' 점검 3일째 되는 날, 나는 이른 아침에 다르에스살람 키논도니에 위치한 초등학교에 갔다. 학생 수가 3천여 명에 이르는 대형 초등학교이다. 수업이 아침 7시부터 시작되므로 그 이전에 어린 학생들이 등교한다. 학생 수가 워낙 많다 보니 모두가 물을 마시려면 보통 일이 아닐 것 같았다. 이 아이들에게 우물은 어떤 존재일까?

전교생이 등교할 때 책가방은 안 가져와도 물병은 꼭 가져와서 깨끗한 물을 먹게 한다는 우물, 수미터씩 일렬종대로 줄을 서면 공부 시간에 마실 물을 주는 엄마 같은 우물, 물을 받을 때 한 방울도 흘리지 않도록 절약 정신을 가르쳐 주는 우물, 귀여운 아이들이 화단에 물을 주고 수줍은 소녀들은 설거지를 하게 해 주는 우물, 한국의 후원자를 거울삼아 아이들은 자라서 훌륭한 사람이 되어 가난한 나라에 우물을 파주고 싶다는 꿈을 심어 준 우물이었다.

아이들은 우물 앞에 줄을 서서 물통에 물을 받았다. 수도꼭지를 세게 틀면 물이 콸콸 쏟아지는 바람에 물통의 물이 바닥으로 넘쳐흐르니까 아이들은 살살 튼다고 말했다. 나는 코끝이 찡해졌다. 아이들에게 물은 하나님 같은 존재였다. 새벽부터 한밤까지 '암행어사 출두요! 에이에스(AS) 우물'을 실행했다. 4일간 지름길로 쌩쌩 달려 스무 개의 우물을 찾아가 보니, 100% 물이 콸콸 쏟아졌다. '암행어사 출두요! 에이에스(AS) 우물' 관리 프로젝트 수행 결과는 성공이었다.

아프리카의 미래는 어린이이며 어린이가 자라나는 곳은 초등학교이다. 깨끗한 물을 마시며 8년 동안 학교에 다닌 아이들은 고등학교에 입학하면서부터는 더 이상 더러운 물을 먹을 수 없게 될 것이다. 성장한 학생들의 몸과 마음이 깨끗한 물로 인해 변화된 사고를 갖게 될 것이기 때문이다. 우리의 작은 관심과 사랑은 아프리카 아이들에게 생명을 준다. 깨끗한 물은 아이들의 희망, 꿈, 미래의 성장 원동력이다. 나는 하나님께 간구한다.

"하나님! 제가 쓰러지고 또 쓰러질 정도로 우물을 많이 팔 수 있도록 해 주세요. 탄자니아의 초등학교가 개교한 지 25년이 넘는 학교들이 수두룩한데 아직까지 우물이 없다는 게 말이 됩니까? 아이들이 깨끗한 물을 먹고 건강하게 공부해서 아프리카를 살리는 리더로 성장하게 하소서. 예수 이름으로 기도드립니다. 아멘!"

우리는 마지 마마 리가 참 좋아요!

"세상에나! 우물을 파 줬다고 이렇게 좋아하다니!"

초등학생 아이들이 자기 몸보다 더 큰 북을 둥둥 울려댄다. 맨발의 개구쟁이들이 춤추고 노래하며 내 앞으로 다가온다.

"아산테!(고맙습니다) 마지(물) 마마(엄마) 리(Lee)! 손잡고 싶어요. 마마 리!"

한 녀석이 달려와서 내 손을 덥석 잡자 다른 녀석이 달려와서 반대편 손을 덥석 잡았다. 그러니 또 다른 녀석이 달려와서 내 팔뚝을 잡고 다른 녀석은 반대편 팔뚝을 덥석 잡는다. 그다음 녀석은 내게 달려와 눈으로 말하기를 자기들은 머리가 뽀글뽀글하니까 쭉쭉 뻗어 내린 마마 리의 머리카락이 신기해서 "만져보고 싶어요." 하면서 얼른 머리카락을 잡는다. 이에 다른 녀석도 달려와 내 머리카락을 잡고 "헤헤헤!" 웃는다. 결국 여기저기서 아이들이 내 머리카락를 잡기 시작했다. 일순간에 내 머리카락은 동서남북으로 흩어졌다.

"얘들아! 마마 리 머리 아프다. 머리카락 놓아 줘! 녀석들아! 마마 리 머리가 아파! 응?"

아이들은 "쏘리 쏘리" 하면서 얼른 내 머리카락을 놓아 주고 깔깔거린다. 내가 금세 갈 사람이라고 생각한 아이들은 왠지 조금이라도 서로 독차지하려고 치열하게 아우성친다. 아마 이 녀석들도 내가 내년에

"마지 마마 리 고맙습니다."

다시 찾아온다면 '암행어사 출두요! 에이에스(AS) 우물' 점검하러 갔을 때 만난 녀석들처럼 놀란 토끼 눈으로 반갑다며 마마 리를 외쳐대겠지? 폭풍처럼 달려와 서로 나를 끌어안으려는 통에 우린 함께 뒤뚱거리다가 깔깔 웃을 것이다. 사랑스러운 아이들을 바라보니 내가 과연 이 아이들의 삶을 변화시킬 우물을 어떻게 계속 파 줄 수 있을 것인가 힘든 숙제가 떠오른다.

가슴이 따뜻한 후원자를 어디에서 찾아야 할까? 어떤 방법으로 후원을 받을 수 있을까? 그렇다면 우물 파기 사업 계획서를 어디에 제출할 것인가? 그들이 공감하고 감동할 정도로 내 언변과 태도는 쓸만 한가? 내가 외치는 대로 아프리카에 우물 2만 개를 내 손으로 다 세울 수 있을 것인가? 아니면 내가 죽은 뒤 후배들이 이어서 세울 것인가? 끝없는 질문에 골똘히 빠져 있는 내게 남편의 목소리가 들렸다.

"아니 당신은 우리 자식들 생각도 해야지. 맨날 아프리카 아이들 생각만 하면 어떡해? 당신 마음속에는 온통 아프리카 아이들 생각만 꽉 차 있는 거야? 당신이 좋은 일하는 거 잘 아니까 내가 아무 말 안 하잖아! 그래도 그렇지! 가슴속에 아프리카 애들만 쏙 들어가 있으면 안쓰러운 우리 아이들 들어갈 자리는 어디야?"

물 한 방울이 생명처럼 소중한 사람들

"선교사님! 저수지 다 파셨어요?"

"네, 이 대표님이 보내 주신 후원금으로 2개는 팠고, 1개는 공사 중이고, 1개는 왔다 가신 후에 공사해서 나중에 사진 찍어 보내드리겠습니다. 언제 오십니까?"

"예, 저는 예정대로 7일 후에 도착합니다. 소도 잡고 양도 잡아서 우물 축제 음식을 만들어 주세요. 아이, 어른 할 것 없이 온 동네 원주민 모두 오라고 하세요. 푸짐하게 나누어 먹어요. 수고 좀 해 주세요. 선교사님!"

케냐와 탄자니아의 국경지대인 사막 땅 엔키카렛은 마사이족 원주민의 삶의 터전이다. 이곳은 일 년에 열흘 정도만 비가 내리고, 땅을 파도 물이 없는 열악한 엉경퀴 땅이라 빗물이 최고의 식수이다. 그래서 포크레인으로 흙을 퍼내고 동서남북에 빗물을 모을 커다란 저수지 4개를 만들어 주기로 했는데, 그때가 2007년 8월이다. 나는 케냐 나이로비에 입국하여 자동차로 탄자니아 국경을 넘어 한밤중에 도착했다. 나를 환영한 주민들은 전날 밤새도록 폭우가 쏟아져서 내가 비를 몰고 온 축복의 여인이라며 기뻐했다.

다음 날 아침, 황량한 사막에 파 놓은 저수지로 달려갔다. 아! 놀랍게도 저수지에는 빗물이 가득 차 있었다. 비록 시뻘건 흙탕물이지만 이곳은 비가 오지 않는 사막 땅이라서 이 빗물은 마사이족이 1년간 아껴서 먹어야 할 생명수였다. 아이들이 뻘건 빗물을 낡은 컵에 조심스럽게 담아 꿀꺽꿀꺽 먹었다. 아빠들은 아예 흙탕물 속으로 저벅저벅 들어가 뻘건 빗물을 손으로 떠서 마셨다. 원주민은 어른, 아이 할 것 없이 식수가 된 저수지의 흙탕물을 떠 마시며 좋아했고, 여인들은 저수지가 생겼으니 물을 찾아서 물동이를 이고 십리 길을 걷지 않아도 된다며 감사했다. 그들은 춤추고 노래하며 기쁨이 충만한 가운데 마을의 족장이 좌중을 제압하며 소리쳤다.

"여러분! 코리아에서 온 이 여인이 우리에게 생명의 물을 주었으니 우리의 엄마입니다. 다 같이 이 여인을 '창옥마마'라고 외칩시다."

'창옥마마' 외침 소리를 들으며 나는 인사했다.

"이 저수지는 한국의 후원자들이 여러분에게 선물하는 생명의 우물입니다. 앞으로도 저는 아프리카에 사랑을 전하는 가교 역할을 할 것입니다. 여러분, 사랑합니다."

나는 하나님께 기도하였다.

"하나님! 우리와 똑같은 사람인 아프리카 원주민들에게 빗물을 받아서 식수로 먹으라고 저수지를 파 주고 돌아왔습니다. 아이들이 흙탕물을 맛있게 떠먹고 있는데요. 가슴이 너무 아파요."

나는 물 떠먹던 아이들이 떠올라 흐느껴 울고 있는데 내 마음의 소리가 들려왔다.

"울지 말고 우물을 파서 아이들에게 깨끗한 물을 먹도록 해 주면 되잖니?"

그 후 나는 삶에도 목표를 세우듯이 생명의 우물 2만 개 파기를 목표로 정했다.

2008년, 나는 CTS TV, CBS TV 프로그램 〈이창옥의 아이러브아프리카〉에 나아가 아프리카에 우물 2만 개를 파 주자고 호소했다. 하지만 어떤 이들은 말도 안 되는 소리를 한다며 여자가 간만 커서 실천도 못할 일을 말로만 뻥을 친다며, 한 개 파기도 힘든 우물을 2만 개나 파자고 허황되게 외치냐고 싸늘하게 비웃었다. 또 어떤 사람은 이렇게 말했다.

"이창옥 씨가 명예를 얻기 위해 이런 일을 합니까? 어째 하고 많은 일 중에 도와달라는 일을 합니까? 민폐를 끼칠 수 있어요. 조용히 애나 돌보든지 건강관리에 신경 쓸 나이잖습니까!"

또한 오래된 단체가 아니다 보니 요즘 이상한 단체가 있다던데, 당신을 어찌 믿고 후원금을 맡기느냐고 의심하는 눈초리를 보내오기도 했다. 그래도 나는 외쳤다. "지금 여러분의 아들딸들이 아프리카에서 병균이 우글거리는 더러운 물을 먹고 있다면, 깜짝 놀라서 '안 돼!'라고 외칠 것입니다. 아프리카 아이들에게도 깨끗한 물을 먹게 해 주세요."

시청자가 하나둘 마음의 문을 열기 시작했다. 후원하는 사람이 생겨났다. 1만 원, 3만 원, 때로 10만 원, 어떤 시청자는 익명으로 방송국을 통해 우물 파기 후원금 천만 원을 보내왔다. 나는 이 귀한 후원금을 소중히 모아 탄자니아의 '신자 특수 장애아 학교'에 물탱크를 올린 제너레이터 수도 우물을 세워 주었다. 이 학교는 다르에스살람에서 유일한 장애아 학교인데, 미국의 팝가수 마이클 잭슨이 생전에 방문하여 스쿨버스를 기증한 곳이기도 하다. 지금은 그 버스도 잭슨처럼 생명이 멎은 채 골동품이 되어 역사 속으로 사라져 가고 있다. 그래! 인간도 하나님이 부르시면 사랑하는 사람도, 생명 같던 돈도 다 놓고 홀로 세상에서 떠나야 한다. 최고 부자도 가난한 사람도 모두 평등하게 천국과 지옥의 갈림길에 서게 된다. 나는 어느 길로 가고 싶은가! 목숨이 다하기 전에 아프리카 아이들에게 깨끗한 우물을 하나라도 더 세워 줘야 했다. 그렇다고 후원자가 있는 것은 아니었다. 나는 희망을 품고 인내하며 기다려야 했다. 어떤 장소에서든 기회가 주어지면 우리가 왜 아프리카에 우물을 파 줘야 하는지 열정적으로 설명하는 나를 보고 지인들이 귀 기울여 주기 시작했다.

"우리가 전쟁으로 참혹했을 때, 외국의 도움이 절실했던 지난날을 생각해 보자고요. 이제 우리는 국내의 고통받는 이웃들을 도울 뿐만 아니라, 굶주린 다른 나라 아이들까지도 마음만 먹으면 아주 조금씩 도울 수 있는 돈이 있어요. 가난한 자를 돕는 손길은 내 자녀에게도 축복의 통로가 될 것입니다."

그러던 중 2011년부터 뜻이 있는 곳에 길이 있다는 말처럼 우물이 하나둘 세워지기 시작했다. 사연을 담은 일반 후원자의 우물과 소기업이 후원한 우물, 한국외식산업협회 회장단이 아프리카 방문길에 세운 우물, 한국예탁결제원 나눔재단 사업인 우물들, 한국수출입은행의 사회공헌인 초등학교 우물과 화장실 개량사업, 일명 '짝꿍 사업'도 마무리했다. 환경부와 한국 환경산업협회가 주관하는 '아프리카 상수도마을 정수시설 설치사업'인 탄자니아 정수시설 사업에는 아이러브아프리카가 파트너로 협력했고, 사후 대책 A/S관리를 맡아 주민들에게 깨끗한 물을 공급하는 데 힘쓰기로 했다. 물은 A/S관리가 중요하다. 우물을 세워 주고 정수시설 설치도 중요하지만 깨끗한 물이 변함없이 쏟아지도록 관리해 주어야만 진실로 생명의 물을 공급해 주는 것이다.

아이러브아프리카에서는 교육개발사업은 물론 식수개발사업과 환경개발사업을 짝꿍으로 연계하였다. 학교에 지하수를 끌어올려 우물을 2개 세우는, 즉 화장실 옆에도 우물 1개를 세워 놓는 '환경개발 화장실 개량사업'이다. 이로써 물이 풍부한 학교의 어린이들은 변을 본 뒤 작은 나뭇잎으로 배설물을 닦을 이유가 없다. 신체 부위를 더럽게 할 필요도 없다. 질병에 감염되지 않아 매일 기분 좋게 신나게 공부할 수 있다.

2만 개 우물 파기! 4천여 만 명에게 깨끗한 물을 공급하는 생명 살리기! 실현 불가능한 꿈의 외침이지만 세우시는 분은 하나님이시다. 어떻게 세워질지 나는 알지 못한다. 내가 할 일은 하나님께 우물 파기 상황을 신실하게 보고드리고 아기같이 해맑게 기도하는 것이다.

"하나님! 2만 개 우물 파기에 뽑힐 동지들을 지목하셔서 제게도 알려 주세요. 누구라고 신호만 주신다면 고마운 그에게 뛰어가 이것이 몇 번째 우물 파기라고 신나게 전하고 함께 활짝 웃겠습니다."

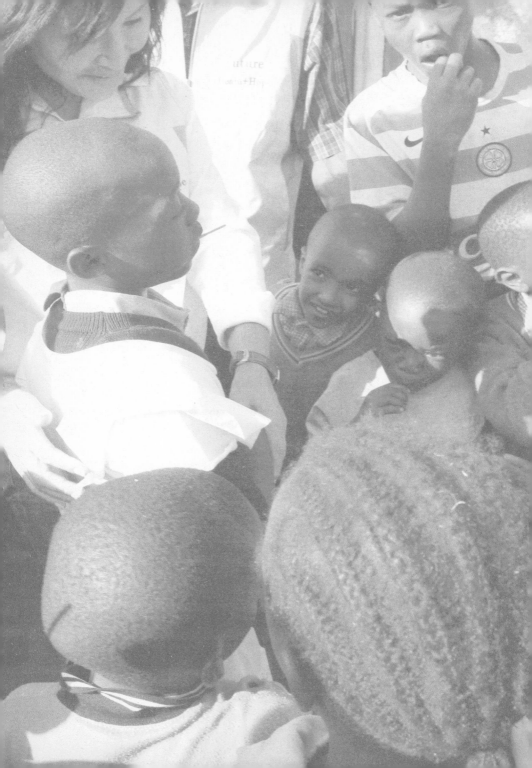

2부

1977년,
내가 살던 곳 아프리카

새로운 세계, 미지의 아프리카가 눈앞에 현실로 다가왔다.

나는 정말 식인종이 산다는 아프리카에 도착한 것이다.

많은 것이 예전의 생활과는 달라졌지만 나는 지금 내 삶이 감사하고 행복하다.

아프리카 가는 길에 만난 요상한 향기

　　　　1975년, 국내 경제가 불황으로 치닫자 한국 정부는 수출을 확대하는 수출 드라이브 정책을 추진했다. 대기업은 정부 정책에 발맞춰 대형 종합 상사를 탄생시켰고, 이 때문에 아메리카 대륙에서 아프리카 대륙까지 젊은 인재들은 조국의 경제를 걸머지고 세계 경제 수출 시장으로 뻗어 나갔다.

　1977년, 내 남편도 대형 종합 상사 아프리카 대륙 지사장으로 발탁됐다. 그 당시 남편은 30대였고 나는 20대였다. 남편이 아프리카로 떠나고 두 달 뒤 나 역시 출국 길에 올랐다. 홍콩을 거쳐 파리에 도착해 며칠을 보냈다. 거기서 다시 런던 행 비행기를 타고 공항에 도착하자 나를 마중 나온 전무 사모님을 따라 그분 댁으로 향했다. 사모님은 손수 맛있는 음식을 만들어 주며 말했다.

　"아프리카에 가면 풍토병과 말라리아로 생명을 잃는 사람이 많답니다. 건강하면 병에 걸릴 일이 없어요. 해외 생활 중에 부인이 남편을 돕는 건 자신이 건강한 거예요. 건강해서 남편의 사업에 피해 주는 일이 없도록 하는 게 매우 중요해요. 가서 잘 먹고 돌아올 때까지 꼭 건강해야 돼요."

　사모님은 영국을 대표하는 해롯 백화점으로 나를 데려갔다. 나는 웅장한 백화점을 둘러보며 영국 황실의 명품 그릇과 눈에 익은 찻잔을 바라보며 우리나라도 부강해야 된다는 생각을 많이 했다.

며칠 뒤, 나는 남편을 쫓아가려고 서아프리카 라이베리아로 향하는 영국 항공 브리티시 에어라인에 탑승했다. 옆 좌석엔 살집 좋은 새까만 아프리카 남자가 먼저 웃으며 인사했다. 나도 웃으며 앉았다. 그런데 웬 야릇한 냄새가 다가와 고개를 두리번거렸다. 알고 보니 옆에 앉은 남자에게서 풍기는 시큼한 냄새가 솔솔 내 콧속으로 들어오는 것이었다. 그 남자가 약간만 움직여도 냄새는 슬금슬금 내 콧속으로 몰려들었다. 급기야 나는 속이 울렁거렸다. 긴 시간 함께 타고 가야 하는데 어쩌면 좋은가! 비행기를 타기 전만 해도 나는 파리에서 샤넬 향기 흩날리는 상젤리제 거리를 걸었는데, 어느 순간 지독한 냄새를 피하기 위해 최대한 숨을 조절하는 신세로 전락하고 말았다.

비행기가 세네갈의 수도 다카르에 도착해 연료를 보충한 뒤 승객을 태운다고 기다리게 해도 난 괜찮다. 후끈후끈 달아오르는 기내의 열기로 땀이 줄줄 흘러내려도 좋다. 지구를 반 바퀴 돌아 식인종이 산다는 아프리카로 가는 길이 힘든 게 아니라, 역겨운 냄새를 맡으며 가는 것이 내겐 가장 힘든 일이었다.

나는 기진맥진해 라이베리아에 도착했다. 공항은 숨이 턱턱 막히는 무더위였다. 그래도 나는 냄새로부터 자유를 얻어 살 것 같았다. 짐을 찾아 밖으로 나오자 남편이 "여기야! 나야!" 하고 외친다. 남편은 그새 까맣게 변했고 함께 나온 참사관은 아주 얼굴이 새까맣다.

한국 대사관에는 대사 내외분, 서기관 두 가정이 있다. 그리고 한국인 의사, 코트라 관장, 교민 회장이 있다. 교민은 한 가정이고, 그 한 가정이 교민 회장 내외이다. 라이베리아는 19세기 미국에서 해방된 노예들이 정착하여 1847년에 건국한 흑인공화국으로서 한국과의 수교는 1964년에 맺었다. 라이베리아의 국명은 '리버티'에서 연유되었고, 수도 몬로비아는 미국의 '제임스 몬로' 대통령 재임 시에 개발된 곳으로 몬로를 따서 '몬로비아'가 되었다.

차창 밖을 바라보니 나뭇잎이 빨간 황토 먼지로 뒤덮여 있다. 건기라서 비가 내리지 않아 그렇다. 새로운 세계, 미지의 아프리카가 눈앞에 현실로 다가왔다. 나는 정말 식인종이 산다는 아프리카에 도착한 것이다.

무엇이 나를 벌벌 떨게 할까?

 드디어 내 생애 첫 아프리카 생활이 시작되었다. 나의 집이 있는 브로드 스트리트는 라이베리아의 수도 몬로비아에서 가장 번화가였다. 이곳은 유명한 외국 기업들이 들어와 있는데, 나는 미국의 항공사인 팬암 항공사가 위치한 팬암 빌딩 302호에서 살게 됐다.

 내가 집에 도착하자마자 나를 환영하는 공연이 열렸다. 아프리카에 방금 도착한 나를 깜짝 놀라게 해 주려고 준비한 공연 팀이 환영하는 춤을 보여 주기 시작했다. 그 순간 나도 모르게 비명을 지를 뻔했다. 공연을 보면서 소름이 끼치고 졸도할 만큼 긴장했다. 너무 무서워서 그만두라고 소리를 지르고 싶었지만 차마 입 밖으로 말이 나오지 않았다. 그때였다. 남편과 함께 공항에 마중 나왔던 라이베리아 주재 한국 대사관의 참사관이 곁에서 환하게 웃으면서 말했다.

 "하하하. 놀라지 마세요. 여기는 도마뱀 천국이랍니다. 오늘은 환영 파티 한다고 애들이 몰려 왔네요. 물려도 독은 없으니 안심하세요. 앞으로는 도마뱀과 친하게 지내셔야 합니다. 도마뱀은 항상 곁에 있을 거니까요."

 하얀 거실 벽을 따라 시커먼 도마뱀들이 꿈틀꿈틀 기어서 올라가다가 나를 보더니 내려왔다 올라갔다 난리를 쳤다. 남편도 곁에서 그렇다는 듯이 싱글벙글 웃었다. 두 달 전에 먼저 떠난 남편이 어느 날 서울로 전화를 걸어왔을 때, 도마뱀이 많다는 귀뜀만 해 줬어도 내가 집에 들어서자마자 이렇게 놀라지는 않았을 것이다. 남편은 내게 "와 보니까 아주 좋아, 빨리 와!"라고 말할 뿐 별다른 말이 없었다.

나는 어쩌다 텔레비전에서 뱀이 등장하려는 눈치만 보여도 소름이 돋아 얼른 고개를 돌리고 재빨리 채널을 다른 곳으로 돌리는 사람이다. 그런데 어느 날은 샤워를 하고 젖은 수건으로 머리를 말리면서 방문을 닫는 순간이었다. 무엇인가 내 앞을 휙 지나간다 싶어서 본능적으로 벽을 바라보니 이게 웬 일인가! 거기엔 뱀처럼 큰 도마뱀이 꿈틀대고 있었다.

나는 정신이 혼미한 채로 침대 옆에 놓인 스프레이 모기약을 집어서 냅다 뿌리기 시작했다. 모기약 한 병을 정신없이 다 뿌렸더니 방 안이 온통 연기로 희뿌옇게 되었다. 그 사이에 나는 도마뱀이 어디에서 어떤 상태로 있는지 두리번거렸다.

앗! 그때 도마뱀이 벽에서 천장으로 기어가다가 내 침대 위로 툭 떨어졌다. 내가 눕는 그 자리로 떨어진 도마뱀은 부들부들 떨면서 필사적으로 기어가다가 다시 침대 밑으로 떨어졌다. 그러곤 그 자리에서 몸통을 움직이면서 꼬리를 덜덜 떨고 있는 게 아닌가!

나도 이미 부들부들 떨고 있는데, 도마뱀도 떨고 있는 것을 보니 더 소름이 끼쳐 나는 "으악!" 비명을 지르면서 잡히는 대로 마구 던져 꼬리를 내리쳤다. 그러고 나서 정신을 가다듬고 죽은 도마뱀을 빨리 갖다 버리려고 나는 종이를 두툼하게 뭉쳐서 도마뱀을 덮고 집어 드는 순간 물컹하게 도마뱀의 촉감이 온몸에 전달되어 또 한 번 "으아악!" 하고 비명을 질렀다. 그렇게 울면서 도마뱀을 버리고 나서도 다시 살아나서 내게 달려들 것만 같아 쓰레기통을 꼭꼭 눌러 덮고 또 확인했다.

그 후 집안에 도마뱀이 들어오는 것을 막기 위해 침실 문은 항상 꼭꼭 닫아 놓았다. 날씨는 타는 듯이 덥고 24시간 에어컨을 켜 놓을 수도 없다. 닫아 놓은 방문을 열고 들어가면 불을 땐 것처럼 열기가 뜨거웠다. 아무리 도마뱀이 들어온다 해도 땀을 줄줄 흘리며 살아가는 아프리카에서 거실의 창문까지 꼭꼭 닫을 수는 없다. 참사관 말대로 이곳에서 살아가는 동안은 도마뱀과 친하게 지내도록 노력하거나 아니면 나의 뇌를 세뇌시켜서 '도마뱀은 참 좋은 친구야!'라고 마음을 바꾸는 방법 외엔 없는 것 같다. 나의 집은 시내 중심가의 고급 빌딩인데도 도마뱀의 놀이터임에는 어쩔 수가 없었다.

남편의 사무실은 같은 빌딩 위층에 있었다. 나를 보호하는 차원에서 우리 집을 한 빌딩 안에 둔 것이다. 외교관들과 교민 회장, 내과의사인 한국 가정은 모두 정원이 있는 주택인데 이곳에서 꽤 떨어진 곳이었다.

한번은 참사관 댁에 갔을 때였다. 꽤 큰 뱀이 어슬렁어슬렁 집안으로 들어왔는데, 나는 말만 듣고도 온몸이 석고처럼 굳어 버렸다. 그러나 그분들은 이미 '도마뱀은 내 친구, 뱀도 내 친구'의 개념이 머릿속에 자리 잡은 사람들이었다. 그들은 "이곳은 우리 집이지만 이 친구들의 놀이터이기도 해서 놀러온 친구를 돌려보내는 일은 별로 어렵지 않아요."라고 말하는 걸 보면서 내심 그들이 부러웠다.

　나도 도마뱀과 친해지려고 무척이나 노력했음에도 불구하고 여전히 그 친구를 만나면 부들부들 떨고 있는 내 모습이 안타까워서 스스로에게 나무랐다.

　"그 친구가 뭐 그리 무서워서 타는 듯한 뜨거운 날에도 넌 혼자 벌벌 떨고 있는 거야? 도마뱀아! 제발 나 좀 살려 줘!"

죽은 도마뱀이 다시 살아났다

어느 날 직원 부인과 함께 중국인 농장에 갔다. 배추와 무를 사서 김치와 깍두기를 담고 싶어서였다. 건기라서 비가 오지 않으니 농작물이 있을지 모르겠지만 억센 무와 배추라도 있다면 꼭 사고 싶었다. 30분쯤 가니 갑자기 사방이 어두워지면서 비가 폭포수처럼 사납게 쏟아졌다. 이것이 바로 스콜(squall)이라는 것인데, 이때는 마치 손 세차장에서 호수로 자동차에 물을 뿌리는 것처럼 사납게 비가 온다. 눈앞의 차도 보이지 않기 때문에 유리창을 닫고 비상 라이트를 켠 채 잠시 서 있는 것이 가장 안전하다. 차의 지붕이 뚫어질 듯 무섭게 내린 폭포수가 멎고 나니 태양이 살며시 얼굴을 내밀었다. 아무 일도 없었던 듯 대지는 금세 뽀송뽀송하다.

우주 만물을 지으신 하나님의 섭리가 참으로 놀랍다. 산뜻한 공기 속에 말끔히 씻긴 길을 신나게 달려 농장에 도착하니, 제대로 자라지 못한 억센 무와 배추가 우리를 기다리고 있었다. 얼마나 반갑던지 '스콜을 뚫고 온 보람이 있네!' 하면서 기쁨에 찬 목소리로 구멍이 숭숭 뚫린 난쟁이 모양의 무와 배추를 들고 개선장군이 되어 집으로 돌아왔다.

다음 날 하우스보이와 함께 김치 담글 준비에 들어갔다. 하우스보이의 이름은 '아다마'이다. 이곳은 여자 도우미는 없고 남자를 집안의 가사도우미로 고용한다. 외국인 가정은 모두 하우스보이를 두고 사는데 한국인 가정도 작게는 두 명, 대개 서너 명을 둔다.

아다마와 나는 주방에서 김치 담그기에 바빴다. 어제 사온 오이와 양파를 썰어 김치를 버무릴 큰 그릇에 담았다. 그리고 물기를 뺀 절인 배추를 넣고 서울에서 엄마가 꼭 가져가야 한다며 이삿짐에 넣어 준 잘 삭은 멸치 액젓과 고춧가루를 쏟아 넣고 '익으면 참 맛있겠지?' 생각하며 김치를 버무리고 있었다.

그때 쏜살같이 나타난 도마뱀이 김치 담는 주변을 오르락내리락하면서 급기야는 김치 담을 통 바로 위 천장까지 기어올라 가는 게 아닌가! 나는 순간 비상사태라서 아다마를 부를 겨를도 없이 고춧가루 묻은 빨간 손으로 버무리다만 김치를 사수하려고 손가락 열 개를 힘껏 벌려 김치 보호에 최선을 다했다. 살충제를 뿌릴까 했지만 보약 같은 김치 앞에서 말도 안 되는 소리! 번개같이 아다마를 불렀다. 아다마는 "네, 마담!" 하면서 대답이 채 끝나기도 전에 달려왔다. 이제 내 목소리만 들어도 내가 도마뱀과 사투를 벌이고 있다는 것을 알기 때문이다.

아다마는 김치의 안전을 최우선으로 생각하며 도마뱀을 잡으려고 몸을 좌우로 여유롭게 흔들면서 마치 권투 선수가 글러브를 끼고 라이트 훅, 레프트 훅을 날리듯 각가지 폼을 연출했다. 드디어 아다마가 마지막 주먹을 휘두를 때 도마뱀은 툭 쓰러졌다. 모든 것이 눈 깜짝할 사이에 이루어졌다.

그렇게 도마뱀과의 사투가 끝나고 마저 담그던 김치를 통에 모두 넣자 갑자기 온몸의 힘이 다 빠져버려 뒷정리를 아다마에게 맡기고 죽은

아다마와 즐거운 시간을 보낸 아이들

도마뱀도 빨리 버리라고 일르며 자리를 떠났다. 그런데 다시 돌아와 보니 쓰러진 도마뱀이 흔적도 없이 사라졌다. 다음 날 거실 카펫까지 샅샅이 수색했는 데도 도마뱀은 찾지 못했다.

　며칠 뒤, 주말 점심시간이었다. 나는 남편에게 "더위에 수고가 많으니 오늘은 보약을 대령이요!" 하면서 며칠 전 담근 맛있는 김치를 꺼내기 위해 통을 열었다. 그다음 칼날 같은 나의 비명 소리가 온 집안을 울렸다. 도마뱀이 김치 한가운데에 꼿꼿이 앉아서 금방이라도 나를 향해 뛰어나오려고 하지 않는가! 나는 술 취한 사람처럼 비틀비틀 걸어 나와 소파에 풀썩 주저앉았다. 아다마가 주방에서 큰 소리로 외친다.

"마담? 걷어 내고 먹을까요? 황금 같은 금친데요! 마담? 도마뱀이 얌전히 옆으로 누워서 뻗었습니다."

"그래? 그런데 왜 똑바로 앉아서 내 눈을 뚫어지게 보는 것 같지! 나를 원망한 후에 다시 누웠나? 김치 통에는 어떻게 들어간 거야? 아다마! 뚜껑을 바로 안 닫았니?"

"예, 죽은 도마뱀을 먼저 찾느라고요!"

"다시 살아났잖아! 하마터면 도마뱀 김치를 먹을 뻔했어!"

만약에 아다마가 나보다 먼저 김치 통을 열었다면 어떻게 됐을까? 아마 혼자서 히죽히죽 웃다가 바로 도마뱀을 살짝 걷어 버리고 우리 밥상에 김치를 먹음직스럽게 올려놓을 가능성이 높다.

나는 아다마가 가져다준 도마뱀 김치를 잘 익어서 국물이 시원하고 맛있다면서 먹는 생각을 하니 온몸에 소름이 쫙 돋았다. 도마뱀 사건 이후 아다마는 조그만 뚜껑을 닫을 때도 한참이나 걸렸다. 샅샅이 살펴보고 뚫어지게 확인하느라고.

대통령의 명령, 식인종을 잡아라!

1977년 어느 날, 라이베리아 몬로비아 일간지에 끔찍한 기사가 났다. 윌리엄 톨보트(William Tolbert) 대통령이 사람을 잡아먹는 식인종을 당장 잡아들이라는 엄명을 내린 것이다.

"눈과 귀와 간이 사라진 백인의 시체가 갈기갈기 찢긴 채 처참하게 발견되었다. 범인은 필시 특권층으로 보인다. 다시 이런 일이 일어나지 않도록 즉시 잡아서 엄벌에 처형한다."

내가 살고 있는 수도 몬로비아(Monrovia) 시가 무섭게 발칵 뒤집혔다. 라이베리아는 샤머니즘이 있었다. 그것은 백인을 잡아다가 장기를 빼서 술을 담그는 것이다. 살아 있는 백인의 눈과 귀와 간을 빼서 원시 양조법으로 술을 담아 토기 항아리에 단단히 밀봉한 뒤 비밀스러운 장소에서 발효시키는 것이다. 그 후 항아리 몸통에 아주 작은 구멍을 내어 그 구멍을 통해서 완성된 술을 받아 마신다. 그들은 이 괴이한 풍습을 부적처럼 여기며 그대로 따라야 자손대대로 부귀영화를 누릴 수 있을 거라고 믿었다. 그런데 백인을 잡아 술을 담그는 제조법은 특권층이나 재력 있는 부유층에서 공공연히 이루어지는 비밀이라고 한다. 가난한 원주민들은 감히 백인을 꿈에도 쳐다보기 힘들어 대신 짐승을 잡아서 같은 방법으로 술을 담근다. 하지만 현대판 식인종은 능력 있고 힘 있는 이들로 투철한 무속 신앙을 숭배하는 흑인들이다.

식인종을 두 부류로 나누면 한 부류는 수백 년 전부터 전통을 지키는 원조 식인종으로서, 1977년 내가 아프리카에 살고 있던 그 시절에도 깊은 정글 속에서 그들만의 독특한 삶을 고수하며 살았다. 반면에 다른 한 부류는 우리와 같은 삶을 살아가는 지배 계층으로 가문의 영광과 권세를 영원토록 누리고자 하는 사악한 욕망 때문에 탄생한 현대판 식인종이다.

어느 날 다시 몬로비아 일간지에 충격적인 기사가 났다. 끔찍한 식인종이 잡혔다는 것이다.

"그 식인종이 누구래요?"

"그 식인종이 카운티(County)래요. 현역 도지사랍니다."

1977년 10월, 식인종의 주범인 도지사 '샬로트'가 잡혔다. 그가 도지사였기에 언론은 확성기로 나팔을 불듯 뜨겁게 보도했다. 그 후 톨보트 대통령의 성명서가 발표됐다.

"백인을 살해해서 술을 담근 도지사 샬로트를 사형에 처한다. 악습이 근절될 때까지 누구든 발견되면 사형을 집행할 것이다."

1444년 노예의 역사는 포르투갈에서 시작된다. 절대 강국 백인들은 흑인을 노예로 삼았다. 노예란 주인의 물건과 같아서 주인이 노예를 죽여도 죄가 아니었다. 그런데 어쩐 일인지 지금 이 땅에서 노예의 후손인 흑인들이 그들의 주인이던 백인들의 생명을 처참하게 살해하고 있다.

식인종 사건 이후 우린 몇 안 되는 한국인이지만 혹시 우리가 흑인들의 피부같이 더 새까맣게 태워야 하는 건 아닌가 하며 농담했다. 왜냐하면 '꿩 대신 닭'이란 말이 있듯이 우린 흰 것도 아니고 까만 것도 아닌, 중간색의 피부를 가졌기 때문이라고.

라이베리아는 영적으로 어둠의 세력이 지배했다. 하나님께서 강권적으로 추방시킬 폐습이 분명했다. 그런데 나는 그런 기사를 보고도 옛날 냄새 물씬 풍기는 골동품상에 자주 들렀다. 귀신이 나올 듯한 어두운 골동품상이지만 정감 있는 옛 아프리카 사람들의 흔적을 고스란히 마주할 수 있었다. 그곳에 가면 마스크 등 여러 모양의 가면들이 있는데, 어떤 것은 무시무시하게 생겨 한국의 전통 탈과 흡사한 것도 많았다. 각종 항아리와 돌 조각상, 400년 동안 자란 까만 나무로 만든 흑단 조각품, 놋쇠로 만든 아프리카 사람들의 다양한 작품들, 프랑스와 영국의 옛날 주화들 등 그중에서도 특별한 것은 사람의 장기를 떼어 술을 담근다는 토기 항아리였다.

몬로비아의 골동품상 가게 주인 피터는 내가 찾아가면 반갑게 맞아주었다. 그러곤 백인으로 술을 담근 항아리라면서 항아리 하나를 조심조심 가슴에 안고 나온다. 그 술 항아리를 내 코앞에 바짝 디밀어 깜짝 놀라게 하고는 공연을 하겠다며 본인이 직접 배우가 되어서 백인이 잡혀서 죽는 상황극을 연출한다.

피터는 식인종이 되어 백인을 죽이는 흉내를 내며 "흐흐흐! 어차피 갈 건데 조용히 가자!" 하면 다른 골동품상이 갑자기 뛰쳐나와서 "으악! 으악! 제발 살려 줘요!" 한다. 죽으러 가는 백인처럼 진짜 땅바닥에 벌렁 누우며 어찌나 웃기게 연극을 잘하는지 나는 어느새 깔깔대며 마당극의 1인 관객이 된다. 그들은 유일한 관객인 나를 위해 최선을 다해 공연했다. 내가 갈 때마다 어김없이 특별 공연을 하면서 단 한 개뿐이라는 술 항아리를 익살스럽게 들고 나왔다.

"이건 단 하나뿐인 항아리입니다. 이 항아리를 소장하면 집안에 부귀영화가 몰려옵니다. 이 항아리가 주인 되신 당신을 기다리고 있습니다."

"그렇다면 내가 꼭 사야죠."

내가 갈 때마다 땅바닥에 벌렁 누워 공연하는 골동품상이 친근해져서 거짓말인 줄 알면서도 어느 날은 항아리를 사가지고 왔다. 그 골동품상 말처럼 그 항아리의 주인이 나였는지, 38년이란 세월이 흐른 지금도 그 토기 항아리를 가지고 있다.

내가 떠나온 뒤 평화롭던 라이베리아는 정권에 눈이 먼 사악한 지배층 때문에 피비린내 나는 내전으로 참혹해졌다. 거리는 살생으로 가득한 폐허가 되었고, 죽어 가는 사람들과 굶주림에 신음하는 아이들로 즐비했다. 그 후 시련을 극복한 라이베리아는 새로 태어난 평화의 나라가 되었고, 지금은 각국의 선교사들이 그 땅에서 복음을 전하며 헌신하고 있다.

내 친구 꺼벙이 아프리카 사람들

남편이 코트디부아르의 수도 아비장에 갔을 때의 일이다. 남편은 아비장 중심가에 자리 잡은 레바논인 테일러 브라더스 상사의 사장과 장시간 거래하며 줄다리기를 하다가 마지막 비행기를 놓쳤다. 다음 날 새벽 5시, 남편은 아비장의 국제공항에서 라이베리아로 돌아오기 위해 첫 비행기를 타려고 자리에 앉아 있었다. 그러나 여객기는 이륙할 시간이 두 시간이나 지났는 데도 전혀 미동이 없었다. 이 비행기는 유럽에서 날아와 아비장에 손님을 내려놓고 다시 손님을 싣고 라이베리아의 수도 몬로비아로 떠나는 일정인데 말이다. 참다못한 남편이 큰 소리로 물었다.

"여보세요. 이 비행기 안 뜹니까?"

스튜어디스는 하품하며 대답한다.

"손님! 비행기가 뜨려면 아직 멀었어요."

"아직 멀다니요? 이륙 시간이 5시라고 적혀 있지 않습니까! 벌써 두 시간이나 지났습니다."

"태울 승객이 없잖아요, 손님! 조종사도 아직 안 일어났어요."

"그럼 언제 뜹니까?"

"손님들이 타야 뜨지요."

1979년 아프리카 비행기의 출발 시간은 탑승권에 적혀 있는 시간과

무관했다. 비행기는 졸고 있다가 손님이 타면 뜨고 안 타면 안 뜬다. 물론 다 그런 것은 아니지만 비행기가 연착되는 일은 허다했다.

2013년 나는 거의 매달 동아프리카를 오가며 비행기 때문에 고생하던 옛일이 떠올랐다. 어느 날 나는 인천에서 출발해 방콕을 경유해 나이로비에 도착하는 항공편을 택해 밤늦은 시간 방콕에 도착했다. 그런데 방콕에서 나이로비로 출발하는 비행기로 갈아탈 때 문제가 발생했다. 갈아탈 비행기가 고장이 났다는 것이다.

"여보세요. 비행기 언제 뜹니까?"

"지금 홍콩에서 수리 중이라서 언제 뜰지 모릅니다."

"언제쯤 수리가 끝나고 방콕에 도착합니까?"

"그건 모릅니다. 고쳐 봐야 압니다. 내일 모레 안에는 뜨지 않겠어요?"

나는 항공사에서 제공하는 방콕 공항 근처의 호텔에서 하룻밤을 투숙하고, 다음 날 아침 일찍 공항으로 갔다. 다행히 수리된 비행기는 오후 1시 30분경에 방콕에서 승객을 태우고 나이로비로 출발했다. 하지만 이로 인해 현지 파트너와 국회의원과의 중요한 미팅 스케줄이 엉망이 되어 버렸다.

내가 탄 비행기는 보잉 767편으로 좌석 배치는 7명이 나란히 앉았다. 내 좌석은 창가 옆 복도 자리였다. 옆자리에 앉은 아프리카 여자 승객이 뒷자리 좌석에서 반대편 끝에 앉은 아프리카 남자 승객과 대화하기 시작했다. 두 사람의 좌석은 기내의 양 끝에서 끝이라 승객들 5명을 뛰어넘어야 말할 수 있었다. 보통 큰 소리로 말하지 않으면 전달이 안 되는 상황이었다. 그들의 대화는 확성기로 말하는 것과 다를 바 없었다. 적어도 앞뒤 4줄 안에 앉은 승객들은 본의 아니게 그들의 대화를 다 듣게 될 정도였다. 하지만 아프리카 승객들의 반응은 "너희들 기내에서 왜 이렇게 떠드니!"가 아니라, "너는 내 친구 나는 네 친구 그러니까 우린 떠들어도 괜찮다."는 반응이었다. 대화하는 두 사람이 엄청 더 큰 소리로 소리 지르며 꺼벙하게 말했다.

그들의 대화를 다 들으며 중요한 순간마다 박자를 맞춰 깔깔 웃는 승객, 끼어들어 큰 소리로 말참견하는 승객, 말하다가 승무원에게 음료를 갖다 달라고 요청하는 승객, 받아 든 캔을 아들 몫이라며 가방에 꾸역꾸역 집어넣는 승객, 모두 처음 만난 사이지만 그들이 사는 세상의 문화에는 '우리 모두 친구'라는 따뜻한 정이 밑바탕에 흘렀다.

삼등석에서 그들과 나란히 앉은 유일한 한국 여성인 나도 아프리카 세상에서는 친구이다. 예전의 나는 일등석이나 이등석을 타고 다녔다. 하지만 아프리카 선교와 구제 활동에 전념하면서부터 나는 삼등석을 탈 수 있다는 것만으로도 가슴 뛰게 감사하다. 그건 나를 믿어 주는 소중한 이들이 하나둘씩 생겨난다는 의미이기 때문이다. 내게 삼등석 항공권의 의미는 신뢰와 꺼벙함이 동시에 깃들어 있다. 신뢰란 나를 믿고 후원하는 이들을 말함이고, 꺼벙함이란 아프리카를 말한다.

후원자가 직접 아프리카에서 고통받는 사람들을 도울 수 없으니 대신해서 내가 아프리카를 오가며 우물을 파고, 굶주린 고아를 돌봐 주라고 보내 온 물질이기 때문에 이 항공권은 나와 후원자의 끈끈한 신

뢰를 보여 주는 것이다. 아주 작은 것이라도 물질은 누구에게나 귀하
다. 그런 가운데 근검절약해서 보내 준 귀한 물질은 사랑하기 때문에
주는 것이다. 그 사랑은 아프리카 아이들에게 생명이 되고, 희망이 되
고, 미래를 꿈꾸게 하는 날개가 된다. 지금도 나를 믿어 주는 후원자가
있기에 사명감을 가지고 아프리카 아이들을 보살필 수 있는 것이다.

꺼벙한 아프리카 친구는 내 삶의 패턴도 바꿔 놓았다. 나의 항공 여정은 미국과 유럽에서 아프리카로 이동되었고, 나의 항공권도 이등석에서 삼등석으로 전환되었다. 나의 취미도 골프에서 한증막으로 조정됐다. 주말이나 한밤중에 시간을 쪼개어 한증막에 가서 온몸에 쌓인 노폐물을 땀으로 쏟아 내고, 냉탕에 가서 아이처럼 물장구를 친다. 그리고 조용히 눈을 감고 아프리카 구제 활동을 생각한다. 머릿속의 복잡한 생각들을 멈추고 아무 생각 없이 멍하게 숨 쉬다 보면 저절로 수면에 빠지는데, 이것은 재충전을 위한 나만의 한증막 요법이다. 따로 시간을 내어 운동하지 못하는 내게 최소한의 건강을 유지하는 비결이기도 하다.

많은 것이 예전의 생활과는 달라졌지만 나는 지금 내 삶이 감사하고 행복하다. 야생의 아프리카는 매력 덩어리이고, 꺼벙한 아프리카 사람들은 사랑 덩어리이고, 피로회복제 한증막은 건강 덩어리로서 내게 이 모든 것은 언제나 함께 있기 때문이다.

혼자 있을 때면 아프리카 사람들의 꺼벙하고 귀여운 모습들을 생각한다. 그들을 떠올리면 저절로 미소가 흐른다. 나는 꺼벙한 아프리카 친구들을 정말 사랑하는가 보다.

여보, 빨리 와! 눈이 안 보여!

남편은 자이레(콩고민주공화국)에 출장을 가고 나는 참사관 댁과 쿠퍼 비치에 갔다.

"아니, 왜 자꾸 눈을 비비세요?"

"눈이 자꾸 따끔거리고 침침해서요."

"어디 봐요. 어머나! 눈이 새빨갛게 충혈됐어요. 빨리 치료를 해야겠어요. 아프리카에선 눈병이 나면 매우 위험해요."

집으로 돌아오니 왠지 겁이 나고 불안해서 난달 스트리트에 있는 약국을 찾아갔다. 눈의 상태를 확인한 레바니시 약사는 대수롭지 않게 말하며 약을 눈에 넣어 주었다.

"각막이 좀 상했네요. 이곳에선 각막이 다친 것을 방치하면 실명할 수도 있어요. 어때요? 시원하죠? 곧 나을 겁니다."

"네, 시원하네요. 그런데 뭔가 이상한 느낌이 드는데……."

"그래도 내가 여기선 알아주는 약삽니다. 이 약을 넣고 당분간은 집에서 쉬세요. 밖에 나갔다가 모래바람이 들어가면 정말 위험하니까요."

어린 시절 나는 잔병치레를 많이 해서 엄마가 병원에 가자고만 하면 "병원 가기는 죽기보다 싫어!" 하면서 떼를 썼다. 어른이 돼서도 아프리카에 와서도 그 버릇은 고쳐지지 않았다.

"여기는 미개한 아프리카이다. 서울처럼 쉽게 병원에 갈 수도 없다.

남편이 해외 출장에서 돌아오면 그때 병원에 가야지. 내 눈은 심각한
게 아니니까 약을 사다 넣으면 괜찮아질 거야."

나는 두려워서 스스로 병원에 가지 않는 이유를 만들며 현실을 피하
고 있었다. 그런데 어느 날 눈이 더욱 침침해져 거울을 들여다보았다.
눈 안에 물고기 비늘 같은 것이 덮여져 있는 것 같아서 만져 보니 뭔가
가 줄줄이 기다랗게 딸려 나왔다.

"어머나! 이게 뭐야?"

나는 가슴이 철렁했다. 곧장 난달 스트리트의 약사에게 뛰어갔다.

"제 눈이 왜 이래요? 지난번에 주신 약을 다 넣었는데 왜 이래요?"

"아, 마담! 진정하세요. 마담!"

그는 꽤 큰 병에 담긴 보라색 물약을 들고 나와 "이것을 쓰면 좋아집
니다." 하면서 나를 안심시켰다. 그가 약을 넣는데 왠지 불길한 예감이
엄습했다.

나는 집에 돌아오자마자 어지러워서 침대에 누워 안정을 취했다. 그
러나 마음이 불안해서인지 머리가 띵 하면서 몸에 열이 오르는 듯했
다. 한참 뒤 눈을 떴다. 대낮인데도 앞이 캄캄하고 아무것도 보이지 않
았다. 나는 졸도하듯 놀라 벌떡 일어났다. 어둠 속에서 두 손을 더듬더
듬 짚으며 욕실로 갔다. 그리고 세면대를 찾아 수도꼭지를 틀고 흐르
는 물에 연거푸 눈에 넣은 약을 씻어 냈다. 눈물을 흘리면 눈이 더 나빠
질 것 같아서 꾹 참다가 끝내는 남편을 부르며 엉엉 울고 말았다.

"여보, 빨리 와! 내 눈이 안 보여! 무서워! 빨리 와!"

자이레에 출장 간 남편이 빨리 돌아오기를 기다리며 나는 흙물이 나오는 수돗물을 계속 틀어 놓고 정신없이 눈 속의 안약을 씻어 내렸다.

"여보, 어디 있어? 나 왔어요!"

기다리던 남편의 목소리가 들렸다. 나는 이제 살았구나 싶어 눈물범벅인 채로 "나 욕실에 있어! 눈이 안 보여! 나 어떡해! 실명하나 봐."라고 말하며 눈물을 펑펑 쏟았다. 남편은 며칠 사이에 갑자기 벌어진 황당한 일에 너무도 당황하여 나보다 더 심장이 뛰는 것 같았다. 자신이 왔으니 이제 걱정하지 말라며 내 손을 덥석 잡는데 남편 손 역시 사시나무처럼 덜덜 떨고 있었다.

"마음을 편안히 먹어요. 내가 있잖아! 병원엔 가 봤어?"

"내가 병원 가는 걸 죽기보다 싫어하는 거 알잖아. 그리고 나 혼자 어떻게 병원을 가? 아프리칸데."

"닥터 김에게 데려다 달라고 하지."

"그런 거 싫어. 약국에 갔는데 약사가 안약을 넣어 줬어."

"여기 나 좀 봐봐! 나 안 보여? 내 얼굴 안 보여?"

"아무것도 안 보여. 나 정말 눈이 안 보이면 어떡해? 장님 되느니 차라리 죽는 게 나아!"

"절망하지 마! 당신 눈이 안 보여도 걱정하지 마! 내 두 눈이 있잖아! 내 눈을 이식하면 돼! 우리 눈 하나씩 나눠 갖자! 염려할 거 없어. 내가 당신을 얼마나 사랑하는지 알지? 여기서 못 고치면 영국에 가서라도 고치면 돼. 당신이 나를 따라서 아프리카에 왔는데 내가 절대 실망시

실명 위기에서 벗어난 후 퉁퉁 부은 눈으로 원주민과 함께

키지 않을 거야! 하나님이 계신다면 틀림없이 당신 눈을 고치실 거야!"

"자이레 출장 간 건 잘됐어?"

"잘돼서 계약했어. 세상에서 제일 소중한 사람은 당신이야! 그러니 힘을 내. 절대 흔들리면 안 돼! 내가 유명한 의사를 찾아올 때까지 가만히 누워 있어!"

"고마워요."

남편은 대사관으로 달려갔다.

"대사님! 이 나라에 훌륭한 의사 없습니까? 길 회장님, 실력 있는 안과 의사 아는 분 없습니까? 집사람이 실명 위기에 놓였습니다."

"파이어스톤 병원에 있는 안과 의사가 대통령 주치의입니다."

교민회 길 회장과 남편은 황급히 대사관을 빠져나와 파이어스톤 고무나무 농장으로 향했다. 수도 몬로비아 동북쪽에서 60km 떨어진 이곳은 미국의 브리지스톤 파이어 스톤사가 타이어를 만들기 위해 광대한 아프리카 땅에 고무나무를 키워 진액을 채취해 가는 농장이다. 미국인들은 여기에 그들이 사는 세상을 만들어 놓았다. V.O.A(Voice of America) 라디오 방송국, 교회, 종합병원, 골프 컨트리클럽, 아메리칸 스쿨 등 이곳에서 일하는 자국민이 불편함 없도록 시설을 갖춰 놓았다. 그래서 파이어스톤 병원에는 실력 있는 의사들이 있었다.

톨보트 대통령 주치의인 닥터 짐버만과 남편의 인연은 이렇게 시작됐다. 짐버만은 레바니시 약사가 내 눈에 넣어 준 약을 놀란 표정으로 들여다보았다. 그리고 눈이 너무 약해져서 천천히 회복될 것이니 걱정하지 말라고 안심시키면서, 레바니시 약사가 사용해서는 안 될 엉뚱한 약을 넣어서 생긴 치명적 부작용이라고 알려 주었다.

그 후 나는 눈이 시려서 집안으로 들어오는 햇빛도 보기가 힘들어 눈을 감고 있을 때가 많았다. 그리고 후유증인지 눈이 낫기도 전에 시름시름 아프기 시작했다. 열이 나고 힘도 없고 설사까지 하다가 결국 다른 병이 생겨 사경을 헤매게 됐다.

제발 목숨만 살려 주세요!

나는 심한 눈병에 걸려 심신이 약해져서 말라리아와 복합성 풍토병을 이기지 못하고 사경을 헤매게 됐다. 머리에 심한 통증이 오면 머리를 쥐어뜯으며 온 방을 헤매다가 고통이 심해 정신을 잃을 정도였다. 사방을 기어 다니며 터져 버릴 것 같은 머리의 통증을 참으려고 머리를 바닥에 찧어 댔다. 그리고 피가 철철 흐르는 머리를 감싸 안고 엉엉 울었다. 죽을 것만 같은 고통과 불안이 엄습해 왔다. 나는 마음 깊은 곳에서 '살아야 한다. 이대로 죽을 수는 없다.'라고 절규가 터져 나왔다. '그래, 어린 시절 교회에서 만난 예수님에게 살려 달라고 애원하면 분명히 들어주실 거야!'라며 나는 외마디 비명을 질렀다.

"하나님! 제발 저를 살려 주세요. 목숨만이라도 살려 주세요. 살려만 주신다면 시키시는 대로 다 하겠습니다. 하나님!"

나는 애타게 하나님을 찾았고 미친 사람처럼 울부짖었다. 나는 꼭 살고 싶었다. 이렇게 부르짖으면 하나님이 분명 내 기도를 들어주실 거라는 생각이 들었다. 내가 절대로 포기하지 않도록, 그 어떤 강한 힘이 나를 절규하게 했다.

"하나님! 제 목소리를 듣고 계세요? 저를 살려 주실 겁니까?"

갑자기 마음 깊은 곳에서 정신을 바짝 차리면 살 수 있다는 믿음이 생겨났다. 나는 무릎을 꿇고 자세를 가다듬었다. 두 팔과 얼굴을 하늘을 향해 올렸다.

"오, 하나님! 전 정말 죽을 수가 없어요. 아직 20대를 다 살지도 못했는데 데려가시면 너무 억울하잖아요. 하나님! 이제는 제 마음대로 살지 않고 하나님 뜻대로 살게요. 제발 살려만 주세요!"

내 눈에서는 뜨거운 눈물이 하염없이 흘러내렸다. 이십 해를 사는 동안 있었던 일들이 영화처럼 스쳐 지나갔다. 일초가 천 년같이 느껴졌다. 마치 내가 친구에게 전화를 걸어 말을 하지만, 막상 친구는 내 말을 다 듣고도 대답은 하지 않는 것 같은 느낌이 들었다. 진공상태 속에서 하나님이 나의 기도를 세세히 듣고 계시다는 확신이 들었다.

"오, 하나님! 듣고 계셨군요. 제발 살려 준다고 빨리 말해 주세요!"

하나님의 세심한 숨소리까지도 놓치지 않으려고 두 팔을 벌려 기다리는데 청아한 음성이 내 귀에 들려왔다.

"살려 줄 수⋯⋯."

나의 영혼이 좋아서 춤추며 대굴대굴 굴렀다. 하나님이 내 기도를 들으시고 계시지 않는가!

"제 기도를 듣고 계셨어요? 하나님! 그런데 살려 줄 수 있습니까? 없습니까? 빨리 말해 주세요."

나는 온몸과 마음을 다해 하나님의 답을 들으려고 젖 먹던 힘을 다해 기다렸다. 하나님의 음성이 들려오기를 기다리는데 곧 청아한 음성이 내 귀에 정확히 들려왔다.

"살려 줄 수⋯⋯."

나는 급한 마음에 하나님의 행동이 답답해서 왜 이렇게 뜸을 오래 들이시느냐고 목소리를 높였다. 빨리 말하시라고 하나님에게 언성을 높여 불만을 표시했다. 그런 내게 하나님은 화도 내지 않으셨다. 내가 답답해하는 마음도 다 알았다고 하신다. 그리고 하나님은 결정한 듯 다음 말씀을 이어 가려고 한 박자 쉬고 계셨다. 그리고 "살려 줄 수"의 다음 단어를 말하려는데 "탕탕탕" 요란한 소리가 들려왔다. 사느냐 죽느냐의 중대한 고비에서 무엇이 방해를 한단 말인가!

나는 깜짝 놀라 눈을 떴다. 벌떡 일어나 보니 나는 침대에 반듯하게 누워 있었고 내가 마주한 상황은 꿈속에서 일어난 환상이었다. 내가 머리를 쩧으며 울부짖은 것은 내 영혼이 죽음으로 가는 연약한 몸을 회복시켜 달라는 몸부림이었다. 내 육체가 잠든 사이에도 내 어린 영혼은 아직 생명을 거둬 가면 안 된다고 하나님에게 절규했던 것이다.

나를 걱정해서 달려오신 정 많은 대사 사모님 덕분에 꿈에서 깨어났지만 신비로운 것은 사경을 헤매던 내가 그 후 즉시 자리를 털고 일어났다는 것이다. 이것은 내가 직접 경험한 기적 같은 진실이다.

하나님은 살아 계셨고 나를 죽음에서 건져 내셨다. 그리고 나를 향한 당신의 사랑을 내 가슴속에서 영원히 지워지지 않도록 각인시켜 놓았다.

그분의 음성은 깊은 산속 고요한 계곡에서 흐르는 물줄기같이, 각가지 모양의 돌멩이가 서로 감싸 안고 속삭이며 흐르는 물소리같이, 새벽녘 붉은 태양이 살포시 기지개를 펴며 솟아오르는 태초의 울림같이, 새 아침에 만물을 깨우는 새소리같이, 낭랑하고 오묘한 목소리였다.

내가 외로울 때 그리운 그 음성은 처절히 불러도 대답이 없다. 다만 내 가슴 깊이 각인되어 살아 있는 것은 '약속'이다.

　"하나님! 살려만 주신다면 시키는 대로 다 하겠습니다."

　나는 그 '약속' 위에 서 있었다.

3부

주님을
따라가는 길

하나님을 만난 그날 나는 서원 기도를 드렸다.

"하나님 아버지! 이 딸을 무조건 쓰시옵소서. 당신의 뜻대로 무조건 살겠나이다."

소처럼 끌려간 교회였지만 결국 소처럼 부지런히 신앙생활을 하다.

교회를 소같이 끌려다닙니까?

"올케! 지난주에 교회 빠졌지? 오늘은 꼭 나와야 해!"

1981년 7월 마지막 주, 목사 사모인 시누이의 강력한 호출을 받고 예배에 참석했다. 혹시나 했는데 역시나 아무런 감동 없는 지루한 시간이었다. 예배가 끝나고 무더운 날씨에 홀로 집에 걸어가는데 시누이가 무서워 교회에 끌려가는 내 신세가 처량하고 답답했다.

"아니, 내가 좋아서 교회를 다녀야지, 왜 소처럼 끌려서 교회를 다니고 있는 거지?"

시누이는 내가 교회에 빠지면 서슬이 시퍼래서 호통쳤다. 그러니 나는 청개구리처럼 더 가기 싫어졌다. 은혜가 안 되는 교회, 세련된 교인이 없는 교회, 정말이지 다니고 싶지 않다고 말하면 되는 걸 시누이 눈치만 살피는 내 모습이 한심했다. 문득 이제껏 참았던 화가 부글부글 끓어올라 가던 길을 멈추고 하늘을 향해 큰 소리로 외쳤다.

"하나님! 제가 소입니까? 왜 소처럼 끌려서 교회에 다닙니까? 기뻐서 다니게 해 줄 수 없다면 차라리 저를 놓아 주세요! 앞으로는 절대 끌려서 교회에 다니지 않을 겁니다."

자존심 강한 내가 길거리에서 술 취한 사람처럼 소리를 지르며 기도하고 나니 눈물이 왈칵 쏟아졌다.

얼마 뒤 친구 정은이가 전화를 걸어왔다.

"창옥아! 내가 CBS 방송에서 들었는데 하얏트 호텔에 근무하는 여집사가 간증을 하더라. 우리 다음 주에 거기서 점심 먹기로 했잖아. 그때 그분을 만나면 어때?"

"무슨 간증인데?"

"항공사에서 오랫동안 근무한 여성인데, 어느 날 한쪽 볼 위에 큰 혹이 솟아나 있더래. 얼마나 놀랐겠어! 일시적인 현상이라 생각하고 없어지기를 기다렸는데 여전하더라는 거야. 그래서 헤어스타일로 한쪽 얼굴을 덮고 다녔대. 그러다가 한얼산 기도원에서 이천석 목사님이 인도하는 집회에 참석해서 성령 세례를 받았는데, 그 순간 방언으로 회개 기도가 터져 나오고, 어떤 불같은 힘이 자신도 모르게 볼의 혹을 손으로 강하게 반복해서 치게 했다는 거야. 그러고 난 다음 신기하게도 혹이 쏙 들어갔다는 믿지 못할 간증이야."

며칠이 지나 정은이와 나는 하얏트에서 점심을 마치고 간증의 주인공을 찾아갔다. 하얀 남방에 주름스커트를 입은 화려한 여성이 문을 열고 다가왔다. 한눈에 그녀임을 알 수 있었다.

"어느 방송국에서 오셨어요?"

"저희는 방송국 사람들이 아니에요."

"아, 네. 두 분이 멋지셔서 방송국에서 인터뷰 나온 줄 알았어요."

"감사합니다. 방송에서 집사님의 간증을 듣고 직접 뵙고 싶어서 왔어요. 제 이름은 김정은이라고 합니다. 이 친구 이름은 이창옥이고요. 서아프리카 라이베리아에서 살다가 귀국한 지 얼마 안 됐어요."

"그렇군요! 어쩐지 멋있으세요. 새까만 외모도 외국 사람 같고요. 이번 여름휴가는 어디로 가세요? 괜찮으면 저와 함께 기도원에 올라가시죠. 인생이 멋지게 바뀔 겁니다."

"저, 기도원 처음인데 가 보고 싶어요."

내가 사는 아파트에는 영락교회 초대 장로의 며느리가 살고 있었다. 그녀와 나는 친하게 지냈는데, 내가 기도원에 간다고 하니까 그 부부도 함께 가기로 했다.

"트렁크가 크던데 무엇을 넣었어요?"

"화장 도구, 헤어드라이어, 목욕 도구, 갈아입을 옷이요."

"아휴, 이 기도원은 우거진 소나무 밑에서 쌀가마니 깔고 앉아서 찬송하고, 설교 듣고, 먹고 자는 곳이에요. 쌀가마니가 숙소 역할을 하는 거죠."

"쌀가마니 위에서 잠을 잔다고요?"

"쌀가마니도 없어서 서로 차지하려고 난리죠. 화장실이라도 가려면 주인이 있다는 증거로 옷가지를 쌓아 놓고 가야 해요. 은혜를 사모하는 사람들이 전국 방방곡곡에서 구름 떼처럼 몰려오는데 그까짓 거적위에서 며칠 자는 것쯤은 감수해야죠."

우리가 탄 자동차가 기도원 입구로 들어섰다. 비좁은 길을 조심조심올라가 안내실 근처에 정차했다.

"이천석 목사님을 뵈려고 하는데요. 어디 계시죠?"

"바로 저기 앉아 계신 분입니다."

거무스름한 피부에 훈훈한 인상의 목사님이 커다란 부채를 부치며 낡은 플라스틱 의자에 앉아서 성도들을 바라보고 계셨다.

　"안녕하세요. 이천석 목사님이시죠? 저는 기도원에 처음 온 이창옥이라고 하는데요. 하얏트 호텔의 서 집사가 목사님을 먼저 찾아뵈라고 해서요."

　"아, 그래요! 처음 찾아오려면 힘들었을 텐데."

　그때 어떤 청년이 목사님을 향해 걸어왔다. 목사님은 청년에게 뭐라 말했다.

　"저 젊은이를 따라가면 돼요."

　"목사님, 잠깐만요. 제 트렁크가 차 안에 있는데요. 저 분이 좀 들어다 주면 좋겠는데요."

　나와 같이 온 부부는 갑자기 걸려 온 전화를 받더니 급한 일이 생겼다며 즉시 서울로 돌아가고, 나는 트렁크를 들고 앞장선 젊은이를 따라 한참 올라가니 번듯한 집이 나타났다.

　"여기가 묵으실 숙소입니다."

　"감사합니다. 그런데 실례지만 누구세요? 성함은 어떻게 되세요?"

　"네. 저는 이영금 전도사입니다."

　소나무 밑에 쌀가마니를 깔고 잠잘 줄 알았던 나는 집에 들어선 순간 깜짝 놀랐다. 현대식 욕실에 에어컨 시설까지 다 갖춰져 있어 가방 속의 것들을 다 사용할 수 있게 됐다.

　기도 동산을 둘러보려고 밖으로 나왔다. 기도의 용사들이 다져 놓은 발자국을 따라 동산으로 올라갔다. 소나무 밑 여기저기서 소망의 기도 소리가 울려 퍼졌다. 마음속 깊은 곳에서 내 자신에게 속삭였다.

"저 소망의 기도 소리 들었지? 저렇게 기도할 수 있어야 해. 그래야 내 영혼이 거듭날 수 있어. 그렇지 않으면 여기에 왜 서 있니?"

어둠이 내리고 저녁 집회를 알리는 북소리가 웅장하게 울려 퍼졌다. 나는 산에서 재빨리 내려왔지만 발 디딜 틈 없이 사람으로 가득했다.

까만 하늘에선 축복의 실비가 찬양하는 사람들의 머리마다 촉촉하게 내려앉고 예수님을 사모하는 가슴마다 성령의 불길이 충만하다. 찬양은 뜨겁게 퍼져나가고 전도자는 크게 외쳐 기도한다. 군중도 목이 터져라 하늘에 계신 하나님을 향해 외쳐 기도한다. 나도 외쳤다.

"하나님! 제가 왔습니다. 저 창옥이가 비장한 각오로 여기까지 왔습니다. 제가 기도원에 올라온 목적은 꼭 성령 세례를 받아 방언하는 것입니다. 그래서 절대로 소같이 끌려서 교회에 다니지 않고 기쁨으로 신앙생활 하고 싶습니다. 제 기도를 들어주시지 않으면 저는 하산할 수 없습니다. 제 마음을 아시지요? 하나님!"

산상 집회에 처음 온 나는 눈앞에 펼쳐진 광경을 또렷이 지켜보았다. 영혼을 압도하는 위대한 힘을 내뿜는 목사님과 오묘한 집회 분위기는 내가 그동안 경험해 보지 못한 새로운 세계였다. 그 자리에 함께하는 내 영혼도 하나님을 아름답게 찬양하면서 군중 속으로 빨려들어갔다.

그 밤, 하나님은 하늘로부터 내려오셔서 당신을 아버지라 부르는 자녀들에게 성령의 단비를 부어 주셨다. 물고기를 낚는 베드로가 된 목사님은 군중에게 그물을 던져 주고, 나는 신비로운 세계 속에서 가슴을 떨며 영혼 깊은 곳에 모든 것을 새겼다.

예배하면서 나는 몸이 뜨거워지고 눈물이 줄줄 흘렀다. 지난날 잘못들을 회개하다 보니 감은 눈에서 눈물이 쉴 새 없이 흘러내렸다. 그중에는 나도 모르게 저지른 중학생 시절의 일도 있었다. 어느 날 버스에 오르니 빈자리가 하나 있어 앉았는데 다음 정거장에서 한 어르신이 내 앞에 섰다. 나는 자리를 양보해야겠다고 생각했지만 벌떡 일어나지 못하고 있는데 누군가 "여기 앉으세요."라고 큰 소리로 먼저 말했고 나는 창피해서 얼굴이 빨갛게 달아올라 차창 밖만 바라봤다. 그런데 기도하는 중에 그날 양보하지 않고 차창 밖만 바라본 내 모습이 떠올랐다. 지난날 잘못했던 모든 일이 다 생각나서 가슴 아프게 회개했고 기도를 마치고 나니 눈이 퉁퉁 부어 버렸다.

마지막 집회 시간, 목사님은 한 명도 빠짐없이 성령 받고 그 증표로 방언과 은사를 받아서 돌아가라고 말씀하셨다. 나는 마음이 급해져 두 손을 높이 들고 기도했다.

"하나님! 창옥이 여기 있어요. 오늘 꼭 만나 주셔야 해요. 저도 성령 받고 돌아가야 해요. 그냥은 못 내려가요. 하나님! 지금 이천석 목사님이 알려 주신 대로 방언 기도를 시작하려고 해요. 저를 꼭 붙잡아 주세요."

나는 오랫동안 혼신을 다해 기도했다. 그런데 어느 순간 내가 무언가에 실린 듯 붕 떠오른 느낌이 들었다. 그 후 혀가 내 뜻과 상관없이 저절로 말려 올라가 마치 치과에서 마취 주사를 맞은 것처럼 둔해졌다. 그뿐인가! 나는 분명 한국어로 기도하는데 국적 불명의 이상한 소리가 입 밖으로 나오는 것이 아닌가! 그렇게 기도를 마친 뒤 목사님 앞으로 다가갔다. 목사님은 내가 진짜 방언을 받았는지 기도해 보라고 하셨다. 나는 분명히 목사님 앞에서 정상적인 언어로 기도하려는데, 혀가 바위를 달아 놓은 것처럼 무거워지면서 이상한 소리를 냈다. 목사님은 내게 방언을 잘 받았다며 축복 기도를 해 주시고 곧바로 산에 올라가 방언으로 하나님을 만나라고 말씀하셨다.

나는 떨리는 심장으로 꼭 쥐고 있던 봉지에서 신발을 꺼내 신고서 산을 향해 토끼처럼 깡충깡충 뛰어 올라갔다. 이름 모를 풀잎 줄기를 뽑아 긴 머리를 질끈 동여 묶고 긴 소나무 앞에 무릎을 꿇었다. 소나무를 부여잡고 사력을 다해 방언으로 담대히 소리쳤다.

"하나님 아버지! 저예요, 저 창옥이가 왔어요!"

"그래! 딸아, 벌써부터 너를 기다리고 있었단다. 껄껄껄."

"아! 하나님 아버지, 진짜 하나님 아버지 맞습니까?"

"사랑하는 딸아, 내가 하나님이란다."

"아! 아버지, 제가 아버지를 얼마나 보고 싶었는지 아세요?

"나는 너보다 더 너를 보고 싶었단다."

"아버지! 저 너무 기뻐요. 어떻게 아버지와 이런 이상한 언어로 대화할 수 있나요?"

"내가 너와 대화하려고 만들었지."

"아버지! 아프리카에서 저를 살려 주셨잖아요?"

"그럼 당연하지! 딸아, 내가 너를 얼마나 사랑하는데."

"아버지, 정말이에요?"

"너는 나의 생명이란다. 나의 사랑하는 딸아."

나는 하나님의 품에 안겨서 목 놓아 울고 또 울었다. 하나님 아버지와 방언으로 대화하는 그 순간이 너무 좋아서 영원히 시간이 멈추면 좋겠다고 생각했다. 나는 응석 부리는 철부지가 되었고, 하나님은 그런 내 수준에 맞춰 주셨다.

나는 높고 푸른 하늘 아래 소나무가 우거진 산 위에서 무릎을 꿇고 서원 기도를 드렸다.

"하나님 아버지! 이 딸을 무조건 쓰시옵소서. 당신의 뜻대로 무조건 살겠나이다."

집에 돌아가면 매일 밤 12시에 하나님과 방언으로 대화하기로 손가락을 걸고 약속한 뒤, 춤추고 찬송하며 산을 내려오는데 하나님이 지으신 생명체들이 활짝 웃으며 나를 축복해 주었다. 그렇게 나는 새사람이 되었다.

영혼의 스승

성령 세례를 받고 나는 새사람이 되었다. 새로운 마음으로 신앙생활을 다시 시작할 때 나를 체계적인 말씀 훈련으로 양육해 준 곳은 교회였다. 교회는 집에서 가까워서 내 집 드나들듯 재미있게 다녔다. 교회가 10분 거리에 있다는 것은 신앙생활을 잘할 수 있는 축복 중의 축복이었다.

1981년, 나는 매일 새벽 예배에 나가 말씀을 들으며 믿음이 자라났다. 담임 목사님은 하나님을 신실하게 경외하고, 말씀에 순종하며, 교회를 지극히 섬기고, 긍정적인 마음으로 적극적인 신앙생활을 강조하셨다. 나는 순종하며 목사님의 절대적 신앙에 큰 영향을 받았다. 사모님은 교인을 폭 넓게 사랑하시고 목사님의 목회를 돕는 지혜의 배필로서 여성 리더십을 발휘하셨다.

하나님은 영적 아기인 나를 무럭무럭 키우시며 반석 같은 믿음으로 이끌어 주셨는데, 그것은 새벽 예배, 주일 예배, 화요 성경 공부, 수요 예배, 성가대 봉사, 작정 금식 기도, 40일 철야 기도, 속장, 속회 예배 인도자, 할머니 속회 예배 인도자, 선교 회장, 지구장 등으로서 반복된 훈련과 영적 연단으로 나의 갈 길을 준비하셨다. 그중에서도 할머니 속회 예배를 인도할 때 크게 깨닫는 은혜를 주셨다.

어느 날 전도사가 큰일 났다며 전화를 걸어왔다.

"집사님, 할머니 속회 예배 인도자인 조 전도사님 아시죠? 그분도 할머니시라 연세가 많아 병세가 위중합니다. 그래서 권사들에게 할머니 속회를 맡아 달라고 간청했지만 힘들고 바쁘다며 못한다고 하네요. 그래서 마지막으로 집사님에게 사정하려고요. 집사님은 시어머님도 모신 효부잖아요! 그러니 1년만 할머니들을 맡아 주시면 안 될까요?"

"그러죠!" 나는 1초도 머뭇거리지 않고 승낙했다. 효부라는 말까지 붙여 가며 내 눈치를 살피던 전도사는 깜짝 놀라서 진짜 맡아 주겠냐며 몇 번을 확인했다. 그때부터 나는 매주 금요일이 되면 할머니 속회 예배를 드리려고 차를 몰고 아파트 단지를 한 바퀴 돌면서 할머니들을 차례차례 모시러 다녔다. 그중 단지 내 노인정 문을 열고 들어섰다. 가득히 앉은 할머니들이 일제히 나를 쳐다보신다.

"나 여기 있소, 집사님! 이보시게들! 우리 집사님이 날 데리러 왔네그라! 나 예배드리고 올랑께 이따 봄세!"

할머니는 손인사를 하며 부러워서 쳐다보는 다른 할머니들에게 뻐기셨다. 즉 '나는 젊은 엄마가 찾아 주는 사람이랑께!'라는 뜻이다. 일주일 후 나는 다시 노인정을 찾아갔다. 나를 먼저 발견한 동네친구 할머니가 소리친다.

"이보게! 젊은 집사님이 자네를 또 데리러 왔구먼. 얼마나 좋겠어. 나도 데리러 왔으면 좋겠구먼!"

어느 해, 교회에서 봄 야유회를 갔다. 며느리 권사는 급히 사라지고 할머니는 아기처럼 내 뒤만 졸졸 따라오신다. 버스에 탔을 때도 할머니는 굳이 내 뒷자리에 앉으시더니 나의 등을 톡톡 노크하고 "우리 속 장님, 손을 뒤로 주세요!" 하시면서 82세의 할머니는 내게 주려고 꼭꼭 싸 뒀던 사탕이랑 귤을 내 손안에 넣어 주셨다.

나는 성경 공부 시간에도 찬송을 부를 때도 귀가 어두운 할머니들이 잘 들리도록 큰 소리로 또박또박 외쳤다. 뒷동의 할머니는 오랜 세월 불교신자였다. 글을 전혀 모르시는 할머니는 내가 찬송을 시작하면 염불 소리로 찬송하셨는데, 찬송가마다 똑같은 곡조로 얼마나 정성껏 부르시는지 듣고 있으면 울컥 목 메인 적이 한두 번이 아니었다. 예배 후 집에 돌아가는 내게 "우리 속장님! 늙은이들을 잘 챙겨 줘서 고마워요. 복 받을 거여!" 하시며 직접 담근 짠지도 싸 주셨다. 평생 자식만을 바라보며 희생하시다가 오래전 천국에 가신 앞동, 뒷동, 노인정 할머니는 내 가슴에 실천의 사랑, 배려의 마음, 섬김의 자세를 곱게 수놓아 주셨다. 하나님은 내게 교회를 통해 깨달음을 주셨고, 할머니를 모시고 사랑을 실천하게 하셨다. 목사님의 설교 말씀이 떠오른다.

"교회는 평생 교육원입니다. 이 세상 어디에도 없는 총체적 교육기관 명문대학원입니다. 주님을 나의 주인으로 모시고 신실하게 살아간다면, 내가 주인인 내 삶보다 성공한 인생으로 우뚝 서 있는 나를 발견하게 됩니다. 하나님을 경외하고 예수를 따라 가난한 자를 도우며, 세상 사람들의 눈에도 진실한 크리스천으로 보여야 합니다. 이것이 바로 성공한 인생입니다."

새벽에 만난 납치범

1982년 8월 압구정동에는 오렌지족이 불야성을 이뤘다. 새벽 4시경, 나는 새벽 기도를 가기 위해 아파트를 나와 지금의 현대 고등학교 옆을 걸어가고 있었다. 내 입은 저절로 찬송이 흘러나왔다.

"나의 갈 길 다 가도록 예수 인도하시니…… 무슨 일을 만나든지 만사형통하리라."

내 입에서는 계속 '형통하리라. 형통하리라'는 말만 흘러나왔다. 이때 반대편에서 하얀색 대형 세단이 내 쪽으로 쏜살같이 달려왔다. 압구정동의 오렌지족이다. 그런데 이게 웬일인가! 세단이 내 곁을 스치듯 지나가더니 갑자기 후진으로 내 옆에 바짝 정차했다. 하얀 옷을 입은 귀공자 같은 남자가 차에서 내렸다. 그는 세단의 뒷문을 활짝 열어놓고 내게 정중히 말했다.

"타실래요?"

난 깜짝 놀라 주님에게 외마디 기도를 드렸다.

"주님!"

그 순간 나의 기도를 들은 주님은 위기에 대처하는 지혜를 주셨다. 나는 주님이 쏘아 주신 대처법을 그대로 실천했다. 커다란 성경책을 가슴 위로 확 끌어안고 보란 듯이 큰 소리로 당당하게 외쳤다.

"저는 유부녀입니다! 새벽 기도를 가는 중입니다. 죄송합니다!"

"아, 실례했습니다. 몰라봤습니다. 용서하세요."

당당하게 말하는 나의 모습을 보고 오히려 사나이는 당황해하며 얼결에 꾸벅 인사하고 돌아섰다. 그가 차 안으로 들어가는데 이 상황을 지켜보던 차 안의 다른 사나이가 큰 소리로 말했다.

"야! 끌고 와서 태워야지! 뭐 하는 거야. 지금 빨리 태워!"

자동차 문은 닫혔는데 남자들은 떠나지 않았다. 나는 주님에게 급히 텔레파시를 보냈다.

"주님! 저 남자들 나오면 안 됩니다."

남자들은 다시 내게 오지 않았고 차는 저 멀리 사라졌다. 나는 쿵쾅거리는 가슴과 후들거리는 다리를 진정시킨 후 아무도 없는 새벽 기도 길을 다시 걸었다. 주님은 나를 찬송으로 준비하게 하셔서 아무 일 없이 그야말로 만사형통하게 하셨다. 나는 감사 기도를 드렸다. 이후 나의 믿음이 더욱 충만해져 새벽 기도 행진을 하루도 빠짐없이 더 큰 소리로 찬양하면서 다니게 됐다.

사탄을 물리친 방언의 능력

40일 작정 철야 기도를 마친 새벽 아침, 나는 어둠이 걷히지 않은 길 위에서 기도를 마치게 해 주신 하나님께 감사드렸다. 철야 기도를 하면서 나는 분별력을 가진 영적 리더가 되기를 소망했다.

"하나님! 저는 당신의 도구가 되기를 소원합니다. 비록 여자지만 제가 할 수 있는 일을 맡겨 주세요. 저는 한 가정의 아내와 엄마로서만 살 수는 없습니다. 저는 세상에 빛이 되는 당신의 일꾼이 되고 싶습니다. 저를 강하게 인도해 주십시오."

그때였다. 집을 향해 걷고 있는데 여자처럼 가느다란 남자가 반대편에서 오다가 힐끔 나를 곁눈질하며 지나갔다. 그리고 순식간에 나의 등 뒤에서 누군가가 내 목을 조였다.

"으악!"

나는 숨이 멎을 것 같아 필사적으로 목을 누르는 누군가의 팔을 뜯어내며 발버둥 쳤다. 그 순간 번개같이 무언가가 떠올랐다. 그것은 엉뚱하게도 텔레비전 드라마에서 방송된 수사반장이었다. 흉악범이 지나가는 사람의 등 뒤에서 목을 조르다가 발버둥 치다 죽으면 질질 끌어다가 버리는 것이었다. 갑자기 흉악범의 행동을 멈추게 할 수 있는 방법이 떠올랐다. 내가 힘쓰던 것을 멈추고 그의 가슴팍에 내 몸을 있는 힘을 다해 밀어붙였다. 그러자 그 틈으로 내 숨통이 트여 단번에 급히 숨을 몰아쉴 수 있었다. 작전이 적중한 것이다.

이때 등 뒤에서 영화에서 본 듯한 괴물의 음성이 들렸다.

"밀어도 소용없어. 바위에 달걀 치기지! 넌 내가 죽일 거야."

이 괴물이 왜 날 죽인단 말인가! 나도 모르게 얼음처럼 차갑게 침착해졌다. 그리고 그 어떤 강한 힘이 내 안에 들어와 담대한 마음을 주었다. 나는 능청스럽게 괴물을 유도했다.

"날 죽이지 말고 이 팔을 풀어 줘. 그러면 네 소원 다 들어 줄게."

"그럼, 나한테 뽀뽀해 줘!"

"그래. 뽀뽀하려면 이 팔을 풀어야지. 그래야 내가 돌아서서 뽀뽀해 줄 수 있잖아."

괴물은 아이큐가 빵점인지 한 치의 망설임 없이 내 목에 휘감은 팔을 풀었다. 나는 주님이 주신 능력을 방패 삼아 회오리바람을 일으키듯 확 돌아섰다.

"아니, 이럴 수가! 흉악범이 아니라 진짜 괴물이네!"

괴물의 얼굴은 집채만 한 개처럼 생겼고, 눈은 시뻘겋게 보였다. 괴물은 빨간 혓바닥을 길게 뽑아 내고 나를 바라보면서 씩씩거렸다.

나는 그 순간 "예수의 이름으로 명하노니 사탄아 물러가라! 예수의 피!"라고 반복하는 방언 기도가 터져 나왔다. 괴물은 우레와 같은 나의 소리에 밀려 뒤뚱거리며 물러나다가 시뻘건 눈과 혀가 축 처지면서 꽈당 쓰러졌다. 나 역시 온몸에서 기운이 쑥 빠져나가는 것을 느끼며 다리가 풀려 그 자리에 주저앉고 말았다. 몽롱한 정신을 차리고 보니 괴물은 흔적도 없이 사라졌고 주변에 지나가는 사람도 없었다.

　나는 간신히 집에 돌아와 마루에 쓰러져 버렸다. 그 후로도 나는 알수 없는 영적 세계가 찾아왔다. 하지만 굽히지 않고 하나님께 구원을 요청하며 극복했다.

　아프리카에서 살다가 돌아온 후 나는 방언 기도가 어떤 것인지 무척 궁금했다. 그래서 나도 방언 기도를 받아 하나님과 대화하고 싶었다. 원하던 대로 한얼산 기도원에 올라가 성령 세례를 받고 그 증표로 방언 기도를 할 수 있게 되었다. 그 후 나는 수년 동안 하루도 빠짐없이 방언 기도로 하나님께 나의 일과를 보고드리다가 방언의 뜻은 하나이지만 여러 가지 언어로 바뀌는 것을 체험했다. 그리고 그 방언 기도는 내게 괴물을 물리칠 수 있는 담대한 능력을 발휘하게 했다.

　나는 옷깃을 여미듯 정신 무장을 하고 변함없이 새벽 기도와 철야 기도에 나섰다. 이 시간은 하나님과 내가 서로 사랑을 확인하는 시간이기 때문이다. 아마도 그 사랑의 시간이 있었기에 내가 아프리카의 고통받는 이들에게 다가가서 하나님이 주신 사랑을 함께 나누는 것이 아닐까.

끝없는 금식 기도의 훈련

성령 충만한 은혜를 받은 뒤 내게 일어난 가장 큰 변화는 기도하는 삶으로 바뀐 것이다. 새벽 기도, 40일 철야 기도, 금식 기도 등 성령님은 매일같이 나를 훈련시켰다. 특히 금식 기도는 내 맘대로 되는 것이 아니라 내 안에 계신 성령님이 금식할 수 있는 능력을 주셔야 가능하다. 나는 금식의 능력을 받고 처음에는 물만 마시며 3일 작정 금식을 마치고, 3일 보호식을 끝내고, 6일 정도 회복기를 취했다. 그러면서 한 달에 3일 금식을 2회 실시했다. 나는 수개월 동안 물만 마시며 3일 금식을 반복하다 보니 이제는 7일 금식을 해야겠다는 마음이 들었다. 그때 철야 기도 시간에 성도들과 나누었던 이야기가 떠올랐다.

"어떤 성도는 금식할 때면 물 대신 주스나 포도를 먹으면서 금식한데요."

"그거 좋겠다. 날씬해지고. 외국에서 어떤 사람은 콜라만 마시면서 금식을 한다던데?"

"콜라? 그건 트림만 나올 거여!"

"어떤 외국 사람은 금식할 때 고기만 먹으면서 한데요."

"그게 무슨 금식이야! 웃겨! 깔깔깔!"

"그래도 고기까지 먹으면서 금식하려는 정성이 대단하잖아요."

"그런디 금식은 내 맘대로 하는 게 아녀! 성령님이 그 맴을 주셔야 헐

3부 . 주님을 따라가는 길

119

수 있어. 내 의지로는 절대 안 되는 거여. 어떤 집사는 3일 금식한다고 혀 놓고 한 끼 허구 밥을 막 먹는디!"

"권사님! 그 밥 먹은 집사가 권사님이죠? 집사 시절에 그랬죠?"

나도 어떤 성도처럼 7일간 주스를 마시며 금식 기도를 했다. 그리고 다시 포도만 먹으며 15일간 금식 기도를 끝냈다. 그리고 30일간의 금식 기도를 작정했는데, 이번에는 물과 포도만 먹으며 금식을 마무리했다. 나는 성령님이 인도하는 단계적인 금식 기도 훈련에 순종했다.

그러던 어느 날, 거울 속의 내 얼굴을 보고 깜짝 놀랐다. 성령 충만해야 할 내 얼굴이 고양이가 오줌을 싸 놓은 것처럼 얼룩이 져 있었다. 나는 철야 기도에 모인 권사님에게 그 이유를 여쭤 보았다.

"권사님, 제 얼굴이 왜 이래요?"

"이 집사가 금식을 너무 많이 허니께 그랴. 정도껏 해야제. 얼굴이 제발 그만 허라고 반항 허는 증표여 그게."

권사님의 말이 정답인지 아닌지는 알 수 없지만 아무리 그래도 나는 금식 기도를 쉬지 않았다. 하나님의 일꾼으로 쓰임받기 위한 애끓는 열정이 나를 쉴 수 없게 만들었다. '나는 무엇으로 하나님을 기쁘게 할까? 어떤 달란트로 하나님의 의를 구할까?' 하는 것만이 나의 기도의 중심이었다.

그러나 어느 순간 지나친 열정이 강한 의로 변해 성령이 인도하는 금식 기도에서 내가 인도하는 신념 기도로 바뀌어 갔다. 내 신념 기도의 핵심은 여성 사업가가 되어 돈을 많이 벌어서 아프리카 선교를 하는 것이다.

"하나님! 저를 돈 버는 사업가로 써 주세요. 어떤 사업을 해야 할지도 알려 주세요."

그러던 어느 날 기도 중에 내가 1977년 아프리카에서 살던 때가 떠올랐다. 나는 당시 프랑스, 영국, 스페인, 이태리, 벨기에, 네덜란드 등 여러 나라를 오가게 됐는데 그때 묵었던 호텔이 생각났다. 한국의 조선호텔, 하얏트호텔 커피숍을 즐겨 드나들던 일도 떠올랐다.

"그래! 호텔 사업도 좋겠다. 하나님의 사업은 명품으로 해야 돼! 세상 사업도 최고로 하는데 감히 하나님의 사업인 걸! 나도 명품을 좋아하잖아. 주님이 오케이 하면 언제든 할 수 있어! 하나님, 제가 호텔 경영을 해서 돈을 많이 벌면 그 돈으로 밀어주는 선교를 하면 어떻겠습니까?"

"너는 아직 어리다. 차근차근 단계를 밟아라."

내 신념이 하나님처럼 내게 답했지만 나는 그것을 잘 몰랐다. 당장 호텔 경영을 배우기 위해서 웨스틴조선호텔의 헤드라인을 만났다.

"왜 호텔 요리를 배우려고 합니까?"

"호텔을 경영할 때 필요할 것 같아서요."

"어떻게 이런 생각을 갖게 됐습니까?"

"하나님의 일을 하기 위해서입니다."

나는 흔쾌히 승낙받았다.

"6개월간 저의 호텔 주방에서는 이창옥 씨에게 요리 교육을 시켜드리겠습니다. 기간이 더 필요하다면 연장해도 좋습니다. 수험료는 이창옥 씨의 열정으로 대신하겠습니다. 솔직히 그 열정에 감동받았습니다. 조선호텔이 건립된 이래 외부인에게 이런 배려는 처음 있는 일입니다."

나는 기뻐서 하나님께 보고드렸다.

"하나님! 기도에 응답해 주셔서 감사합니다. 제가 내일부터 호텔 주방으로 출근합니다. 주방 요리를 잘 배워 호텔 경영에 도움이 될 수 있도록 금식 기도를 하겠습니다. 금식 기간은 6개월입니다. 시간은 밤 12시부터 다음 날 낮 2시까지입니다. 성령님! 제가 요리를 준비할 때 그 요리가 먹고 싶지 않도록 절제의 힘을 주세요."

나는 아침 9시에 출근해서 저녁 6시에 퇴근했다. 남편은 아침마다 출근길에 나를 태워서 호텔 앞에 내려 주고 회사로 갔다. 이때가 1984년이다. 나는 각 요리분과의 셰프에게 요리를 배웠다. 요리사들에게 나의 인기는 대단해 그들은 나를 공주처럼 받들어 주었다. 내가 실습 중일 때 다른 분야의 요리사들은 자신이 만든 음식을 친절하게 갖다 주면서 맛을 보라고 권했다. 그런데 나는 금식 중인 걸 어쩌나! 나는 지혜를 발휘하여 혀로 맛을 보고 씹어 보되, 그들이 바삐 움직이는 사이에 입 안의 음식을 살짝 뱉어 냈다.

6개월간의 요리 공부와 금식을 성공리에 끝마친 날, 헤드 셰프는 내가 돈을 많이 벌어서 불쌍한 사람들에게 좋은 일을 하라며 자신의 재산인 호텔 요리 레시피를 소중히 건네주었다.

다음 해 나는 조선호텔 헤드라인의 추천으로 미국의 호텔 학교에 등록하게 됐다. 호텔 학교는 통신으로 교육하는 프로젝트가 있어 나의 경영에 도움이 될 것이라고 했다.

그 후 실제로 나는 하나님의 도구로 쓰임받겠다는 열망으로 18년 동안 사업에 도전했고, 어떤 것은 실패하고 어떤 일은 성공했다. 그러나 어찌하랴! 하나님이 계획하신 나의 길은 다른 곳에 있었다. 성령의 금식 기도와 신념의 금식 기도 사이에서 오락가락하던 나는 30년이 넘은 지금에야 성령이 인도하는 나의 길을 곧게 걸어가고 있다. 이 길은 가도 가도 참으로 어려운 길이다.

한강으로 내려온 하나님

1988년 서울올림픽이 열린 해이다. 한여름 장마가 지나가고 해님이 활짝 웃으며 등장했다. 날씨가 좋으니 운동하고 싶어서 차를 몰고 올림픽 강변도로를 기분 좋게 달려 미사리에 도착했다. 그리고 수상스키 선착장으로 내려갔다.

"아직 물살이 셀 수도 있습니다. 그래도 타시겠습니까?"

"네! 괜찮습니다."

나는 가볍게 몸을 풀고 구명조끼를 입은 뒤 물속으로 들어갔다. 내 몸과 모터보트를 이어 주는 로프를 손에 쥐었다. 모터보트가 요란한 소리를 내며 달리기 시작했고, 내 온몸은 물속을 박차고 비상하여 수면 위를 달렸다. 물살도 좋고 얼굴을 스치는 바람도 상쾌했다.

"그래, 바로 이 맛이야!"

나는 로프를 팽팽히 잡고 달리는 보트와 적당한 거리를 유지하면서 거침없이 질주하다가 몸이 풍덩 물에 빠졌다. 보트 위에서 놀란 기사가 큰 소리로 소리쳤다.

"큰일 났습니다. 로프가 배에서 풀렸습니다. 다친 데는 없습니까? 괜찮으십니까?"

"네!"

"구명조끼는 잘 입으셨죠?"

"네!"

"마음을 진정하세요. 제가 돌아가서 다른 배를 가지고 오겠습니다."

"네!"

"위험하니까 제가 올 때까지 꼭 여기 있어야 합니다."

"네."

보트는 경적을 빵빵 울리며 선착장을 향해 황급히 사라져갔다. 다급한 기사의 목소리가 사라지자 한강은 아무 일도 없었다는 듯 고요하기만 하다. 나는 물에 둥둥 떠서 하늘을 바라보았다.

"하나님! 저 괜찮겠지요?"

"그럼, 괜찮단다. 내가 있지 않니!"

기도를 하고 나니 마음이 편안해져서 순간 내 안에 잠자고 있던 모험심이 기지개를 펴고 나왔다. 한강에 홀로 떠 있는 내 모습이 낭만 있고 스릴 있다며 위험에 처할수록 담대함과 침착함이 최고라고 나에게 조언했다. 그리고 구조대가 올 때까지 최대한 몸의 힘을 빼고 강물에 누웠다. 물에 몸을 맡기자 어디론가 둥둥 흘러가기 시작했다. 보트 기사가 꼭 여기에 있으라고 말했지만 내 몸은 한강의 외곽으로 떠내려갔다. 물살의 속도가 무섭게 빨라지고 강물은 사납게 뛴다. "웅" 소리 내며 흘러가는 거대한 물살에 구명조끼 입은 내가 위태롭게 떠간다. 어느 지점에 이르자 마치 한강이 구멍 난 것처럼, 회오리바람을 일으키며 뱅뱅 돌았다. 앗! 내 몸이 구멍으로 빨려 들어간다. 나는 "하나님! 절대 안 돼!"라고 외쳤다. 그 순간 급물살은 나를 휘감아 삼켰다 토하기를 반복했다.

"나 죽어요. 하나님!"

"딸아 안 죽는다. 내가 너를 꼭 붙잡고 있잖니!"

하나님의 응답을 듣고 나는 다시 마음이 편해졌다. 물살에 이끌려 흘러간 곳은 청평으로 넘어가는 다리 밑이었다. 잔 물살이 치열하게 앞 다퉈 중앙으로 들어가려는 지점에 이르자 양보 없이 난리를 피우는 물살이 사람 사는 모양새와 똑같다. 아우성치는 물살에 내 몸은 이유 없이 마구 얻어맞았다. 나는 거친 강물에 휩쓸려 돌다가 다시 부드러운 착한 물살에 실려 한강의 중앙으로 되돌아왔다. 내 집에 온 것같이 기뻤다. 여긴 마음씨 고운 물이 모여 사는 따뜻한 세상 같다. 이제 살았구나 싶어 구명조끼를 베개 삼아 망가진 몸을 눕히고 푸른 하늘을 올려다보았다. 그날 밤 나는 하나님께 이 사고를 보고드리며 알게 된 사실이 있었다.

"아! 하나님이 나를 살리려고 한강까지 내려오셨구나!"

내가 세상 살아갈 동안에 누가 나를 위기에서 건져 줄 수 있을까! 오직 하나님 한 분뿐이다. 아프리카에서 나를 살려 주신 하나님은 한강에서도 나를 구해 주셨다. 88올림픽 해에 겪은 수상스키 사고는 내 안에 잠자던 모험심과 담대함을 일깨워 주었다. 그러나 그 모험심과 담대함이 장차 내 삶에 어떻게 나타날지 그때는 알지 못했다.

정은이와 이별한 날

　　　내가 사랑한 친구 정은이는 미스코리아 출신이었다. 친구와 나는 같은 곳을 바라보며 그곳에 계신 하나님을 사랑했다. 1986년 어느 봄날, 친구의 큰딸이 한밤중에 떨리는 목소리로 내게 전화를 걸어왔다.

　"아줌마! 엄마가 강도한테 찔려서 돌아가셨어요. 엄마가 돌아가셨어요. 엄마가 진짜 돌아가셨어요. 아줌마, 무서워요! 흑흑흑."

　전화 속에서 덜덜 떠는 친구 딸의 가슴이 내게도 전달되었다.

　"아줌마 금방 간다. 맘 굳게 먹고 정신 똑똑히 차리고 있어. 알았지?"

　난 딸을 안심시키고 제정신이 아닌 채 허겁지겁 택시를 잡아탔다. 어둠 속 달리는 차 안에서 눈물이 펑펑 쏟아져 급기야 오열했다.

　"하나님! 어떻게 이러실 수가 있어요. 금식 기도 중인 정은이에게 어떻게 이런 끔찍한 일이 일어난단 말입니까! 이러시면 정은이가 너무 불쌍하잖아요, 하나님!"

　병원에 도착하니 썰렁한 영안실 한 칸에 가족 몇 사람이 정신 나간 몰골로 우왕좌왕하고 있다. 난 아이들이 어디 있나 둘러보았다. 아이들이 없어 물어보니 숙모가 데리고 갔다고 한다. 참 다행이다. 어린 것들이 얼마나 놀랐을까.

　나는 밖으로 나왔다. 복도 끝에 쭈그리고 앉아 하염없이 눈물을 쏟왔다. 친구와 함께 보낸 행복했던 시간들이 떠올랐다. 함께 어머니성가합창단에서 찬양했던 일, 언니처럼 음식을 맛있게 만들어 내게 가져다 준 일, 동대문 보세품 시장에 아이들 옷 사러 다닌 일, 함께 깔깔깔 웃던 일들이 활동 사진처럼 떠올라 울고 또 울었다.

그렇게 집으로 돌아오는데 이상한 일이 내게 일어나기 시작했다. 온몸에 전율이 흐르고 머릿속이 오싹오싹해서 견딜 수가 없었다. 안방에 붙은 화장실도 무서워서 갈 수가 없었다. 볼일을 보기 위해 남편을 앞에 세워 놓았다. 온 집안에 전등을 다 켜도 무서워서 잠을 잘 수가 없어 남편 품에 들어가 잠을 청했다.

다음 날 다시 병원으로 향했다. 도착하니 동창들이 모여 있었다. 뭐라고 쑥덕거리기에 들어보니 어처구니없는 대화를 나누고 있었다.

"치정이래? 원한이래? 어떻게 이런 끔찍한 사건이 있어. 혹시 치정 아냐?"

"정은이가 예쁘잖아. 뭐! 원한 관계가 없다면 분명 남자 문제일 거야."

나는 피가 끓어올랐다. 친구의 주검 앞에서 어떻게 이런 말을 할 수가 있는지 기가 막혔다. 친구의 영정 앞에 꽃을 올리고 향대에 불도 붙여 꽂았다. 사진 속의 친구가 왜 이리 슬퍼 보일까? 나에게 아이들을 돌봐 달라고 말하는 것만 같았다. 나는 "그래, 염려 마. 내가 지켜 줄게!" 라고 말했다. 남편과 목례를 나누고 상복을 입은 아이들과도 눈을 마주쳤다. 나는 마음으로 아이들에게 힘차게 말했다.

"힘내라! 엄마가 천국에서 너희들을 지켜 줄 거야."

시간이 조금 지나자 영안실에서 "곧 고인을 보실 시간입니다. 가족분들은 나오세요."라고 말하는 소리가 들렸다.

친구의 가족들이 뒷모습을 보이며 촘촘히 걸어간다. 나도 그 뒤를 따라갔다. 조금 걸어가니 시신이 안치된 냉동실이 눈앞에 나타났다. 냉동실 문이 열리고 그 문 속으로 안내자와 가족들이 따라갔다. 문이 닫히는 순간 나도 급히 안으로 들어섰다. 친구 남편이 흠칫 놀라 나를 돌아본다. 아이들도 순간 나를 쳐다본다. 난 무언으로 아이들을 따뜻하게 안아 주었다.

"안심해, 얘들아! 괜찮단다. 엄마를 만나는 일이야. 무서워하지 마라."

마스크를 하고 흰 가운을 입은 담당자가 서랍처럼 문고리가 있는 냉동 서랍 중에서 어느 하나를 그의 앞으로 잡아당겼다. 그 서랍이 스르륵 앞으로 밀려 나왔다. 그리고 준비해 둔 운반기로 옮겨서 가족 앞으로 밀고 왔다. 시신이 누워 있는 냉동관 속에서 아지랑이처럼 찬 기운이 소리 없이 퍼져 우리 앞에 다가왔다. 차디찬 철재 냉동관 속에서 시신이 된 친구가 반듯하게 누워 있었다. 친구는 하얀 수의에 쌓여 있었지만 그의 영혼은 가족을 위로하는 듯 "걱정 마세요. 나는 참 평안해요. 슬퍼하지 말아요."라고 말하는 것 같았다.

남편은 친구를 보고 넋이 나간 듯 바보처럼 서서 "여보, 여보" 부르는데 그 모습이 쓰러질 것만 같았다. 아이들은 냉동실에 누워 있는 엄마가 이상한지 "엄마!" 하면서 제대로 울지도 못하고 겁에 질려 서 있다. 그때 주님의 음성이 내 마음속에 울려왔다.

"창옥아! 너 왜 들어왔니? 확인해야 한다며! 그래야 네가 나를 믿을 수 있다며! 그럼 용기를 내서 어서 만져 봐!"

나는 빨려가듯 관 앞으로 바짝 다가섰다. 그리고 친구의 마지막 가는 얼굴을 뚫어지게 바라보면서 얼굴을 두 손으로 감싸듯 만졌다. 순간 나의 온몸에 소름이 돋고 얼음 같은 차가움이 내 속으로 들어왔다. 그런데 이게 웬일인가! 분명 얼음 속에서 냉동되어 나온 친구의 얼굴이 금방 마사지를 끝내고 나서 찬 얼음으로 마무리한 느낌이 아닌가! 어떻게 이렇게 촉촉하고 부드러울 수가 있을까! 어떻게 이렇게 평안하게 미소 짓고 있을까! 이 얼굴은 내가 이제껏 본 친구의 얼굴 중에서 가장 아름답고 순수한 얼굴이 아닌가! 칼로 무수히 찔림을 당하고 숨을 거두었는데, 어떻게 이렇게 평온한 얼굴로 미소 지을 수 있단 말인가!

난 비로소 가슴에서 터져 나오는 벅찬 감사를 드릴 수가 있었다.

"하나님, 감사합니다. 진정으로 감사합니다. 친구가 당신 곁으로 갔군요. 천국에서 지금 우리를 바라보고 있겠군요."

난 너무나 감사해서 눈물이 앞을 가렸다. 친구의 남편은 이해할 수 없는 나의 행동을 보며 깜짝 놀라는 듯했다. 시신이 다시 냉동고 서랍 속으로 스르륵 들어갔다.

"친구야! 잘 가거라. 이제 나는 안심하려고 해. 네가 그토록 사랑하는 예수님 곁으로 갔으니 마음 아파하지 않을 거야."

친구의 마지막 얼굴을 만져 본 나는 다시 평안을 찾았다. 친구가 주님과 함께 있는 것에 감사하고 또 감사했다. 괴한의 칼에 열두 군데도 넘게 찔림을 당했는데, 어찌 얼굴에 아름다운 환한 미소가 흐르는지! 친구는 천사들을 따라 천국에 올라간 것이 분명했다.

나는 흔들림 없는 믿음으로 다시 일어섰다. 사탄은 친구의 죽음을 통해 나를 쓰러뜨리려고 애썼다. 그러나 나는 넘어가야 할 이유가 없었다. 무서움은 어둠의 세력이다. 집에 돌아온 나는 온 집안의 모든 전등을 밝혀 놓고 화장실에 앉아서도 중얼중얼 기도하기 시작했다.

"사탄아, 내 곁에서 떠나가라! 네가 감히 여기가 어디라고 기웃거리느냐! 나사렛 예수 그리스도의 이름으로 명하노니 당장 물러가라!"

다음 날 아침 나는 친구가 떠나는 마지막 길을 보기 위해 버스에 올랐다. 치정이냐 원한이냐 수군대던 동창들은 한 사람도 보이지 않았다. 충청북도 푸르른 산 중턱에 도착해 하관식이 시작됐다. 나는 평소 친구가 좋아하는 꽃송이를 관 위에 먼저 던져 주었다. 그리고 흙을 두 손으로 한 움큼씩 모아 친구의 마지막 길에 곱게 뿌려 주었다.

"친구야! 남편 걱정, 자식 걱정 다 내려놓고 편안히 쉬어."

친구를 동산에 눕히고 버스는 사람들을 싣고 서울로 돌아간다. 친지들은 모두 피곤해서 꿈나라로 가버렸다. 나는 차창 밖을 바라보며 친구의 삶을 생각해 본다. 친구는 이 세상을 떠나는 날까지 사랑하는 남편의 구원을 위해서, 자녀들의 믿음을 위해서 기도했다. 아마도 친구가 세상에 태어나 가장 행복하고 은혜로운 시간이었을 것이다.

친구는 낡은 집을 헐고 새로운 집을 지었다. 집 짓는 인부들 중에 한 명이 술에 취해 제정신이 아닌 상태로 집에 들어왔다. 그리고 친구에게 돈을 내놓으라고 요구하면서 친구를 영원히 잠들게 했다. 나는 영적인 무서운 세계를 알 수가 없다. 그러나 친구의 죽음은 내게 영적 세계를 만나게 해 주었다. 그 세계가 오묘하여 지금은 다 알 수가 없지만, 확실한 것은 처절한 친구의 죽음에도 불구하고 하나님은 내 가슴속에 그대로 살아 계신 나의 아버지라는 것이다.

수도원에서 만난 귀신

1995년 가을, 여성 CEO들은 각자 업무를 끝내고 퇴근 시간에 모여 기도원으로 출발했다. 날은 어두운데 초행길이라 헤매다 도착했다. 숙소에서 잠시 휴식을 취하고 기도하러 밖으로 나섰다. 서울에서 맛볼 수 없는 상쾌한 공기를 마시며 우리는 소녀처럼 들떠 있었다.

"어머나! 저 아름다운 별을 좀 봐! 가서 저 별 따오고 싶다. 호호호."

"아, 내가 기도하러 한밤중에 강원도까지 달려왔단 말이지! 대단한 믿음이야!"

"난 그동안 기도원 이미지가 안 좋았어. 그런데 와 보니까 벌써 은혜가 되는데."

우린 고음으로 떠들면서 성전 앞에 이르렀다. 내가 문을 밀자 성전은 캄캄했다. 아무도 없는 어둠을 만나자 갑자기 불안한 마음이 생겼다.

"으스스한 것이 좀 그렇네."

"기도하는 사람이 한 명도 없어?"

"저 천장 좀 봐. 천장에서만 한줄기 빛이 쏟아지게 설계했어."

"저 빛이 내려오는 자리로 가서 앉자."

"여기 앉아 두 손을 모으고 빛을 바라보면서 기도하면 우리 손이 '기도의 손'이 되는 거야. 영화가 따로 없어."

"겟세마네 동산에서 예수님이 땀방울이 핏방울이 되도록 기도하실 때도 하늘에서 예수님의 머리 위로 빛이 내렸을 거야."

우리 다섯 명은 무섭다고 느끼면서도 할 말은 다했다. 우린 천장에서 빛이 내려오는 곳에 동그랗게 앉았다. 성전 안에 유일한 빛이지만 그래도 그 빛은 이 순간엔 반가운 구원의 빛이었다. 내가 간단하게 예배를 인도한 뒤 각자 흩어져서 개인 기도 시간을 갖기로 했다. 그런데 자리에서 일어서는 사람이 한 사람도 없었다. 모두 무서워서 서로 등을 맞대고 앉아 앞을 향해 소리 높여 기도했다. 하지만 무서워서 기도가 길게 되지 않자 서둘러 밖으로 나왔다.

"아! 밤하늘도 이렇게 좋고, 마음이 기쁘잖아. 그럼 되는 거야."

"그래, 참 좋다. 그런데 지금 몇 시지? 벌써 새벽 1시 반이야."

"야! 우린 대단해! 한밤에 도착해서 자정 12시에 컴컴한 성전에 들어가 기도하고 말이지."

"이 기도원이 영적으로 아주 센 것 같아! 그러니까 오싹한 거야. 안 그래?"

"주의 종들이 기도하는 곳이라면 상대적으로 다른 영적 세계도 세겠지."

"어쨌든 나는 수년 만에 기도원에 왔는데 무섭다고 나와 버렸으니 믿음이 약해졌나 봐."

서울에 일찍 도착한 우리는 각자 일상으로 돌아왔다. 그런데 나는 기도원에서 돌아온 뒤 뭔가 학생들을 제대로 인솔하지 못한 선생처럼 찜찜했다. CEO들에게 수준 높은 기도원이 있다고 함께 가자고 제안한 사람이 바로 나인데 그들 앞에서 무섭다고 기도원을 도망치듯 빠져나오는 모습을 보였으니 이 무슨 자존심 상하는 일인가. 그들이 나가려고 하면 나는 의연하게 앉아서 "무엇이 무서워! 나를 믿고 담대하게 기도해 괜찮아!"라고 말했어야 했는데 내가 고장이 나도 크게 났다.

2주 후 나는 고장 난 내 믿음을 확인하고 싶었는지 혼자 생각에 잠기다가 강원도 기도원으로 향했다. 운전은 잘하지만 길눈은 어두워서 기도원 가는 길을 몇 번이나 헤매다가 겨우 도착했다. 성도들이 잠을 자고 있다. 나는 잠시 휴식을 취한 뒤 눈을 감고 나를 돌아봤다.

내가 누군가! 10여 년 전 40일 철야 기도를 끝내고 집에 돌아가다가 만난 영적 괴물을 방언 기도로 물리치지 않았나! 한강물에 떠내려갈 때도 담대하게 하나님만 붙잡고 살아난 적도 있지 않은가! 그런데 지금의 나는 그 담대한 믿음이 어디로 사라지고 초라한 모습만 남았단 말인가! 내가 경영자로서 돈 벌어서 선교한다고 하나님이 내게 바라는 순수한 신앙이 변색된 것 아닌가! 나의 알곡은 어디 가고 쭉정이만 남았단 말인가! 나의 신앙 전선에 구멍이 확실하게 뚫렸다.

새벽 1시, 나는 한 사람도 없는 컴컴한 성전 안으로 들어섰다. 무서운 어둠 속에 신을 벗고 올라서며 기도로 외쳤다.

"어둠의 세력아, 물러가라! 예수의 이름으로 명한다."

나는 천장에서 내려오는 동그란 빛 속으로 들어가 앉았다.

"주여! 제가 기도하러 성산에 올라왔습니다. 제게 기도의 능력 주시옵소서. 이 한밤에 기도할 때에 어둠의 세력에서 저를 지켜 주옵소서.

성령 충만 주옵소서. 담대함을 주옵소서. 구멍 뚫린 제 신앙을 되찾게 하옵소서."

이때 너무나도 반갑게 성전 문이 열리고 누군가 들어오는 소리가 들렸다. 나는 너무 좋아 눈을 뜨고 반겨 주고 싶었지만 참았다. 기도하러 온 성도는 쿵쿵 소리를 내며 내 옆을 휙 스치고 지나간다. 나는 그 소리가 얼마나 의지가 되던지 눈을 뜨고 환영해 주고 싶었다. 그 성도는 강대상 앞쪽으로 쿵쿵거리며 계속 걸어갔다. 아마도 내가 이쪽에서 기도하니까 방해하지 않으려고 저쪽에서 기도할 모양이다.

"주님, 감사합니다! 제가 컴컴한 성전에서 홀로 기도하기가 무섭다고 같이 기도할 사람을 보내셨군요. 주님, 이제 됐습니다! 보내 주신 저 성도와 함께 이 밤에 철야 기도를 할 수 있게 됐습니다."

나는 감사 기도를 마치고 눈을 떠서 그 성도를 찾아보았다.

"윽! 아무도 없다. 사람이 아니다! 귀신이다! 영적으로 어둠의 세력이 왔다."

갑자기 냉기를 뿜어내는 냉동고에 갇힌 것 같았다. 급히 성경책을 들고 일어나려는데 모골이 송연하여 발걸음이 떨어지지 않았다. 내 눈은 강대상 앞을 뚫어지게 주시했다. 그리고 천천히 뒷걸음질하며 발을 옮겼다. 내가 귀신에게 뒤통수를 보이면 뒤에서 나를 덮칠 것 같았다. 다리가 뻣뻣해져 신발이 안 신겨진다. 몸을 구부려 신발을 집어 들고 방어의 눈빛으로 앞쪽을 주시했다. 그 순간 귀신이 가지 말라고 나를 덥석 붙잡을 것만 같아서 도망치듯 문 밖으로 튀어나왔다.

아! 초라한 이 모습! 들고 나온 신발을 힘없이 신는 내 모양이 어둠 속에서 처량하다. 나는 하나님을 만난 이후 최대의 위기가 닥쳤다. 성령 충만하고 담대한 나는 어디로 사라지고 어느 틈에 내 영적 세계는 바닥까지 추락했다. 능력 잃은 삼손처럼 "어둠의 세력아, 물러가라! 예수 이름으로 명한다."라고 외쳐도 그 소리는 허공만 울릴 뿐 내가 들어도 김빠진 소리이다. 다시 벧엘로 올라가자. 고난과 연단의 시험을 치르고 다시 나의 길을 가자. 한밤중 기도원에서 만난 영적 세계는 내겐 소생의 축복이었다.

청계산 호랑이

한번 잃어버린 신앙을 회복하려면 피나는 노력이 필요하다. 2001년 겨울, 나는 다시 신앙을 회복하겠다는 각오를 가지고 청계산을 향해 올랐다. 평소 알고 지내던 여자 목사님이 산 기도 갈 때 입으라고 선물해 준 양털 내복을 껴입고 두툼한 양말도 신었다. 한겨울 밤에 나는 평평한 바위를 찾아 자리를 잡았다. 청계산에 오른 것이 고향 집에 온 것처럼 기분이 좋다. 기도할 마음의 문이 활짝 열린다.

"주여! 창옥이가 청계산으로 기도하러 왔습니다. 오늘부터 매주 금요일 밤에 올 것입니다. 당신의 딸 창옥이에게 불길 같은 성령 충만을 주시옵소서. 잃어버린 기도의 능력을 회복시켜 주옵소서. 사라진 담대함을 소생시켜 주옵소서. 주님의 권능으로 무장하게 하옵소서. 이 밤 저의 기도를 들으시고 응답하여 주옵소서. 주여! 사랑합니다."

나는 청계산에 올라 추락한 신앙을 회복하기 위해 뜨겁게 기도했다. 그때마다 성령님은 내 마음에 조금씩 기쁨을 주셨다. 그런데 얼마 후부터 잠잘 때마다 꿈자리가 뒤숭숭했다. 뭔가 알 수 없는 것이 나를 덮치려고 하면 나는 악! 소리를 내며 벌떡 일어났다. 남편도 놀라서 같이 벌떡 일어났다. 같은 증상이 다음 날도, 그다음 날도 이어지자 예민한 남편의 잠을 방해해서는 안 될 것 같아 잠자리를 기도 방으로 옮겼다.

산 기도를 다닌 뒤, 강한 어둠의 세력이 나를 휘두르려고 하기 때문에 나는 대비 태세를 갖추고 잠자리에 누웠다. 꿈결에 뭔가가 또 내게 다가왔다. 나는 꿈속에서도 나를 덮치려는 놈의 정체를 알아내겠다고 굳게 마음먹고 그 놈을 뚫어지게 쳐다봤다. 아니 그런데 저건 뭐야? 웬 늙은 호랑이였다.

"너! 어디 사는 호랑이냐?"

"나는 천 년 묵은 청계산 호랑이다."

"나한테 왜 왔느냐?"

"너를 잡아먹으러 왔다."

"나를 왜 잡아먹냐?"

"네가 기도한다고 부르짖어서 천 년 동안 잠자던 나를 깨웠다. 그러니 너를 잡아먹어야겠다!"

"나는 하나님의 딸이다! 네가 감히 나를 어떻게 잡아먹느냐?"

"어떻게 잡아먹긴! 물어뜯어서 잡아먹지!"

천 년의 잠에서 깬 호랑이는 나를 잡아먹는 방법을 말하면서 동시에 나를 덮치려 했다. 나는 몸을 휘익 날려 공중으로 뜨면서 호랑이를 향해 외쳤다.

"예수의 피로 명한다. 물러가라!"

나를 덮치려던 호랑이는 금세 꿈속에서 사라졌다. 아! 이것이 웬 초능력이란 말인가! 내가 영적 능력이 회복됐구나! 담대함도 되찾았네! 그래서 눌리지 않고 몸이 맘대로 붕붕 뜨네! 나의 영적 능력이 회복됐다는 것이 호랑이가 덮친 것보다 더 놀라워 꿈에서 깨어 벌떡 일어나

앉았다. 그리고 회복된 능력을 잃지 않도록 호랑이를 이겨 낼 수 있는 영적 힘이 있기를 기도했다.

꿈속에서 천 년 묵은 청계산 호랑이와 싸우는 일은 계속되었다. 호랑이와 나의 전투가 무승부로 끝나기를 며칠째. 나는 꿈이 반복되자 점점 잠자는 것이 고통스러웠다. 낮에는 호랑이와 싸우기 위해 기도하고, 밤이 되면 전투 준비를 해야 했다. 그 전투 준비는 호랑이와 싸울 것을 예측한 것처럼 기독교 서점에서 새로 산 성경책과 십자가를 머리맡에 놓고, 목과 손에는 나를 지켜 줄 듬직한 십자가를 꼭 쥐고서 잠자리에 눕는 것이다.

'아! 사람과 싸우는 것도 아니고 호랑이와 싸우다니! 영적 세계는 정말 알 수가 없구나.'라고 생각하면서 호랑이와 싸울 준비를 완료하고 잠이 들었다. 배고픈 호랑이는 오늘도 어김없이 나타났다. 그리고 크게 결심한 듯 내게 맹공격을 했다. 호랑이가 "이 밤에는 너를 꼭 잡아먹겠다!"라고 쩌렁하게 외치면서 덤벼드는데 시뻘건 눈빛이 이글이글 불타올랐다. 나는 직감했다. 오늘 밤 내가 천 년 묵은 호랑이한테 잡아먹히느냐, 아니면 내가 저 호랑이를 죽이느냐 둘 중 하나라는 것을! 죽느냐 사느냐 전투가 시작됐다. 나는 주님의 이름으로 외쳤다.

"나는 하나님 나라 십자가의 군병이다. 덤벼라!"

"나는 천 년 묵은 청계산 호랑이다. 덤벼라!"

나는 놋쇠 십자가를 꼭 쥐고서 호랑이와 맞붙어 치열하게 싸웠다. 덩치 큰 호랑이가 바람처럼 나를 덮치며 날카로운 이빨로 나를 물어뜯었다. 나는 비명을 지르며 벌떡 일어났다. 그런데 이게 어찌된 일인지 눈앞에 펼쳐진 상황에 나는 소스라치게 놀랐다. 내가 잠자다가 꿈속에서 호랑이와 싸운 게 끝이 아니라, 기도 방 한가운데 호랑이와 내가 서 있는 것이 아닌가! 나는 놋쇠 십자가를 굳게 움켜쥐었다.

"호랑아, 덤벼라! 나는 십자가 군병이다! 이 밤에 너를 죽여주마!"

"흐흐흐, 너는 내 밥이다! 내가 너를 잡아먹겠다!"

나를 덮치는 천 년 묵은 호랑이를 향해 움켜쥔 놋쇠 십자가로 "예수의 피!"를 외치면서 죽을힘을 다해 호랑이 머리를 후려쳤다. 십자가에 맞고 비틀거리는 호랑이에게 예수의 이름을 외치며 계속해서 십자가로 내리치자 천 년 묵은 청계산 호랑이는 원자폭탄 터지는 광음을 발산하면서 푹 주저앉았다. 그런데 지금까지 싸운 호랑이는 온데간데없고 방에는 십자가를 으스러지게 움켜쥔 내가 헐떡거리며 서 있었다.

사탄은 20여 년 동안 나를 괴롭혔다. 하지만 나는 전적으로 예수님을 붙잡고 있어서 매 순간마다 위기를 극복할 수 있었다. 영적 전투를 마친 내게 주님은 이렇게 말했다.

"창옥아! 네가 영적 훈련에 낙오되지 않고 잘 따라와 줘서 고맙구나. 20여 년 동안 훈련을 받았으니 이제 네가 다시 태어난 땅 아프리카로 가거라! 가서 나를 전하고 어린 영혼들을 구제해라! 그 땅은 흑암의 세력이 깊고 울부짖는 소리가 가엾은 땅끝이란다. 힘들지만 잘 헤쳐 나아가라. 나는 너를 믿는단다. 청계산 호랑이를 물리치듯 나의 이름으로 물리쳐라."

맑은 물은 호수를 바꾼다

1990년, 나는 숭실대학교 중소기업대학원 최고여성경영자과정에 입학했다. 선교를 하려면 돈이 있어야 하고, 돈을 벌려면 경영을 할 줄 알아야 하고, 그러려면 경영에 대해 다양한 정보를 얻는 것이 좋을 것 같아서였다.

내가 중소기업대학원의 문을 두드린 뒤 가장 놀란 것은 숭실대학교는 1891년에 미국 북장로교 배위량(裵緯良: W.M.Baird) 선교사가 교육 선교로 설립한 곳임을 알게 된 것이다. 더구나 내가 존경하는 한경직 목사님이 1954년에 6대 학장이셨고, 1967년 재단 이사장이었다니! 1938년에는 선생과 학생들이 신사참배 거부로 옥살이를 하고 폐교를 당했다. 1954년 평양에서 서울로 이사 온 숭실대학은 폐교된 지 16년 만에 재건되어 영락교회 건물을 빌려 쓰다가 1957년 상도동 신축 건물로 이전했다.

1983년에는 한국 최초로 중소기업대학원을 신설해 1990년 3월, 여성경영자과정을 개설하였고, 이때 중소기업대학원장은 어윤배 박사였다. 내가 중소기업대학원에 첫발을 디딘 것이 바로 1990년 9월 2기생이 입학할 때였다. 입학생은 80여 명이었는데 구성원은 중소기업인, 전문직 여성, 자영업 사업가가 주를 이뤘다. 학생들은 이미 사업가들이었고 나같이 경영을 배워서 하나님의 일을 하겠다고 입학한 이는 나 하나였다. 여성 사업가들은 일찍이 남편과 함께 사업을 해서 성공했거나 혹은 여성이 혼자 사업에 고군분투하여 성공한 자영업자들이었다.

여성경영자과정에는 총동문회장과 총동문선교회장 자리가 있었다. 나는 2기 선교회 회장으로 선출되었다. 선교회에는 장로 사모인 권사 두 분이 있었다. 그럼에도 불구하고 회원 35명 정도는 부족한 나를 택했다. 이때 나의 직분은 집사였다.

어느 날 어 원장님과 동문회 선교회장인 박 회장이 나를 불렀다. 그 까닭은 1기 선배인 박 회장의 사업이 힘든 상황이라 동문회 선교회장의 남은 임기를 채울 수가 없다는 것이다. 그래서 2기 선교회장인 이창옥이 맡아야 한다는 것이었다.

"원장님! 회장님! 그럴 수는 없습니다. 1기 선배들이 하셔야죠. 저는 아직 부족한 사람입니다."

"그렇지 않습니다. 1기에서는 이 회장이 맡는 것을 찬성했습니다. 이제 1기가 수료하고 2기가 수업 중인 때라서요. 우리 여성경영자선교회가 기반을 다지는 데 있어서 대단히 중요한 시점입니다. 제가 기도하며 내린 결론은 이창옥 회장이 적임자라는 것입니다."

"그렇게 하세요. 이창옥 회장이 2기 선교회장 아닙니까! 이 회장이 맡아 주면 대학원으로서도 좋겠습니다. 수고스럽지만 이 회장이 동문회 선교회의 발전을 위해서 반석이 돼 주세요."

어윤배 원장님과 박 회장은 내게 정중하게 말씀하셨다. 나는 2기 선

"부족한 저를 낮은 자리에서 섬기게 해 주시고 축복해 주셔서 감사합니다."

교회에서 장로 사모인 권사 두 분을 마음속에 모시고 있었다. 아무리 대학원 생활이라지만 교회로 말하면 서열이 나보다 높은 분들이기 때문이다. 그래서 나는 권사들께 동문회 선교회장의 사임을 먼저 알렸다. 그리고 긴급회의를 소집했다. 2기 회원들은 내가 동문회 선교회장이 되는 것은 당연하다고 했다. 아직 1기, 2기밖에는 없지만 그래도 총동문회 선교회장이라는 중책의 일꾼을 맡게 된 나는 첫 선교회 예배를 드리기로 했다.

어윤배 중소기업 대학원장님에게 설교를 부탁드렸다. 선교 예배는 수업이 있는 목요일 강의실에서 하기로 했다. 예배 후의 오찬은 내가 섬기기로 했다. 회원들과 비회원들에게도 목요일에 오셔서 함께 식사하자고 일일이 알렸다. 장로 사모인 권사님 두 분은 내가 동문회 선교회장이 된 것은 잘된 일이라고 했다.

"이 회장은 잘할 거야. 우린 뒤에서 밀어 줄게요. 선교회 날은 일찍 참석할게요."

나는 연락 준비를 완료하고 3일 작정 금식 기도에 들어갔다.

"하나님! 제가 동문회 선교회장을 맡게 됐습니다. 다음 주에 2기만 첫 모임을 갖습니다. 그날 선교회원 35명과 비회원들이 가능한 모두 참석하기를 원합니다. 그래서 이 일을 위해 금식을 드립니다. 하나님! 제게 감당할 수 있는 힘을 주옵소서."

드디어 그날이 되었다. 나는 총무와 일찍 강의실에 도착해 준비를 했다. 출장 뷔페 사업을 하는 1기 선배가 최고의 식사를 정성껏 준비했다. 선교 예배 시작을 알리는 12시 30분이 되었다. 그런데 어떻게 된 일인지 꼭 오기로 한 두 분 권사님은 나타나지 않고, 회원들도 전혀 보이지 않았다.

"하나님! 이게 어떻게 된 일입니까? 회원이 한 명도 안 왔어요! 뷔페는 50인분이나 준비했는데요. 원장님이 설교하기 전에 제발 회원 좀 보내 주세요."

이때 총무가 황급히 내게 다가와 귓속말로 속삭였다.

"회장님, 큰일 났어요. 지금 김 사장이 연락 왔는데요. 선교회원들이 모두 상도회관에 모여 있대요. 권사님 두 분이 소집했대요. 지금 불갈비를 먹으려고 주문했대요. 그래서 예배에 참석 못한다고요."

"그래요? 그럼 불갈비만 먹고 빨리 오라고 해요."

"그게 그렇게 안 될 텐데요. 예배가 다 끝날 때까지 붙들고 계실 걸요."

머리 좋은 총무는 이미 상황 판단을 했고 나는 귀가 먹먹했다. 어떻게 이런 일이 일어난단 말인가! 내가 존중하는 권사님들인데…….. 나는 낙심이 되었다. 어 원장님이 설교하기 위해 단상에 오르셨다. 그리고 나를 보고 활짝 웃으셨다. 커다란 강의실에는 회장인 나와 총무, 서기 총 3명이 앉아서 죄인인 듯 침통한 표정이다. 내 머릿속에는 상도회관에서 불갈비를 뜯으면서 이러지도 저러지도 못할 회원들에 대한 섭섭한 마음 때문에 속이 상해서 눈물까지 나오려 한다. 그때 장로이신 원장님의 말씀이 시작됐다.

"여러분, 걱정 마세요. 두세 사람이 모인 곳에 함께하시는 주님이십니다. 주님은 지금 이 자리에 와 계십니다. 얼마나 기뻐하시겠습니까! 우리 중소기업대학원에서 총동문여성경영자선교회를 조직해서 정성껏 하나님께 예배드리려고 준비했습니다. 또 함께 예배드린 회원들에게 식사를 대접하려고 기다리는 마음, 꼭 예수님을 모시는 그런 마음 아니겠습니까! 주님은 다 알고 계십니다. 여러 회원이 참석하지 않았다고 해서 근심할 필요는 없습니다."

어 원장님은 다시 활짝 웃으며 말을 이어 가셨다.

"큰 호수가 있습니다. 이 호수는 더러움이 가득한 호수였습니다. 그러나 언제부터인가 이 호수에 한줄기 가느다란 물줄기가 들어오기 시작했습니다. 그리고 절대 변하지 않을 것 같았던 큰 호수는 오랜 시간 후에 보니 아주 조금씩 맑은 물로 바뀌기 시작했고, 더 오랜 시간이 지나서는 깨끗하고 맑은 호수가 되었습니다. 여러분은 한줄기 맑은 물줄기와도 같습니다. 이제 시작인데 조금도 겁낼 일이 없습니다. 예수님만 바라보고 한줄기 맑은 물줄기가 되십시오. 언젠가는 크고 아름다운 맑은 호수로 변화될 것입니다."

나는 원장님의 설교를 듣고 크게 은혜를 받아 다시 마음이 편안해졌다. 2시에 강의가 시작되어 선교회원이 아닌 동문들이 하나둘씩 강의실에 나타났다. 썰렁하던 강의실이 환해지고 활기가 찼다. 나는 그들이 고마워서 많이 드시라고 정성껏 권했다. 선교회 식구들을 위해 준비한 음식은 비회원 동문들과 대학원 스태프들에게 골고루 돌아갔다.

2시 강의 시간이 임박하자 선교회원들이 우르르 강의실로 들어왔다. 미안한 마음으로 피식 웃으며 윙크하는 회원, 활짝 웃는 회원, 눈을 크게 뜨는 회원, 각양각색의 표시를 보내왔다. 잠시 내 마음을 아프게 한 권사님들도 아무 일이 없다는 듯 당당하게 들어왔다. 나도 아무렇지 않게 활짝 웃었다. 우리는 그렇게 웃었다.

그 후 선교회는 잘되었고 다시는 권사님들이 예배 시간에 회원들을 상도회관에 집결시켜 불갈비를 쏘는 일은 하지 않았다. 나는 그 일로 많은 것을 느꼈다. CEO 선교회장이란 자리는 감투가 아니라는 것, 같은 동문이라지만 나이와 연륜, 환경이 모두 다른 공동체에서 모두에게 골고루 관심을 가져 주어야 한다는 것, 선교회장은 연륜 있는 선배를 섬기고 동생 같은 회원은 이끌어 주면서 발맞춰 가는 낮은 자리라는 것을 말이다.

화려하고 힘 있는 여성 경영자 세계에서 어쩌면 선교란 고리타분한 봉사의 자리이다. 처음에는 근사하게 보였던 동문회 선교회장 자리가 점점 부담스러운 자리가 돼서 나중에는 서로 하지 않으려고 양보하는 상황이 연출됐다. 그러니 전임회장인 나는 등 떠밀려서 8년간 장기 집권하게 됐다. 하지만 선교회 발전을 위해 새 회장을 앉히려고 나는 치밀한 작전을 세워 많은 후배 중에서 믿음 좋은 차기 회장감을 물색하고 설득하여 축복의 낮은 자리에 앉혀 놓았다. 선교회장 이취임식 날이 되었다. 8년간 섬김의 자리에서 배우며 깨닫게 해 주신 하나님께 감사 기도를 드리며 나는 눈물이 줄줄 흘러내렸다.

"주님! 숭실대학교 중소기업대학원 최고여성경영자과정 총동문선교회를 여기까지 이끌어 주셔서 감사드립니다. 부족한 저를 낮은 자리에서 섬기게 해 주시고 축복해 주셔서 감사합니다. 이 모든 영광을 주님께 돌립니다. 할렐루야!"

시어머니와 며느리가 사랑한 기도

"하나님, 하나님! 하나뿐인 우리 며느리 고생 안 시키게 이 늙은이를 잠자듯이 데려가시옵소서. 하나님, 하나님! 우리 며느리가 이 늙은이의 대소변을 받지 않도록 해 주시옵소서. 하나님, 하나님! 그저 이 늙은이가 정신이 나가서 벽에 변을 바르지 않도록 해 주시옵소서. 하나님, 하나님! 이 늙은이가 깨끗하게 살다가 죽게 해 주시옵소서. 하나님, 하나님! 하나뿐인 우리 며느리가 아침에 제 방문을 열고 '어머니! 안녕히 주무셨어요?' 하다가 '어! 우리 어머니 돌아가셨네!' 꼭 이렇게 되게 하여 주시옵소서. 하나님, 하나님! 이 늙은이의 마지막 소원입니다. 그럼 들어주실 줄 믿사옵고 예수님 이름으로 기도드리옵나이다. 아멘!"

"하나님! 저희 어머니 오래오래 사시게 해 주세요. 저를 위해서라도 그렇게 해 주세요. 일찍 돌아가시면 제가 회개할 시간이 없습니다. 그동안 어머니께 잘하지도 못하고 말대답도 하였습니다. 지금 돌아가시면 제가 잘못한 것을 만회할 기회가 없어서 한이 맺힙니다. 제가 효도하도록 기회를 주세요. 제가 효도한 후에 어머니를 데려가셔도 되지 않겠습니까. 하나님! 어머니가 돌아가시면 병원으로 모시지 않겠습니다. 마지막 가시는 길, 어머니가 보기에도 아까운 외아들, 금쪽같은 손자들의 보금자리인 우리 집에서 제 손으로 닦아드리고 입혀드리고 예쁘게 단장해서 보내드리고 싶습니다. 꼭 그렇게 되도록 인도해 주시기를 예수 그리스도의 이름으로 간절히 기도드립니다. 아멘!"

나는 어머니를 위해 기도할 때는 눈물이 절절하게 흐른다. 아마도 내 영이 마음 깊은 곳에서 나를 회개하게 만드는 것 같다. 어느 날 오산리순복음기도원에서 기도하는데 갑자기 내 마음이 말하기를 "어머니 돌아가신다. 빨리 가거라!"는 것이었다. 나는 용수철처럼 튀어 나가 급히 집 앞에 도착했다. 현관문을 들어서는데 간이 콩닥거렸다. 그런데 나를 보신 어머니는 의아한 표정으로 "얘야! 기도원에 간다더니 벌써 왔니?"라고 물으셨다. 그로부터 한 달 뒤 어머니는 소천하셨다. 어머니가 소천하시기 전날 저녁이었다.

"얘야! 내가 감기에 걸린 것 같다. 으슬으슬 추운 것이 기침도 나온다."

"어머니! 내일 아침에 병원에 모시고 갈게요. 오늘은 감기약을 드시고 푹 주무세요."

약을 드신 어머니는 곤하게 주무셨다. 나는 한 번 더 약을 드리려고 밤중에 어머니를 깨웠다. 그런데 어머니가 몽롱하게 이상한 말씀을 하셨다.

"얘야! 네 이모가 저기 보인다. 저기 서 있잖니. 지금 나보고 환하게 웃고 있구면. 나보고 이리 오라고 손짓하네. 저기 봐라!"

"어머니, 꿈 꾸셨어요? 몸이 약해져서 그러세요. 푹 주무시면 괜찮아질 거예요."

83세의 시어머니가 감기에 걸린 것 같아 걱정이 되었다. 이른 아침 눈을 뜨자마자 시어머니 방에 들어갔다. 새근새근 아기같이 잘도 주무신다. 아이들을 학교에 보내고 다시 어머니 방에 들어갔다. 역시 곤하게 잘 주무신다. 나는 뒤돌아 서서 문을 향해 걷는데 누군가가 등 뒤에서 나를 가지 말라고 확 잡아끄는 느낌이 들었다. 가슴이 철렁 내려앉았다. 그래서 다시 돌아서서 어머니의 얼굴 앞으로 바짝 다가섰다. 아! 이것이 웬일인가. 어머니가 돌아가셨다. 하나뿐인 외아들 내외가 지켜 드리지도 못한 채 혼자서 외롭게 가셨다. 그런데 어머니의 모습이 외로워 보이지 않는다. 볼이 발그레하게 웃고 계신 어머니는 양 입가가 올라가 있었다. 반가운 사람이 찾아오면 버선발로 달려 나가 활짝 웃으시던 그 모습이다. 나는 숨이 멎은 어머니의 방 안에서 눈으로는 보이지 않았지만 많은 천사가 어머니를 모셔 가려고 부산하게 움직이는 영적 세계가 느껴졌다. 아기 같은 어머니의 영혼이 너무 좋아서 기쁘게 천사들과 떠나신 것 같다. 그리고 어머니의 육신만 남았다. 나는 얼른 어머니가 덮으시던 가벼운 이불을 젖히고 어머니의 육신인 발, 다리, 손, 팔, 가슴을 차례대로 확인했다. 조금 후에는 실낱같이 남아 있는 상체의 온기마저 다 사라져 버릴 것 같았다. 나는 어머니의 운명을 목사 사모인 시누이에게 알리고, 출장 중인 남편의 회사에도 비상 연락을 했다.

그다음 어머니가 토해 낸 약간의 토사물을 치웠다. 그리고 옆으로 구부려 누워 계신 육신을 반듯하게 눕혀 드렸다. 똑바로 누워 계신 어머니를 뵈며 마지막 가시는 길을 최고로 잘 해드려야지 굳게 다짐하는

데 모나코의 왕비 그레이스 켈리가 타계했을 때 화려하게 떠났던 모습이 번쩍 떠올랐다. 순간 나는 내 방으로 뛰어가 장롱의 새 비단 이불을 꺼내 들고 어머니 방으로 급히 가서 덮어드렸다. 어머니는 핑크빛 꽃 무늬가 수놓아진 아름다운 비단 이불 속에서 환하게 미소 짓고 계셨다. 아기 같은 어머니를 바라보면서 나는 눈물이 쏟아져 엉엉 울었다.

시누이가 곡하면서 허겁지겁 들어섰다. 그리고 어머니가 그레이스 켈리처럼 화려하게 덮고 계신 비단 이불을 보더니 시신에게 이게 무슨 짓이냐며 즉시 치우라고 명했다. 그래서 나는 어머니를 향한 내 사랑의 표현인 비단 이불을 걷어 냈다.

시누이는 시신이 굳었기 때문에 옷을 갈아입힐 수가 없으니 빨리 가위를 가져와 어머니가 입고 있는 옷을 자르라고 했다. 나는 지시에 따라서 다리, 팔, 가슴 부위의 옷을 일자로 길게 잘랐다. 그리고 옷을 벗겨 드리기 위해 어머니의 시신을 몇 번이나 끌어안았다. 새 옷을 입혀 드리는 것은 더 힘들었다. 조그만 체구의 어머니는 바위만큼 무거워져서 온몸에 힘주어 불끈 들어 올렸더니 그 반동으로 어머니 시신이 내 품에 툭 안겼다. 나는 어머니를 여러 번 품에 끌어안고서야 하얀 새 옷을 입혀드릴 수가 있었다. 그리고 삼베 홑이불을 정성껏 덮어드렸다.

이제 내일이면 입관 예식에 따라 수의를 입으시고 영면하신다. 어머니의 장례식장은 압구정동 신현대 아파트 우리 집이다. 장례식은 큰시누이의 남편인 목사님의 집례로 은혜롭고 성대하게 진행되었다. 선산을 향해 영구차가 달린다. 차창 밖을 바라보니 수많은 세월 동안 어머니와 함께한 일들이 뇌리에서 흘러간다. 좋았던 일도 많았지만 잘 못해 드린 일도 떠올라 울고 또 울었다.

1987년 인자하고 따뜻한 시어머니는 그렇게 내 곁을 떠났다. 이제는 새벽마다 사랑하는 자녀를 위해 기도하시는 어머니의 모습은 볼 수가 없다. 그러나 내게 많은 교훈을 주고 떠나신 어머니는 지금도 내 가슴에 살아 계신다. 되돌아보니 생명의 근원이며 생사화복을 주관하는 하나님은 시어머니와 외며느리의 기도를 모두 들어주셨다.

시어머니는 내가 "어! 우리 어머니 돌아가셨네!" 하도록 주무시다가 소천하셨다. 또 나는 기도한 그대로 시어머니를 직접 닦아드리고, 입혀드려서 보금자리인 내 집에서 정성껏 장례를 치르게 됐다. 하나님은 시어머니와 며느리가 서로 사랑한 기도를 공평하게 응답해 주셨다.

아들을 사랑한 엄마의 기도

사랑하는 큰아들이 경기고등학교에 입학하는 날이었다. 강당에 애국가가 울려 퍼진다. 국기에 대한 경례 소리가 귓가에 울린다. 나는 아들을 위해 할 수 있는 일이 이것이라 굳게 결심하고 하나님께 기도했다.

"주님! 제가 엄마로서 간절히 기도드립니다. 큰아들이 오늘 고등학교에 입학합니다. 오늘부터 고등학교 졸업까지 3년 동안 아들의 대학 진학을 위해 금식하겠습니다. 시간은 매일 밤 12시부터 다음 날 낮 12시까지이며 물은 마시겠습니다. 금식 기도의 목적은 큰아들이 서울대학교에 합격하는 것입니다."

큰아들은 고3이 되었다. 나는 날마다 따끈한 도시락을 싸들고 점심시간에 아들에게 달려갔다. 학급의 반장인 큰아들은 그런 나를 향해 이렇게 말했다.

"엄마! 아침에 싸 주신 찬밥이 좋으니까 제발 학교에 오지 마세요. 제가 어린앱니까. 고3입니다. 오시면 제가 창피합니다. 제발 오지 마세요. 엄마!"

그러나 나는 이에 굴하지 않고 여전히 금방 만든 따끈한 도시락을 들고 복도에 나타났다. 큰아들의 반 친구들이 "어머니 오셨어요?" 하며 반갑게 달려 나온다. 나는 사랑하는 아들들에게 도시락을 건네며 마음으로 외친다.

"얘들아! 건강하게 공부해서 가고 싶은 대학에 꼭 들어가거라. 엄마는 두 손 모아 기도한단다."

큰아들과 반 친구 아들들이 내가 만든 따끈한 사랑의 도시락을 맛있게 나눠 먹는다. 시간이 흘러 큰아들의 대학 입학시험 날이 되었다. 나는 큰아들과 아들들의 합격을 위해서 금식하며 정성을 드렸다. 교회로 달려가 입시생 엄마들과 함께 자녀들의 시험 시간에는 나도 기도하고 자녀들이 쉴 때는 나도 쉬었다.

큰아들은 고려대학교에 합격했다. 그러나 나는 도시락 주머니를 받아 들던 큰아들의 반 친구들 중에 불합격한 아들들이 눈물을 흘리고 있을 것을 생각하니 마음이 아팠다. 또 3년 동안 금식하며 서울대학교에 합격하게 해 달라는 나의 집념 때문에 정신적 부담이 컸을 큰아들을 생각하니 지난날을 뼈저리게 후회하는 가슴 아픈 죄인이 되었다.

사랑하는 작은아들이 현대고등학교에 입학하는 날이 되었다. 애국가가 울려 퍼지는 강당에서 나는 국기에 대한 경례를 하며 기도드린다.

"주님! 작은아들이 잘 자라서 고등학교에 입학하게 되어 감사드립니다. 작은아들을 형처럼 서울대학교에 합격해야 한다는 목적으로 금식기도를 작정하지 않을 것입니다. 하지만 엄마로서 소원합니다. 아들이 최선을 다해 공부할 수 있도록 인도해 주십시오. 가능하다면 아들이 원하는 대학교에 입학할 수 있도록 이끌어 주시기를 기도드립니다."

나의 기도가 변하였다. 주께 맡기는 순종의 기도를 드렸다. 현대고등학교는 집 옆이지만 고3이 되어도 큰아들처럼 도시락을 싸서 가져 다주지 않았다. 어느 날 학급의 반장인 작은아들이 나에게 힘주어 말했다.

"엄마! 형이 고등학교 다닐 때는 점심시간에 도시락을 갖다 주셨잖아요."

"그래서?"

"우리 학교는 도시락 가져오면 절대 안 돼요."

"왜 안 되는데?"

"얘들이 우리 반 반장은 마마보이라고 한단 말이에요. 엄마!"

"너처럼 리더십 있는 마마보이도 있니? 너처럼 매주 산동네 소외된 아이들 찾아가서 공부 가르쳐 주는 마마보이도 있어?"

"그래도 엄마가 학교에 나타나는 순간 저는 마마보이가 되니까 제발 오지 마세요."

나는 덩치 큰 아들에게 마마보이라는 오명을 안겨 줄 수가 없어 단한 번도 도시락을 가져다주지 않았다.

작은아들이 대학교에 입학시험을 치르는 날이다. 나는 큰아들의 입시를 치른 날이 생각났다. 별난 엄마 때문에 마음의 상처를 받았을 사랑하는 큰아들과 입시에 떨어진 학급의 아들들 생각에 가슴이 아팠던 그때가 다시 떠올랐다.

"주님! 작은아들과 반 친구들이 지금 시험지를 풀고 있습니다. 실수하지 않고 제 실력을 100% 발휘할 수 있도록 인도해 주세요. 간절히 기도드립니다."

아들들이 문제를 풀 때 나도 같이 문제를 푸는 심정으로 기도했다. 아들들이 쉬는 시간마다 나도 쉬며 다음 시험 시간을 위해 마음을 가다듬었다. 작은아들은 본인이 가고 싶다던 연세대학교에 합격했다. 나는 큰아들의 대학 진학을 위해 내 의지로 금식 기도를 드렸다. 그러나 큰아들을 통한 깨달음을 거울삼아 작은아들의 대학 진학은 주님께 맡기는 기도로 드렸다.

장성한 큰아들과 작은아들이 어느새 결혼하여 명절에 모였다. 분위기가 무르익고 한창 대화 중에 어린 시절 이야기가 나왔다. 큰아들이 말했다.

"어머니! 지난번 고교동창 모임이 있었는데요. 친구들이 만나면 어머니 여전하시느냐고 꼭 물어요. 항상 어머니 이야기는 반드시 나와요."

"당연하지! 엄마는 도시락 싸가지고 형 학교에 매일 가셨으니까. 형 친구들이 엄마를 기억하겠지!"

"그래서 뭐라고 대답했니?"

"어머니 활동 무대는 아프리카로 옮겼다고 말했죠. 하하하!"

"활동 무대를 아프리카로 옮겼다고만 했어?"

"당연히 아니죠! 더러운 물 먹는 아프리카 아이들에게 우물을 파 줘서 깨끗한 물 먹게 하고, 굶고 고통받는 아이들 도우려고 구호단체 만들어서 활동하시느라 전보다 더 바쁘다고 말했죠."

"그랬더니 뭐라고 하든?"

"너희들이 내 걱정을 다할 만큼 벌써 어른이 되었구나!"

　"역시 어머니는 여전하시구나 하면서 친구들이 말하기를 어머니도 이제 연세가 있으시니 건강을 잘 챙겨야 한다고요. 그래야 아프리카에서 활기차게 활동하실 수 있다고 꼭 전해드리래요."

　"사랑하는 아들들아! 코끝이 찡하게 고맙구나. 너희들이 내 걱정을 다할 만큼 벌써 어른이 되었구나! 꼭 하나님을 경외하고 행복하게 살아가기를 이 엄마는 앞으로도 기도할게."

수술실에 들어온 그분

엘리베이터가 내려왔다. 남편과 두 아들이 엘리베이터 안으로 들어갔다. 그리고 돌아서서 나를 쳐다본다. 그 눈빛이 너무 처절해서 금방 눈물이 펑펑 쏟아질 것 같다. 남편과 두 아들을 태운 엘리베이터의 문이 38선처럼 나와 가족들 사이를 가로막아 버렸다. 나는 닫힌 문을 바라보며 남편과 두 아들이 1층에 내릴 때까지 문 앞에서 떠나지 않았다. 서서히 병실로 걸어갔다. 텅 빈 병실엔 사랑하는 가족들의 체취만 남았다. 안 간다고 떼쓰는 가족들을 달래서 보냈다. 내일 아침 수술실에 들어가는 아내를, 엄마를 볼 것이 무에 있나. 마음만 아프지. 홀로 병실에 남아 불빛이 반짝이는 창밖을 내다보았다. 짙은 어둠은 고요해지기 시작한다.

나는 침대 위에 올라앉아 눈을 감았다. 앞이 안 보인다. 깜깜한 어둠만이 내 앞에 존재한다. 기도를 해야겠다는 생각에 무릎을 꿇었다.

"하나님! 그동안 살아온 날들에 대해 감사합니다. 여기까지 인도하신 하나님 감사합니다. 하나님! 제가 살아온 세월이 사십 해 중반도 안 되었는데 대수술을 받게 되었습니다. 절개를 해 봐야 확실히 알겠지만 암일 확률이 높답니다. 하나님! 내일 아침이면 수술실로 들어갑니다. 혹시라도 제가 다시 깨어나지 못하면 어떡합니까? 하나님! 제가 누구에게 잘못한 일이 있다면 다 풀고 가고 싶습니다. 기억하게 하옵소서.

그 일을 회개하게 하옵소서."

나의 눈에선 뜨거운 눈물이 흘러내렸다. 하나님께서 아프리카에서 살려 주셔서 지금껏 잘 살아왔건만 15년이 지난 지금 나는 또 아프다. 나를 바라보는 남편의 처절한 눈빛이 떠오른다. 그건 곧 내가 처절한 상태임을 말하는 것 같아 마음이 찢어졌다. 금방 울어 버릴 것 같은 눈물을 억지로 참으며 돌아선 두 아들의 눈빛도 떠오른다. 그건 "가엾은 우리 엄마, 너무 가슴이 아파요." 하는 것 같아 나의 마음은 또 찢어진다. 그렇게 사랑하는 남편과 아들들도 대수술을 앞둔 엄마에게 해 줄 수 있는 것은 안타까운 마음뿐이었다. 나는 수술 전날은 기도하는 날이라며 가족들을 억지로 보냈다. 그리고 이제는 정말 주님과 독대하며 간절한 기도를 하는 일만 남아 있다.

"오! 하나님, 제발 저를 살려 주세요. 이제 정말 하나님이 원하시는 일을 하겠습니다. 그동안 기도도 많이 하고 열심히 한다고 했는데 제가 마음에 안 드셨나요? 잘못했어요. 용서해 주세요. 화려한 것 다 버리고 제 삶을 모두 바치겠습니다. 하나님! 제게 축복을 많이 주셨잖아요. 제가 살아서 저보다 못한 사람들에게 베풀겠습니다. 하나님! 저 정말 살고 싶어요. 그렇지만 항암 치료를 받는 건 절대 안 돼요. 그렇게 사느니 차라리 저를 데려가세요."

나는 예수님을 부르며 흐느껴 울었다. 아침 일찍 친정 엄마가 오셨다. 엄마는 나를 보고 꼭 안아 주셨다. 엄마는 내 두 손을 모아서 엄마의 작은 손 안에 꼭 넣으신 뒤 "주님이 도우시니 힘내라!" 하고 웃으셨다.

그런데 그 미소가 우시는 듯 보여 농담을 걸었다.

"엄마! 시원하게 울어! 아무도 없어. 웃을 거야? 울 거야?"

"우리 딸 안쓰러워서 어쩌나? 수술을 하려면 많이 힘들 텐데."

"엄마! 수술은 의사가 하는 거야."

"그래! 호랑이 굴에 들어가도 정신만 차리면 산단다. 엄마가 수술실 밖에서 지키면서 기도할게. 한숨 푹 자고 나면 다 잘될 거야."

"엄마! 나 웃잖아요. 오늘 새벽에 예수님 만나서 편안해졌어요."

나는 엄마에게 웃는다고 말하면서 엉엉 울었다. 수술실로 들어가는 순간이다. 나는 어제 혹시나 남편이 병원에 올까 봐 수술 시간을 가르쳐 주지 않았다. 그런데 막상 수술 시간이 다가오자 혹시 남편이 오지 않을까 기다려졌다. 수술실로 들어가기 직전 엄마는 내 얼굴에 볼을 비벼 주셨다. 엄마의 잡은 손을 놓자 내가 누운 침대는 수술실로 들어갔다. 생과 사를 오가는 문이 스르륵 닫힌다. 나는 곧바로 내 손을 잡아 주시라고 그분께 손을 내밀었다. 그분은 기다렸다는 듯 내 손을 꼭 붙잡아 주셨다. 나는 주먹을 꼭 쥐었다. 수술대 위로 옮겨졌다. 섬뜩한 찬 공기가 싫었다. 천장도 묘하게 복잡한 것이 거부감이 왔다. 두 눈만 빼곡히 내어 놓은 수술복 입은 의사도 으스스하다. 이 분위기는 정말 싫다. 여기는 다시 오지 말아야 하는 곳이다.

"이창옥 씨. 아무 걱정하지 마세요. 한숨 푹 주무시면 됩니다."

"네."

"박사님이 수술 잘해 주실 겁니다."

"네."

"그런데 그 주먹은 아까부터 왜 그렇게 꽉 쥐고 계십니까? 긴장하지 마시고 주먹을 펴세요."

"이 주먹이요? 지금 예수님 손을 꼭 붙잡고 있는 거예요. 예수님 손을 꼭 붙잡으면 마음이 편안해지거든요."

나는 아주 편안한 마음이 되어 소녀처럼 하나 둘 셋을 따라 세다가 꿈나라로 갔다. 아마도 예수님은 내가 꿈나라에 가 있을 동안에 내 손을 놓칠 세라 꼭 붙잡고 이렇게 말씀하셨을 것 같다.

"김 박사! 수술 확실하게 해요! 내가 이 여인의 손을 잡고 정중히 부탁하고 있어요. 생명에 지장이 있으면 절대 안 됩니다. 꼭 살려 주세요. 이 여인은 내가 아주 사랑하는 사람이에요. 만약에 수술이 잘못된다면 나는 하나님 아버지께 혼난단 말입니다. '너는 수술까지 손잡고 들어갔으면서 뭐 했느냐?'고 말이죠. 그러니 꼭 살려 주시고 다시는 이곳에 오는 일이 없도록 해 주십시오. 내가 사랑하는 이 사람은 아버지께서도 아주 많이 사랑하는 딸입니다."

코딱지 사랑

지금으로부터 25여 년 전의 일이다. 밤사이 하얀 눈이 소복이 내렸다. 나는 이른 아침 하얀 눈길을 밟으며 걸었다. 이 아파트에 오래 살면서도 홀로 하얀 눈길을 독차지하고 걷기는 처음이다. 정문을 향해 아파트의 중앙 길을 걷고 있는데 바람 없는 날씨가 매섭게 추웠다. 이때 정문 쪽에서 나를 향해 누군가가 걸어오고 있었다. 바라보니 젊은 여자였고, 포대기를 두르고 두 손은 등 뒤로 돌린 것이 아마도 아기를 업고 있는 것 같았다. 그녀가 더 가까이 다가왔다. 이게 웬일! 모양새가 걸인이다. 걸인 여자는 분명 우리 아파트의 방문객은 아닐 것이고, 아기를 등에 업고 왜 이리로 오는 것일까? 내가 이렇게 생각하는 사이, 그녀와 나는 가까이 다가서게 됐다. 나는 무심히 고개를 돌려 등에 업힌 아기를 보다가 깜짝 놀랐다.

"세상에나! 이 추위에 아기의 온몸이 포대기 밖으로 나왔네. 아기 팔과 손도 다 나왔네. 아기 옷은 너무 얇아. 아기 목은 뒤로 젖혀졌어. 아기 얼굴이 얼어서 벌겋다. 저런! 누런 콧물이 가득 붙어 버렸네! 저러면 콧구멍이 막혀서 아기가 숨 쉬기 힘들 텐데! 저 젊은 엄마는 축 처져서 아기가 밖으로 나와도 모르겠어. 포대기를 단단하게 매야지 저렇게 헐렁거리면 아기가 빠져서 위험한데……."

나는 마음이 급해져서 속사포로 외쳤다.

"여보세요. 잠깐만요! 거기 서 계세요!"

힘없이 걸어가던 아기 엄마는 멈춰 서서 돌아보았다. 나는 한달음에 그녀의 곁으로 다가갔다.

"아기가 너무 춥겠어요. 얼굴이 얼었어요. 잠깐만 기다리세요. 제가 도와드릴게요. 아기를 포대기 속으로 폭 넣어야겠어요. 몸이 이렇게 밖으로 나오면 목도 다치고 매우 위험해요. 감기 걸리면 큰일인데 팔과 손도 다 넣어 줄게요. 콧물도 닦아야겠어요."

나는 손수건을 꺼내서 살갗이 여린 아기의 코에 주렁주렁 붙은 콧물을 조심스럽게 닦아 내어 아기가 편하게 숨을 쉬도록 했다. 포대기를 쭉 올려서 가능한 아기의 머리가 안 보이도록 단단히 다시 매주었다.

"이제 다 됐네요. 미끄러지지 않도록 조심해서 가세요."

그녀는 며칠을 굶은 사람처럼 힘없이 목례하고 발길을 돌렸다. 난비틀거리듯 걷는 그녀의 뒷모습을 바라보며 마음이 아팠다. 이 추위에 어쩐다. 아기 먹을 것은 있나? 나는 그녀와 아기가 잘 가고 있는지 다시 확인하고 싶어 몇 걸음 떼다가 뒤를 돌아보았다. 그런데 앗! 이게 웬일! 금방 만났던 아기와 그녀가 감쪽같이 사라진 것이다. 내가 아침 일찍 길 위에서 꿈을 꾼 것도 아니고, 환상을 본 것도 아니고, 참으로 이해할 수 없는 일이 내 앞에서 벌어진 것이다.

나는 쿵쾅거리는 가슴을 진정시키며 아기 업은 그녀를 찾아 헤맸다. 그녀와 헤어진 지점은 아파트의 중앙 통로이다. 각 동으로 들어가는 양 옆의 길은 더 내려가야 하고 가는 길의 전후좌우는 트여 있어 금방 걸어간 그녀를 한눈에 볼 수 있다. 그러나 사방을 둘러봐도 아기 업은 그녀는 찾아볼 수가 없었다. 나는 오던 길도 다시 내려가 보고 근처 길가의 초입도 들어가 보았지만 아기 업은 그녀는 끝내 눈앞에 보이지 않았다.

그날 이후 나는 각설이 행색의 그녀와 등에 업힌 아기가 가슴속에 자리 잡고 있어, 내가 어떤 영적 문제에 마주칠 때면 문득 떠오르곤 했다. 그런데 그날 상황을 기억하면 나도 좀 이상한 사람 같다. 평소에 나는 30년 전에 만난 사람이 어떤 옷을 입고 어떤 모임에 나타났는지도 기억한다. 그런데 그녀와 아기의 얼굴은 떠올려 보려고 애를 써도 형체만 생각날 뿐 기억나지 않는다. 그녀가 둥근 얼굴인지 네모 얼굴인지, 아기가 통통한지 아닌지 전혀 기억에 없다. 오직 내가 아는 것은 하얀 눈길에서 만난 그녀가 언어장애를 가졌는지 한 마디도 없이 가 버렸다는 것과 순간이지만 아기를 정성껏 돌봤다는 뿌듯한 기억뿐이다.

2006년, 나는 케냐, 탄자니아, 남아프리카공화국, 스와질란드, 레소토, 보츠와나, 나미비아를 방문했다. 이때 나미비아 힘바 부족촌에서 맞이하는 아침 날씨는 상당히 추웠다. 나는 사막의 아침 햇살을 맞으며 염소 무리와 걷고 있었다. 저쪽에서 발가벗은 힘바족의 어린아이가 모래더미에 엉거주춤 서 있다. 발가벗은 아이가 나를 바라보자 나는 빨리 걸어 그 아이 앞에 쪼그리고 앉으며 말했다.

"어머나! 몸이 이게 뭐예요. 씻어야지! 그래야 고약한 냄새가 안 나잖아요! 아이고 먹을 물도 없으니 못 씻지! 미안해요. 아줌마가 빨리

우물을 파 줘야겠네요! 세수를 못하니 눈곱도 있고, 콧물은 범벅이네!"

나는 더러운 아이를 마주보는 순간 어디선가 본 듯한 느낌이 들었다. 내 가슴속에서도 급히 내게 속삭였다.

"맞아! 아이 얼굴을 전에 본 적이 있어!"

나는 순간 자식을 두고 집을 떠났다가 돌아온 엄마처럼 아이를 덥석 끌어안았다.

"추운데 옷도 안 입고 이렇게 밖에 나오면 감기 걸려요. 아유! 콧구멍에 콧물이 이렇게나 많이 있네요! 아줌마가 깨끗하게 닦아 줄게요. 콧물 닦으니까 코밑에 코딱지가 다닥다닥 붙어 있네. 코딱지가 오래돼서 떼려면 좀 아프겠네요. 그래도 조금만 참자! 착하지? 이제 마지막으로 콧구멍이 빵 뚫리게 코를 풀어 볼까요? 아줌마처럼 이렇게 소리 내 봐요. 킁! 킁! 그렇지! 참 잘하네. 아이, 예쁘다!"

세 살 된 남자아이는 처음 보는 나를 따라서 킁킁거렸다. 누가 알려 주지 않았는데도 아이는 내가 자신을 사랑한다는 걸 알고 헤어질 때 움켜잡은 내 손을 놓지 않으려 안간힘을 썼다. 돌아오는 차 안에서 나는 그 아이를 어디서 만났는지 기억해 내고 깜짝 놀랐다.

"맞아! 25년 전 걸인 엄마 등에 업힌 아기가 바로 이런 모습이었어!"

내가 그 아기에게 콧물을 닦아 주고 코딱지를 떼어 주었지! 그래, 이것은 같은 사랑이었어! 코딱지가 붙어 있어도 마냥 사랑스러운 수많은 아프리카 어린아이들이 배시시 웃으며 내 품으로 쏙 들어온다.

4부

숙제를 품고 떠난
아프리카 대탐험

다시 찾아가는 약속의 땅, 아프리카로 향하는 하늘 위에서

나는 뜨거운 눈물을 흘리며 꿈꾸는 소녀가 되어 아프리카로 갔다.

다시 찾은 아프리카에서는 또 어떤 일들이 펼쳐질까?

다시 찾아가는 아프리카

인생의 중후반을 향하고 있을 무렵 나는 아프리카를 다시 찾았다.

새벽 공기를 가르고 올림픽대로를 달리며 가속 페달을 힘껏 밟는다.

'자! 이제부터야. 다시 찾는 아프리카! 제2의 내 인생 서막이 열리는 거야!'

2002년 8월 29일 KBS 방송국 신관에는 생방송 〈세상의 아침〉 야외 스튜디오가 마련되었다. 다음 날 이른 새벽, 역사적인 아프리카 대탐험을 떠나는 대원들과 제작진들이 들뜬 기분으로 모였다. 한국 방송 사상 최초로 아프리카 3만km를 자동차로 달리며 8개국을 통과하는 육로 종단 대장정을 시청자에게 알리는 발대식때문이다. 방송이 시작되기 전 사회를 맡은 왕종근 아나운서는 내게 주의사항을 친절하게 알려 주었다.

"부총재님! 생방송 중에 저를 바라보고 말씀하지 마세요. 옆 사람을 보고 말하면 TV 화면에 사팔뜨기로 보일 수가 있어요. 중앙의 1번 카메라를 보거나 카메라가 부담스러우면 건너편에 앉은 출연자 얼굴을 쳐다보고 말씀하세요."

빙 둘러선 카메라 세례를 받으며 긴장된 가운데 왕 아나운서가 발대식을 시작했다.

"아프리카 대탐험 3만km 육로 종단 대장정, 어마어마한 거리인데 어떻게 기획하게 됐나요?"

"지금 아프리카에는 에이즈 환자만 2,400만 명에 달하고, 지뢰 마을, 기아 마을까지 있어 무척 힘든 상황입니다. 하지만 그 속에서도 열심히 살아가는 사람들이 있어요. 아프리카를 재발견하고 싶어서 준비했습니다."

"부총재님은 여성이고 주부시잖아요. 정말 쉽지 않은 탐험인데, 왜 아프리카를 택하셨는지요?"

질문이 떨어지자마자 카메라 렌즈가 내 얼굴을 향해 위압적으로 다가왔다. 난 순간 '사팔뜨기는 안 돼!'라고 생각했지만 몸이 말을 듣지 않아 자기를 쳐다보지 말라고 당부한 왕 아나운서 얼굴만 뚫어지게 응시하며 대답했다.

"아프리카는 곳곳이 전쟁으로 사막화되고 홍수로 길을 찾기도 힘들 정도라고 합니다. 하지만 험난한 체험을 통해 진정한 자아를 발견하고 내가 그들을 위해 할 수 있는 일이 무엇인지 직접 찾아보기 위해 떠나기로 결심했습니다."

아프리카 대탐험은 아프리카의 성자로 불리는 선교사 '데이비드 리빙스턴'의 발자취를 따라 남아프리카에서 동아프리카로 올라가는 코스이다. 남아프리카공화국(이하 남아공), 스와질란드, 짐바브웨, 잠비아, 말라위, 모잠비크, 탄자니아, 케냐를 거쳐 육로 종단을 완주한다. 탐험 대원은 여덟 명으로 피디, 촬영감독, 리포터, 코디네이터, 운전기사를 비롯해 월드미스유니버시티 세계대학생평화사절단 부총재인 내가 참여한다.

첫 출발지인 케이프타운을 가려면 우선 홍콩에서 남아공의 요하네스버그 국제공항까지 간 다음 국내선으로 갈아타야 한다. 인천공항에 도착한 대원들은 60여 일간의 비상 식량과 살림살이를 부친 다음, 세관 출국장에 고가 장비 ENG카메라 신고를 마친 뒤 비행기에 탑승했다. 홍콩에 도착하니 밤 10시 30분, 꼭 1시간 10분 뒤에 이륙하는 남아공 항공으로 다시 갈아타야 했다. 빠르게 검색대로 걸어가 우리의 손가방들이 금속 탐지기를 무사히 통과한 뒤 탑승 게이트 앞에 도착했다. 나는 항공사 직원이 절취해 주는 탑승권을 받아들고 항공기로 연결된 통로로 들어섰다. 그런데 통로에 세 명이나 되는 흑인 검색원이 매의 눈으로 번뜩이며 서 있는 게 아닌가! 9.11 테러 사태 여파로 폭탄 같은 위험물을 색출해 내려는 것이었다. 그들은 나를 꿰뚫어 보았다. 불현듯 고약한 예감이 스쳤다. 대원들이 수사망에 걸려들 것만 같았다. 검색원들은 먹이를 포획하려는 표범처럼 뒤편에서 들어오는 대원들을 향해 바짝 다가서서 탑승 통로를 차단하고 촬영감독의 시커먼 가방을 가리키며 명령했다.

"이 검은 가방을 내려놓고 지퍼를 여시오!"

촬영감독은 별것 아니라는 듯 지시에 따랐다. 하지만 그들은 의심하기 시작했다.

"이것이 무엇이오?"

"ENG카메라(electronic news gathering: 휴대용 텔레비전 카메라와 비디오카세트 녹화기를 함께 사용하여 뉴스의 현장 취재를 가능하게 하는 카메라)라고 합니다."

"그런데 왜 그것을 들고 비행기를 탑니까?"

"한국 방송국에서 당신네 나라를 알리려고 촬영가는 것입니다."

"이 기계는 기내로 진입할 수 없습니다. 지금 부치고 들어오시오."

"그건 절대 안 됩니다. 그러면 깨져 버려 못 쓰게 됩니다."

"그렇다면 검색해 보겠습니다."

요원들은 심상치 않은 눈빛으로 오감, 영감, 신이 인간에게 주신 감각을 최대한 동원하여 카메라를 투시하듯 살폈다. 거무죽죽하고 시커먼 색에 엄청 무겁기까지 한 데다 폭약이라도 들어 있을 법한 길쭉스름한 장치가 괜히 기분 나쁘게 보였나 보다. 게다가 생전 처음 보는 장치들이 주렁주렁 달려 있으니 요리저리 눌러 보고 만져 보더니 요원들은 긴장한 얼굴로 카메라를 기내에 들여보낼 수 없다고 단호하게 결론지었다.

하지만 카메라는 험하게 다루면 안 되는 물건이다. 촬영감독의 간곡한 설득으로 그들은 썩 내키지는 않지만 기내에 가지고 타도 좋다고 허락했다. 펼쳐진 가방에 카메라를 조심스럽게 넣고 발을 옮기려는 찰나, 그들은 돌변해서 다시 연결 통로를 육중한 몸으로 봉쇄해 버렸다.

"안 되겠습니다. 이것은 절대 통과시킬 수 없습니다. 부치시오!"

감독은 차분하게 같은 이야기를 반복하며 "꼭 들고 타야 한다."면서 기내를 향해 발걸음을 옮겼다. 그러자 그들은 일제히 가방으로 덤벼들어 카메라가 주물러 터질 듯 앞뒤로 부여잡은 채 로봇같이 버티고 서서 절대 비켜 주지 않았다. 이륙 시간이 임박한 상황에서 "길을 비켜라!" "못 비킨다!" 하는 필사의 몸싸움이 벌어진 것이다.

그런데 이때까지 입을 굳게 다물고 관망만 하던 통통한 피디가 그들의 몸싸움에 이리저리 밀리는가 싶더니, 얼굴이 붉으락푸르락 변하다가 머리에 점점 열이 차올랐는지 쩌렁쩌렁한 한국어로 소리쳤다.

"여보세요! 이건 TV 카메라라 부치면 끝장입니다, 끝장! 깨진다고요! 당장 이 손 놓지 못합니까! 함부로 만지면 가만두지 않을 겁니다. 이 카메라가 6천만 원짜립니다. 깨지면 당신들이 물어낼 겁니까? 저리 비켜요!"

요원들은 목에 핏대를 세우고 얼굴이 뻘겋게 달아올라서 위풍당당 한국어로 소리치는 통통한 피디의 기세에 눌렸는지, 아니면 한국어를 잘 알아들었는지 얼른 태도를 바꿔 감독에게 카메라를 들고 탑승하라며 부드럽게 허락했다. 그러곤 '꿩 대신 닭'이라고 촬영감독의 손가방을 가리키며 다시 엄중히 제지를 가했다.

"이것을 부치시오!"

"네! 부치겠습니다."

조그만 손가방 안엔 여러 가지 물품이 들어 있었는데 모두 합쳐도 한 주먹 안에 쏙 들어가는 양이었다. 이렇게 기내로 탑승하는 줄다리기는 피차 무승부로 막을 내리고 아프리카 대탐험 길에 생명 같은

ENG카메라는 무사히 항공기에 올랐다. 대원들은 기내의 출입문이 닫히기 직전 마지막 승객이 되었다.

비행기가 이륙하였다. 승객들은 작은 좌석을 침대 삼아 잠을 청한다. 나는 모포를 뒤집어쓰고 가만히 눈을 감았다. 1977년, 아프리카에서 사경을 헤맬 때 내게 목소리를 들려주시고 나를 살려 주신 나의 하나님을 불러본다. 얼마나 많은 세월 동안 의지했던 분인가! 보고 싶은 그리움이 물밀듯 밀려온다. 다시 찾아가는 약속의 땅, 아프리카로 향하는 하늘 위에서 나는 뜨거운 눈물을 흘리며 꿈꾸는 소녀가 되어 아프리카로 갔다.

만델라 교도소에서 느낀 자유

그들이 꿈꾸는 자유는 그리 대단하지 않았다. 오히려 지극히 평범하고 소박했다. 그저 타고 싶은 버스를 타고 학교에 다닐 수 있고, 사랑하는 사람들과 가고 싶은 식당이나 극장에 들어갈 수 있고, 피부색이 검어도 통행증 없이도 그저 자유롭게 거리를 걸을 수 있는, 그런 자유면 충분했다.

아프리카의 유럽 혹은 미국이라 불리는 남아공. 서울에서 18시간을 날아가 남아공에 도착했다. 그리고 다시 국내선을 갈아타고 케이프타운에 내려 마중 나온 교민 회장 댁에 여장을 풀었다. 다시 만난 아프리카에 설레는 마음으로 이야기꽃을 피우다 밤늦게 잠자리에 들었다. 남아공의 8월은 한국의 초겨울 같아 옷을 겹겹이 껴입어도 춥다. 나는 안주인이 내어 준 엉덩이만 한 전기담요를 깔고 작은 새우처럼 구부려 누웠다. 그리고 꿈에도 그리던 아프리카에서의 첫 밤을 맞았다.

다음 날 이른 아침, 대원들과 나는 만델라가 자유를 외치다 옥살이를 했다는 로벤 섬을 찾아가기로 했다. 옛날 옛적 로벤 섬은 키가 작은 물개('로베'는 네덜란드어로 '물개'라는 뜻이다)들의 천국이었다. 세상 사람들은 이 외딴섬을 로벤 섬 또는 만델라 교도소라고 부른다.

숙소에서 로벤 섬에 가는 배를 타는 선착장까지는 그리 멀지 않았다. 칼날 같은 부둣가 강추위에 몸이 날아갈 것만 같아 두 다리에 힘껏

만델라 교도소가 있는 케이프타운 전경

힘을 주었다. 파카 깃을 올리고 모자를 눌러쓴 우리는 워터프런트 항구 선착장, 빅토리아 알프레드에서 마카나 페리에 승선했다. 물살은 높고 파도는 바람에 출렁이고 흐르는 음악은 한 맺힌 영혼들이 자유를 외치는 절규인 듯했다. 죄인의 굴레를 쓰고 바다 한가운데에 떠 있는 섬에 위치한 격리된 교도소로 호송되는 만델라의 마음은 어땠을까!

추장의 아들로 태어난 넬슨 만델라는 법학을 전공한 뒤 변호사가 되었다. 그는 아프리카 민족회의 의장으로 인종차별 정책에 항거하다 종신형을 언도받고 1964년에서 1982년까지, 18년간 로벤 섬 교도소에 투옥되었다. 그리고 1990년 2월 석방되어 흑백분리법 폐지, 인종차별 정책법 폐지를 통과시키고 1994년 4월 다인종이 직접 뽑은 최초의 흑인 대통령이 되었다. 만델라는 죽음도 두려워하지 않고 자유를 외친 평화의 사람이었다.

바다를 가로지르며 자유의 의미를 떠올리다 보니 어느덧 섬에 도착했다. 섬 전체는 세계문화유산으로, 인권 운동사의 성지이며 만델라와 흑인 지도자들이 투쟁했던 감옥은 '자유의 기념관'으로 명명되어 인간 승리를 상징하는 건물이 됐다.

우리는 우선 만델라의 독방을 방문하기로 했다. 둥근, 네모 구멍이 나란히 뚫린 굳게 닫힌 철문을 똑똑 두드렸다. 그러자 "Who are you, Can I help you?"라는 소리가 들리더니 두 구멍으로 까만 눈동자가 툭 튀어나왔다. 우린 그의 안내를 받아 긴 복도를 걸어 만델라의 독방 B동 5호실 앞에 섰다. 만델라는 죄수 번호 466번을 가슴에 달고 14년간 이곳에 수감됐다.

안내자는 커다란 철창 열쇠로 철커덕 문을 열었다. 독방은 이중문으로 안쪽은 철창문, 겉은 나무문으로 되어 있었다. 나는 빨려들 듯 감방에 들어섰다. 말로 표현할 수 없는 그분의 고귀한 아픔이 가슴으로 느껴졌다. 어떻게 이 조그만 방에서 14년을 살았단 말인가. 냉기 가득한 독방은 여름에도 교도소에서 가장 추운 장소였다. 이런 차가운 시멘트

바다에서 자유를 찾아 투쟁하며 얼마나 힘들었을까. 나는 방 안을 찬찬이 둘러보았다. 오른쪽 귀퉁이 벽에 돌돌 말아 세운 누런 작은 매트 하나, 반듯하게 개어 놓은 모포 한 장, 그 위에 올려놓은 양은 쟁반에는 수프 그릇, 손잡이 없는 작은 냄비가 놓였고, 뚜껑이 덮인 고무 재질의 자주색 둥근 변기통이 있는데, 이것은 끔찍하게도 배설물을 비운 다음 물통, 세숫대야로 쓰였다고 한다. 왼쪽 벽에는 세 칸짜리 철재함이 붙어 있다. 벽장은 바라만 봐도 자유를 찾아 14년간 도전한 서신들과 문서들이 보관되었을 것 같아 숙연해졌다.

"자유가 얼마나 소중한지 느껴 보세요!"

갑자기 죄수 출신 안내자는 나를 감방에 가둬 놓고 철문을 철컥 잠가 버렸다. 그 소리에 내 가슴이 철렁 내려앉았다.

"갇힌 기분이 어떠세요?"

"묘하군요. 인간은 다 죄인이죠. 죽느냐 사느냐 그것이 문제처럼, 죄는 죄인데 무슨 죄인가! 그것이 문제이죠."

"하하하. 총재님 너무 어려워요. 심각하게 말고요. 쉽게 말해 주세요."

"나도 그렇게 생각해요. 갑자기 나를 독방에 가둬 놓으니까 죄인이 돼서 그런가 봐요."

아프리카를 사랑하는 나는 만델라를 진심으로 존경한다. 그분의 체취가 밴 독방에서 그때의 처절한 환경을 느끼며 형용 못할 감정에 빠져 있는데, 그런 내 마음을 전혀 알 길 없는 피디가 다시 물었다.

"감방에 갇혀 있으니까 심정이 어떠세요?"

"죄라는 것은 특정한 사람이 하는 잘못이 아니라, 누구나 저지를 수 있는 것 아닐까요. 인간은 누구나 죄인이라고 생각해요. 알지 못하고 짓는 죄가 많거든요. 이 감방에 들어서니까 나도 죄인이 될 수 있다는 생각에 가슴이 뭉클해져요."

"총재님, 만델라가 쓰던 모포를 펴고 그 위에 앉아서 느낌 한번 말해 주세요."

앗, 벌레다! 미처 그 감정을 느껴 볼 겨를도 없이 모포 위에 소름 끼치는 벌레가 버티고 있어 가슴이 철렁했다. 후유, 다행히 움직이지는 않는구나. 벌레는 이미 죽었다. 머릿속에서 번개처럼 영화 〈빠삐용〉에서 주인공 빠삐용이 기어가는 바퀴벌레를 잡아먹는 모습이 떠오른다. 실제로 옛날 죄수들은 벌레를 먹기도 했을까? 죽은 바퀴벌레를 먹을 정도라면 교도소는 사람의 영혼까지도 앗아가는 곳이겠지!

"자, 다시 갑니다. 감방에 앉아 있으니까 어떤 기분이 드세요?"

"여기에 갇히니까 자유롭다는 것이, 자유가 얼마나 소중한지, 새삼 그런 생각이 들어요."

"오케이, 이제 됐습니다."

"자유의 소중함!"

피디는 이 간단한 말 한마디를 듣기 원했는데 그것을 대답해 주기가 뭐가 그리 어려웠을까! 하지만 나는 하던 생각을 마저 하고 싶었다. 나는 모포 위에 앉아 지난날 유럽인의 흑인 노예사냥이나 흑인의 자유 투쟁 역사에 몰두하기보다는 인간의 본성적인 죄에 대해 생각했다.

그래, 세상에 죄인 아닌 사람이 어디 있을까! 세상에 의인이 한 사람도 없어서 하나님이 외아들인 예수님을 이 땅에 보내셨다. 그리고 예수님이 우리의 죄를 대신 짊어지고 죽었다가 부활한 사실을 믿는 자마다 구원해 주시지 않는가. 이것을 머리로만이 아니라 가슴 깊이 받아들이는 것이 믿음 아닌가.

나는 교도소에서 석방되어 세상 밖으로 나왔다. 답답한 가슴이 이리도 시원해지고 편안한 것은 옥살이를 하고 나왔기 때문인가 보다. 잠시 억눌렸다 해방돼도 이렇게 좋은데, 만델라와 자유 투사들은 조상대대로 잃었던 자유를 다시 찾았을 때 얼마나 많은 기쁨의 눈물을 흘렸을까. 아마도 믿을 수 없을 정도로 좋아서 자다가도 벌떡 일어나서 살을 꼬집어 보고 웃었을 것이다.

교도소 밖 담장 길을 홀로 걸으며 나는 스스로에게 말했다.

"자유가 무엇이냐고 묻는다면 그건 생명이라고 답하겠어. 내가 잠시 옥살이를 하며 느껴 봤는데 자유가 없다면 그건 죽은 목숨과도 같아."

담장 길을 따라 좌측 뒤편으로 가자 바위를 채굴하던 노역장이 나왔다. 흑인 죄수들이 백인 지배자에 의해 쇠사슬로 발목을 묶인 채 바위를 쪼개 가며 인권을 착취당한 채석장이었다. 교도소에서 석방된 만델라와 정치 지도자 1,200명은 동지들이 죽어 간 그곳에 모여 그토록 그리던 자유를 찾은 것을 기념하며, 이날을 잊지 말자는 증표의 돌을 하나씩 던져 돌무덤을 세웠다. 풀이 돋은 돌무덤 위에 나도 돌 한 개를 가만히 올려놓았다. 그리고 흑인들이 죽음으로 맞서 쟁취한 자유가 온 세상의 평화로 이어지기를 희망하며, 다시 태어날 나의 자유를 위해서 기도했다.

"주님! 제게 당신을 사랑할 수 있는 자유, 생각의 자유, 도전할 수 있는 자유, 현재의 나를 뛰어넘어 또 다른 나를 향해 나아갈 수 있는 자유를 주시니 감사합니다."

거대한 광음의 파도가 내게 속삭였다. 나도 자유의 산증인이라고. 바닷가 초록빛 들판에 이름도 생소한 동물 '본태복'이 머리엔 두 개의 짧은 뿔, 몸엔 검은색 옷을 입고 형형색색의 들꽃 사이를 그림같이 뛰논다. 본태복의 모습은 마치 사슴과 송아지를 합쳐 놓은 듯하다. 등을 스프링처럼 둥글게 오므렸다 뛰어올라 이름 붙여진 작은 초식 동물 스프링복, 투실한 갈색 토끼, 이름 모를 새들, 잔디밭으로 나들이 나온 귀여운 펭귄들, 물 바위에 예쁘게 누워 있는 촉촉한 물개들!

옛적 외딴 로벤 섬의 주인 물개야! 눈에 보이지 않는 자유라는 동무에게 네 집을 내주었구나. 그렇게 자유가 소중하다는 것을 너는 알고 있었구나. 그 자유가 없다면 숨을 쉴 수 없다는 것도 잘 알고 있었구나. 이제 사람들은 너를 보러 오지 않는단다. 그들이 달려오는 이유는 소중한 자유를 만나러 오기 위해서란다. 하지만 잊혀 간다고 서러워하지 말거라. 너는 로벤 섬의 영원한 자유의 산증인이잖니!

똥차에 생명을 맡기다

"탐험 차가 오고 있습니다!"

생사고락을 함께할 아프리카 대탐험 차가 뒤편에 낡아빠진 트레일러를 끌고 우리 앞에 멈춰 섰다. 이렇게 빛바랜 고물 자동차로 설마 8개국을 달리겠다는 것은 아니겠지! 멋진 탐험 차를 상상했던 기대는 한순간에 무너졌다. 지금 눈앞에 있는 이 후줄근한 차가 우리의 생명을 책임지고 3만km 육로 종단을 함께 완주하겠다고 등장한 야심찬 사륜 랜드 크루즈이다.

그렇지만 어쩌겠는가! 이것도 인연인 것을. 이른 아침 대원들은 탐험에 필요한 짐들을 숙소 밖에 수북이 쌓아놓고 소풍 가는 아이처럼 들떠 있었다. 차내에는 중요한 방송 장비, 지붕에는 60여 일간의 식량과 각자의 가방 및 야영 장비, 트레일러에는 주방 살림, 가스통, 주유통, 발전기, 침구류를 실었다. 집 한 채 살림을 옮겨 놓은 듯 어마어마한 양이었다.

자, 출발이다. 아자! 케이프타운에서 1,500km 떨어진 킴벌리를 향해 대장정의 시동을 걸었다. 나는 운전석 뒷자리에 앉아 계기판을 들여다보았다. 그런데 자동차는 28만km나 달렸고 속도계 0km, 계기판 0km로 탐험 차의 기본인 계기판마저 고장 나 있었다. 이런 생고물 차를 타고 어떻게 가겠다는 말인가! 그래도 차는 시속 60km쯤 느껴지는

위태위태한 똥차의 생명 연장을 위해 애쓰는 모습

속도로 유유히 두 시간을 달렸다. 그러더니 비실거리다가 그대로 멈췄다. 8개국 탐험 길에 벌써 첫 고장이라니! 대원들은 즉시 길거리에 철퍼덕 주저앉아 긴급 땡볕 회의를 열었고 나는 참았던 속내를 드러내고 말았다.

"아니, 이 똥차에 어떻게 우리의 생명을 맡깁니까!"

"부총재님, 똥차라는 용어는 방송에 곤란합니다. 정비 안 된 차량으로 다시 말씀해 주세요. 지금 긴급사태 비상 회의 장면이 돌아갑니다."

그들은 좋다고 낄낄 웃지만 차의 상태를 알고 있는 나는 그러지 못했다.

"아니 지금 여러분 생명이 중요합니까, 방송이 중요합니까? 속도계, 계기판이 모두 다 0km를 달리는 고물 차에, 아프리카에서 28만km나 달렸다면 한국에서 56만km 정도 달린 자동차와 맞먹을 것 같은데 이런 차를 타고 8개국을 달린다는 게 말이 됩니까! 도대체 누가 이런 차를 빌렸습니까? 누굽니까!"

"부총재님, 흥분하지 마시고요. 모두 다 심각한 표정을 지어 주세요."

"이미 초장부터 심각한 상황이야. 아프리카 탐험은 확실히 하겠군! 으하하, 이게 바로 아프리카란 말이야!"

근처에는 커피 집 하나 없었다. 한없이 걸어서 겨우 발견한 카페에서 4시간을 기다리니 그제야 대체 차량이 도착했다. 대원들은 땀을 뻘뻘 흘리며 고장 난 차의 지붕에서 짐을 끌어내려 새로운 차로 옮겨 실은 뒤 고장 난 차는 요하네스버그로 떠나보냈다. 정비를 마치려면 며칠 걸리는데 아프리카는 느릿느릿, 천천히 '뽈레뽈레'(스와힐리어로 천천히) 나라이기 때문이다.

자정이 넘어 킴벌리에 입성하여 유스호스텔에 여장을 풀었다. 다음 날 아침이 밝았다. 그날은 세계에서 가장 유명한 '드비어스 다이아몬드 광산'에서 일하는 광부들과의 만남이 예정되어 있었다. 광산에서 오리엔테이션을 마친 나는 광부복을 입고, 산소통을 차고, 생명을 지켜 줄 램프도 목에 걸고, 차트에 '이창옥 램프 번호 61번'이라고 자필 기록을 한 뒤 철골로 제작된 뼈대뿐인 무서운 닭장 엘리베이터를 타고 지하 1,630m의 채굴장으로 내려갔다. 그리고 위험을 알리는 다이아몬드 채굴 폭발 현장의 경보음에 고막이 떨어져 나갈까 봐 급히 귀마개를 하고, 광산이 무너져 내릴 것 같은 소름 끼치는 폭발 속에 인생을 바친 광부들과 이야기를 나눈 뒤 땅 위로 올라왔다.

수억 년 전 순수 탄소로 만들어진 광물, 보석 중의 보석인 다이아몬드는 인간의 아름다운 욕망과 추악한 욕망을 동시에 만족시켜 주는 영원불멸의 보석이다. 하지만 그 화려함 뒤에는 우리의 형제, 아이들의 아빠인 가난한 광부들이 63빌딩을 통째로 여섯 개를 포개 얹어 놓고도 그 위에 31층을 더 얹어야 하는 높이의 땅 밑 429층의 어둠 속에서 생명을 바친 숭고한 삶의 숨결이 자리 잡고 있었다.

다음 날은 비 온 뒤 아침이라 하늘이 티 없이 맑고 공기가 상쾌했다. 다시 짐을 지붕 위와 트레일러에 단단하게 묶고 출발했다. 킴벌리에서 요하네스버그로 가는 길은 지평선이 끝없이 펼쳐졌다. 지평선 위에 지어진 판자촌 또한 끝도 없이 계속됐다.

달리는 길 위에서 밤을 맞이했다. 판자촌 집집마다 달려 있는 지붕 위의 커다란 전구 불빛이 도시를 황홀하게 했다. 거기엔 눈물도 배고픔도 범죄도 없는 휘황찬란함만이 가득했다. 문득 6·25전쟁 후 부산 산동네에 대한 아픈 이야기가 떠올랐다. 부산 밤바다에 외항선이 들어오면 외국인들은 눈앞에 펼쳐진 수많은 고층 빌딩의 불빛에 감탄했다.

하지만 낮이 되면 그 빌딩들은 간 곳 없고 초라한 판잣집이 산동네에 가득 차 있어 외국인들은 또 다른 감탄을 했다고 한다.

드디어 575km를 달려 깜깜한 밤에 요하네스버그, 즉 '조벅'으로 입성했다. 조벅은 요하네스버그의 유럽식 발음으로 조하네스버그(Johannesburg)를 줄인 말이다. 조벅에 거주하는 사람들은 '조버거스'라고 부른다.

조벅에는 한국 대사관이 있다. 우리가 밤늦게 도착하자 대사관에서는 조벅의 치안이 불안정한 관계로 긴장한 채 기다리고 있었다. 우리는 한국인 숙소에 여장을 풀고 고된 하루를 마무리했다. 다음 날은 벼룩시장을 둘러보고 탐험에 필수인 2차 장비들을 구입한 다음 고장 난 차 상태를 점검하러 정비소에 가 보았다. 그런데 우리 차가 아직 수리를 시작하지도 못한 채 한쪽 귀퉁이에 측은하게 서 있었다. 느릿느릿 뿔레뿔레 아프리카에 왔으니 빨리빨리 한국인은 기다릴 수밖에.

이른 아침 다시 짐을 꾸려 남아공 안에 위치한 또 다른 나라, 스와질란드로 향했다. 남아공에서부터의 거리는 450km, 하늘이 어둡고 빗방울이 떨어질 무렵 남쪽 국경에 도착했다. 시골 마을회관 같은 남아공 출입국 관리소에서 출국 신고를 마친 우린, 바로 옆 스와질란드의 동사무소 같은 출입국 관리소에서 입국 신고를 했다. 그리고 초소 관리원에게 곳간 열쇠를 받아 역사의 수레바퀴를 뒤로 돌려놓은 것 같은 변소의 커다란 자물쇠를 열었다. 아주 옛날 시설에다 변소를 가득 메운 고약한 냄새는 비를 맞고 돌아가는 나의 파카 속에서 나갈 생각을 하지 않았다.

차는 안전속도로 달렸고, 어느덧 검은 구름이 물러나고 하늘이 환해졌다. 산 아래 귀엽게 자리 잡은 수도 음바바네에 다다랐다. 햄버거로 점심을 대충 먹고 지도에도 없는 길, 깊은 산골 마을 혼인 잔치를 찾아나서기 시작했다. 어느덧 칠흑 같은 한밤중이 되었다. 인적 없는 산중에 라이트를 비추고 나아가는 울퉁불퉁한 흙 돌길은 험악하여 속도를 늦춰야만 했다. 탐험 차는 트레일러를 끌고 시속 20km로 가파른 고갯길을 위태롭게 오르락내리락 달렸다. 그렇게 12시간이 지나 혼인 잔칫집에 겨우 당도하였다.

결혼식의 주인공은 추장의 아들 쉰일곱 살 신랑과 서른여덟 살 신부였다. 신부는 이혼한 두 아이의 엄마이며 신랑은 두 번째 부인을 맞는다. 우린 기쁜 자리에 초대해 준 추장에게 진심으로 감사하며 그 부부를 축복하였다.

다시 남아공으로 돌아가는 새벽길이다. 이건 또 무슨 날벼락이람! 대책 없이 차량의 이음 고리가 끊겨 트레일러가 밭두렁에 처박혀 버린 것이다. 트레일러는 60일의 살림살이를 한가득 싣고서 매우 삐딱하게 누워 버렸다. 나쁜 마음을 품은 원주민들이 달려온다면 우린 짐을 도둑맞고 생명마저 위험한 상황에 처할 수도 있었다. 만약의 사태에 대비해 즉시 대원들을 두 팀으로 나눴다. 1팀은 차를 타고 파출소로 도움을 요청하러 달려갔고, 2팀은 기다란 몽둥이를 움켜쥐고서 산골 밭두렁에 처박힌 트레일러를 지켰다. 무방비 상태의 깜깜한 어둠 속에서 생명을 내건 속수무책의 위기 상황이 이어졌다. 한 치 앞을 내다볼 수 없다는 사실에 조마조마하며 가슴이 타 들어가고 있을 때, 정말 다행히도 1팀이 경찰차를 데리고 달려와, 누워서 꼼짝 안 하겠다는 트레일러를 간신히 빼내 일으켜 세웠다.

후유! 우린 정말 다행이란 의미의 한숨을 크게 내쉬었다. 경찰은 동이 트면 트레일러를 고칠 수 있게 돕겠다며 치안상 새벽에 차를 이동할 수 없다고 말했다. 더구나 외국인의 경우는 습격을 당할 위험이 크다며 근처 경비원이 있는 상가 앞마당에 주차하게 했다. 우린 차 안에서 아침을 기다리며 번갈아 망을 보며 앉은 그대로 잠시 눈을 부쳤다. 시큼털털한 냄새, 코고는 소리가 작은 공간에 꽉 찼다. 나는 뜬눈으로 말똥말똥 앉아 날이 밝기만을 기다렸다가 해가 뜨자마자 차 안의 통로에 가득 놓인 짐을 넘고 또 넘어서 밖으로 나왔다.

아프리카의 아침 달을 바라보니 참 편안한 고향의 달님 같다. 코끝이 찡하게 시린 상큼한 공기를 마음껏 마시며 심호흡을 하니 그제야 살 것 같았다. 새벽에 불시착한 상가 앞마당에서 기역자로 구부러진 다리를 펴기 위해 체조하고 걷기를 반복했다. 새삼 이런 생각이 들었다. '한 치 앞을 알 수 없구나! 오직 하나님만 아실 뿐!'

이른 아침, 대원들은 끙끙거리며 용접한 고리에 트레일러를 안착시켰다. 꾀죄죄한 대원들은 이제 괜찮다며 차문을 열었다. 그런데 이건 또 무슨 일! 문이 대꾸가 없다. 흔들어도 비틀어 봐도 꿈쩍도 안 했다. 그래도 다행히 아직 멀쩡한 왼쪽 문이 남아 있지 않은가. 오른쪽 문에서 왼쪽 문으로 승자처럼 이동해 상체를 구부리고 순서대로 늠름하게 올라탔다.

상쾌한 아침, 남아공으로 다시 돌아가는 길에 그럴듯한 레스토랑 하나를 발견했다. 국경이 다가왔음을 알려 주는 것 같았다. 우리는 아침 식사를 해야 했다. 어제 점심 음바바네에서 햄버거를 먹은 뒤 물 이외에는 아무것도 먹은 것이 없었다. 흙과 나무로 지은 집이 포근해 보이는 레스토랑이었다. 우리는 겨울날 고목나무에서 들려주는 왕매미들의 맴맴 합창과 개구리와 두꺼비의 혼성 합창곡, 소프라노를 뽑내는 이름 모를 노랑 새들의 노랫소리를 들으며 작은 악어들이 물장구치는 연못가에서 구수한 커피와 갓 구운 빵, 현지 음식으로 아침 겸 점심을 해결했다.

"아프리카는 있을 때 많이 먹어 둬야 해요. 먹을 것이 없기 때문이죠. 어제 저녁도 굶었잖아요. 아마 서울에 돌아갈 때쯤에는 체중이 10kg 정도 빠질 거예요."

다시 길을 달려 북쪽 국경을 넘어 남아공으로 돌아왔다. 360km를 달려온 목적지는 호스프러잇이었다. 이곳은 아프리카의 대표적인 사파리 중 하나로, 남아공 최대의 크루거 국립공원과 인접한 야생동물 보호 구역이다. 400만 평 규모인 이곳은 1990년에 세워진 세계적인 멸종 위기 동물 보호센터로서 특별히 치타 프로젝트가 진행되는 치타 리서치 센터이다.

호스프러잇 야영 텐트촌에 여장을 푼 뒤 모닥불을 피웠다. 저녁식사

는 라면으로 대신했다. 밤하늘에는 총총한 별무리가 반짝였다. 그 풍
경에 나는 절로 미소를 지었다.

　'아! 정말 내가 아프리카에 서 있구나. 내가 진짜 아프리카 땅에 또다
시 서 있구나. 하나님, 킴벌리의 광부들에게 건강과 축복을 주시고, 앞
으로 여정에 자동차가 고장 나지 않도록 지켜 주시며, 대원들과 저의
안전 또한 지켜 주세요.'

ENG카메라의 두 번째 위기

자, 가자! 다음 나라로! 남아공의 케이프타운, 로벤 섬, 킴벌리, 조벅, 스와질란드 그리고 다시 남아공으로 돌아와 호스프러잇까지 3,966km를 달렸다. 이제 짐바브웨 비트브리지 국경까지 600km를 향해 힘차게 나가자.

"주님, 오늘은 폭동 사태로 위험하다는 짐바브웨 국경을 넘는 날입니다. 또 앞으로 탐험대가 본격적으로 6개국을 넘나들 때 코디네이터로 함께할 선교사를 만나는 날이기도 합니다. 그는 탄자니아에서 짐바브웨로 내려오고, 우린 남아공에서 짐바브웨로 올라가 국경 근처에서 만나기로 했습니다. 그가 먼저 짐바브웨로 내려와서 우리가 남아공 국경을 벗어나기 전에 전화로 약속 장소를 정한 뒤 찾아오는 방법을 알려 주기로 했습니다. 만날 장소를 정하기 전까지 전화가 불통되지 않게 대원들이 모두 무사하도록 도와주세요."

오후 무렵, 요하네스버그로 끌려갔던 진짜 탐험 차가 완벽하게 정비를 마치고 우리에게 돌아왔다. 이제 짐바브웨로 가기만 하면 된다. 그러나 무가베 흑인 정권과 백인 지주들과의 유혈 사태 폭동으로 인해 국경을 통과하기가 만만치 않았다. ENG카메라를 빼앗기거나, 폭동 사태를 취재 왔느냐며 붙들려서 심문을 받는 등 상상도 못할 험악한 일이 발생할 수 있었다. 상황이 이렇다 보니 카메라를 들키지 않도록 잘 숨기는 것이 문제였다.

우리는 작전을 세웠다. 그건 카메라를 지붕에 깊이 숨기고 그 위에 다른 짐들을 수북하게 쌓아 짐 더미를 풀기 힘들도록 꽁꽁 동여맨다는 전략이었다. "절대 못 찾아낼 거야!" 우린 한마디씩 하면서 정비된 탐험 차에 올랐다. 차는 이젠 속력을 낼 줄도 알고 제법 멋지게 달릴 줄도 알았다.

국경으로 가는 길, 남아공의 땅덩이는 망망대해처럼 넓고 기름졌다. 천혜 자원을 빼앗으려고 이 땅에 상륙하고 정착한 네덜란드인과 영국인들이 18세기, 이 땅에서 피의 전쟁을 벌인 이유를 알 것 같았다. 이때 달리는 차 안에 조피디의 전화벨이 요란하게 울렸다.

"아! 예, 선교사님! 벌써 도착하셨어요? 저희는 아직 멀었습니다. 만날 장소를 정했다고요? 국경을 통과한 다음 계속 길 따라 직진하라고요? 그다음 30분쯤 달리다 보면 첫 번째 주유소가 나오는데 거기서 선교사님이 기다리신다고요? 아, 예! ENG카메라는 잘 숨겼습니다. 혹시 모르니까 여행객이라고 대답하라고요? 예, 그렇게 하겠습니다. 그럼 이따 뵙겠습니다."

"분위기가 험악하대요. 한국 방송국에서 촬영 왔다고 대답하면 카메라를 그냥 뺏긴답니다. 상황이 안 좋은데 내일 아침 짐바브웨 한국 대사관에 연락을 취해 놔야겠어요."

"대사관에서 우리 입국 날짜를 알고 있어요. 아마 전화가 오거나 기다리고 있을 겁니다."

아프리카의 황혼은 한 편의 아름다운 서정시 같다. 우린 사고 다발 지역이라고 표기된 곳을 지나갔다. 어느 일본인이 목숨을 잃어서 꽃으로 장식해 놓은 길도 지났다. 끝없이 아름답게 뻗은 오르막길도 달렸다. 점점 날이 어두워졌다. 아! 그런데 이건 또 무슨 일인가! 멋지게 달린다고 칭찬하기가 무섭게 헤드라이트가 작동되지 않았다. 양쪽 라이트 모두 불이 안 들어온다. 완벽하게 정비했다던 차는 길거리에서 눈의 대수술을 받아야 했다.

운전기사는 길 위에서 오만 가지 수술 도구를 즐비하게 늘어놓고 자동차의 눈을 정교하게 집도했다. 외국인에겐 생명이 위험한 으스스한 국경 가는 길가에서 대원들은 수술을 거들어 주며 서성였다. 3시간 가까이 손전등을 비춰 가며 생명 같은 헤드라이트를 무사히 고쳤다. 온통 수술을 받은 몸, 주객이 전도된 불쌍하기까지 한 고물 자동차는 이제부터 우리가 보호하고 지켜 줘야 할 가족, 함께 달려가는 애마가 되었다.

어두운 실내는 침묵만이 흐르고 좀 전까지 눈 수술을 받은 애마의 엔진 소리와 도로에 닿는 타이어의 마찰음만 커다랗게 들려왔다. 대원들은 아침식사로 라면과 커피를 먹은 뒤 생수 외에는 먹은 것이 전혀 없지만 아무도 배고프다고 말하지 않았다. 그것은 카메라가 무사히 국경을 넘어가야 한다는 절박함 때문이었다. 짐바브웨 국경이 가까워졌다. 왜 폭동이 우리에게까지 영향을 미쳐야만 하나! 나는 아프리카의 실상이 안타까웠다.

짐바브웨도 남아공처럼 유럽계 백인들이 상륙하여 정착한 나라이다. 백인들은 전체 인구의 고작 1%이지만 이들이 전체 농지의 1/3을 소유하고 있다. 로버트 무가베 대통령은 토지수용법을 만들어 백인 소유의 농장을 무력으로 뺏으려 했다. 2002년, 무가베는 백인 지주들의 농지를 강제 환수하고 강제 퇴거 명령을 내렸다. 그런데 백인 지주들이 이를 거부하면서 흑백이 충돌하는 폭동 유혈 사태가 일어났다. 우리는 이런 시점에 짐바브웨로 들어가려는 것이다.

국경에 도착하니 한밤중이었다. 24시간 가동된다는 출입국 관리소 앞 커다란 광장은 인산인해를 이루었다. 어찌 이리 많은 사람이 한밤중에 오가는 것일까, 무서운 기운이 느껴졌다. 외국인인 우리에게 그곳은 위험한 장소이기에 민첩하게 두 팀으로 흩어졌다. 한 팀은 자동차를 지키고 다른 팀은 여자인 나를 에워싼 채 화장실로 갔다. 그리고 볼일을 마친 남자 대원들은 여자 화장실 앞으로 와서 나를 기다렸다. 대원들은 좌우에 서서 나를 중앙으로 배치하고 다시 뭉쳐서 차로 걸어갔다. 그리고 자동차 팀도 교대한 뒤 다시 집합해서 일곱 명 중 누가 빠졌는지 꼼꼼히 세어 보고, 앞으로 여정 중에 볼일을 보고 난 다음 돼지 삼형제처럼 자기를 빼놓고 세는 일은 절대 있어서는 안 된다며, 혹시라도 헤어져서 서로 찾느라고 애타는 일은 없도록 하기 위해 일심동체로 꽁꽁 붙어서 출입국 관리소로 걸어갔다.

긴 시간 줄을 서서 기다린 뒤 남아공의 출국 수속을 끝마치고 짐바브웨 입국 절차를 밟았다. 그리고 경비원이 짐 더미 속에 뭐가 들었느냐고 묻는 남아공 초소를 지나서 또 예리하게 묻는 짐바브웨 초소를 무사히 거쳐 비로소 애마는 공동 구역인 비트브릿지로 들어섰다.

어둠에 묻힌 비트브릿지는 어슴푸레 비추는 달빛 속에 금은 빛 물결이 흐르고, 사랑하는 스파이 연인이 적으로 만나야 할 운명의 외나무다리처럼 압박감이 흘렀다. 애마는 긴장한 듯 조심조심 트레일러를 끌고 나아가고, 대원들은 숨도 멈춘 듯 고요히 차창 밖을 내다본다. 굽이굽이 흐르는 반짝이는 강줄기, 사이사이 드러난 모래밭, 별빛 흐르는 애잔한 물결에 나는 예기치 않은 환상적인 풍경에 빠져 눈물이 나도록 마음이 아려왔다.

긴 다리를 건너 드디어 진짜 짐바브웨 땅에 들어섰다. 마지막 점검을 받아야 하는 초소의 불빛이 아련하다. 애마는 걸어가듯 천천히 나아갔고 초소에서는 검문 요원이 야광 봉을 아래위로 흔들며 우리를 세웠다. 차창 밖에 선 그들을 바라보니 꼭 죄인 잡는 범죄 수사대 같았다.

"어느 나라 사람입니까? 무슨 목적으로 여기에 왔습니까?"

"안녕하세요? 코리안입니다. 사우스 아프리카에서 잠비아로 넘어가는 중에 들렸습니다."

"며칠 체류하시죠? 이곳 목적지는 어딥니까?"

"7일입니다. 빅토리아 폭포 야영장에 머물 것입니다."

"차 안을 살펴보겠소."

검문 요원이 차 안으로 올라와 우리를 죄인처럼 뚫어지게 살펴보는데 나는 가슴이 벌렁벌렁했다. 그들은 마치 마약을 찾는 작전 견처럼 냄새를 맡아 가며 우리를 훑어본다. 자정에 우르르 뭉쳐서 이동하는 외국인이 신경에 거슬린 듯 뭔가를 감지하려는 날카로운 눈빛이 폭동 유혈 사태의 심각성을 말해 주었다.

"저 지붕 위에 쌓아 놓은 짐 더미에 무엇이 들었는지 열어 보시오!"

올 것이 왔구나. 공범자 피디와 촬영감독이 차에서 내렸다. 그들은 조마조마한 마음을 최대한 감추고 천연덕스럽게 웃으며 엉뚱한 말을 건넸다.

"당신, 월드컵 코리아 아십니까?"

"압니다. 그런데 심야에 자동차를 타고 국경을 넘어오는 코리안들은 처음입니다."

"그렇습니까? 우리도 심야에 짐바브웨로 들어오는 일은 처음입니다."

"사우스 아프리카, 매우 아름다워요. 당신네 나라 짐바브웨는 어떻습니까?"

"우리 짐바브웨가 더 아름답죠. 빅토리아 폭포는 세계에서 가장 아름다운 폭포입니다. 그건 그렇고 저 지붕의 밧줄을 풀어 주시죠. 짐이 굉장히 많군요. 무엇이 들었습니까!"

"아, 우리 팀이 8개국을 여행할 때 입을 옷과 먹을 식량입니다."

"그것뿐입니까?"

"예, 그렇습니다."

"확인하겠습니다. 당신들이 올라가서 짐을 푸시죠."

촬영감독과 피디가 지붕 위로 올라갈 수도 없고 안 올라갈 수도 없는 엉거주춤한 태도를 취하는 사이 조용하게 지켜보던 운전기사가 구원 투수로 끼어들었다.

"안녕하세요. 수고 많으십니다. 나는 남아공 사람입니다. 아프리카 여행사 직원인데요. 여기 코리안들이 남아공에서 출발해서 짐바브웨를 거쳐서 아프리카 8개국을 여행하려고 합니다. 저 지붕 위에는 야영 캠프를 하기 위한 우리 여행사의 텐트 장비들과 옷, 가방들이 실려 있고 트레일러 역시 야영 장비, 내가 요리할 취사도구와 침구들이 들어 있어요. 갈 길이 험해서 짐이 떨어지지 않도록 밧줄로 꽁꽁 묶어 두었지요."

운전기사의 말을 다 듣고 난 검문 요원은 막대기를 치켜들었다. 그리고 기다란 막대기로 트레일러 짐과 지붕 위의 짐들을 아래위로 툭툭 쑤셔가며 탁탁 치더니 말했다.

"지붕에 올라가서 짐을 펼치시오. 어서 밧줄을 푸시오!"

이때 다른 검문 요원이 까다로운 요원을 손짓하며 초소 안으로 불렀다. 두 사람은 서로 말하기를 그냥 보내 주자, 아니다 검사하자, 진지하게 주고받더니 우릴 향해 소리쳤다.

"여러분! 짐바브웨 오신 것을 진심으로 환영합니다."

"아프리카 최고인 빅토리아 폭포를 즐겁게 둘러보고 안녕히 돌아가십시오."

애마는 활짝 열린 방어벽을 통과하여 힘차게 달렸다. 모두는 배고픔도 잊은 채 쾌재를 부르며 운전기사에게 우정의 박수를 힘껏 보냈다.

그리고 우리를 기다린 코디네이터 선교사와 현지인 조력자 탄자니아 사람 조지와 해후하듯 대면했다. 대탐험의 코디를 맡은 선교사는 엔지니어 출신으로, 1987년 아프리카에 상륙하여 탄자니아 선교 1세대가 된 경상도 사나이였다.

선교사가 아프리카를 사랑한다는 것

짐바브웨에서 이동한 거리는 총 1,610km이다. 우리는 그 레이트 짐바브웨, 블라와요, 흑백 갈등의 원인이 된 거대한 백인 소유 농장을 지나 빅토리아 폭포, 잠베지 강, 리빙스턴 다리 국경을 통과했다. 잠비아의 카푸에를 향해 590km를 달려 목적지에 도착한 시간은 자정쯤이다.

나는 우리를 반갑게 맞이하는 선교사 부부가 마련해 준 조그마한 방한 칸에서 신세를 지고, 대원들은 교회 안의 기다란 의자에 누워 잠을 청했다.

다음 날 새벽 무렵 어디선가 기도 소리가 구슬프게 들려왔다. 교회에서 눈물 뿌려 기도하는 선교사님의 목소리였다. 듣는 나도 흐느끼는 그 기도에 저절로 눈물이 흘렀다. 새벽닭이 목청 돋우어 새 아침을 알리고 원복 입은 아이들이 교회 유치원에 모였다. 선교사 사모님은 성경 공부로 하루를 열었다.

"여러분, 좋은 아침이에요. 〈요한복음〉 3장 16절을 큰 소리로 말해 볼까요?"

"하나님이 이 세상을 사랑하사 독생자를 주셨으니 이는 그를 믿는 자마다 멸망하지 않고 영생을 얻게 하려 하심이라."

"참 잘했어요. 여기 반짝거리는 색종이 보이죠! 천국에 가면 이 색종이처럼 반짝반짝 빛나요. 거기는 말라리아가 없어요. 머리도 안 아파요. 배도 안 아파요. 깨끗한 물도 먹고요, 파파야, 망고, 바나나도 다 먹을 수 있어요."

먹을 것 얘기가 나오자 별 관심 없이 엎드린 채 사모님의 이야기를 듣던 아이가 발딱 일어나 앉았다. 사모님이 노래하고 율동하면 아이들은 그대로 따라 하고, 벽에 붙여진 알파벳, 숫자판을 가리키면 한목소리로 대답했다. 그 벽 위엔 아이들의 그림이 붙었고 제일 위엔 교훈이 걸렸는데 "믿음, 정직, 꿈"이라고 쓰였다.

나는 교회의 옆쪽으로 가 보았다. 그곳엔 파파야 나무와 농작물이 부부가 먹을 만큼만 심어져 있었다. 그 위쪽으로 걸어가니 고아원 건축 현장이 보였다. 에이즈로 부모를 잃은 아이들을 돌볼 곳이었다. 한창 공사 중인 선교사님을 도와 나도 대망치를 들고 공사에 합류했다. 문틀을 세울 자리에 삐죽이 나온 벽돌을 큰 망치로 두들기다 억센 흙먼지가 흩날려 눈 안으로 들어왔다. 나는 잠시 눈을 감고 쉬다가 다시 문틀을 세우는 선교사를 도와 주변의 튀어나온 부스러기를 망치질했다. 노동의 신선함이 땀이 되어 줄줄 흘러내렸다.

얼마 뒤 사모님이 새참으로 과일을 들고 왔다. 파파야 농사가 잘돼 심기만 하면 일 년 내내 실컷 먹을 수 있고 빠르면 6개월 안에 수확하기도 한단다. 파파야를 먹으며 선교사님이 이야기했다.

"이 나라는 질병이 아주 많아요. 특히 에이즈나 말라리아에 잘 걸리는데, 어느 고등학교에서 검사한 결과 학생 중 80%가 에이즈래요. 그러니 애들이 제대로 성장하지 못하고 거의 반 이상이 죽죠. 부모에게 에이즈 병균이 있으니까 태어날 때 이미 전염돼서 세상에 나왔다가 얼마 못 자라고 죽어 버리는 거예요. 그래서 아이들은 인구에 들어가지도 않아요. 또 부모들이 에이즈로 계속 죽으니까 고아들이 점점 늘어요."

"그래서 선교사님이 고아원을 직접 지으시려고요?"

"자립심을 키워 주려고 땅 파는 일부터 시작해서 전부 현지인에게 가르쳐요. 그런데 이 사람들은 식민지에서 해방된 지 오래되지 않았고, 과거엔 원시적인 생활을 했기에 교육 수준이 낮아요. 아무리 가르쳐 줘도 오늘 하던 걸 내일 못하고, 아침에 하던 걸 점심 때 잊어 버려요."

"고아원은 어떻게 운영하실 거예요?"

"하나님께서 길을 열어 주실 줄 믿어요. 한국에서 그동안 많이 후원해 주셨어요. 우린 몸으로 봉사하는 거고, 자금은 한국에서 지원받아요. 금년 말이면 완공될 것 같아요."

선교사님은 환갑의 나이에도 청년 같은 열정을 가진 분이었다.

"열정이 대단하세요. 어떻게 아프리카까지 오셨어요?"

"글쎄요. 처음엔 내 가정만 위해서 살려고 했죠. 그렇게 이기적이고 내 자신만 알던 내가 예수님을 영접한 뒤 삶이 변하기 시작했어요. 하나님께서 굶주리고 가난하고 죽어 가는 영혼들을 사랑하는 마음을 부어 주셔서 이 사역에 매진한 지 9년째입니다. 인간의 힘으로는 절대 할 수 없는 일이죠."

새참을 들고 난 다음 나는 큰 돌 앞에 앉아 망치를 들고 그것을 잘게

부수었다. 부순 돌은 고아원을 세우는 데 쓰였다. 그런데 돌이 요리조리 피해 다녀 정확하게 망치질하기가 여간 어려운 일이 아니었다. 망치로 손가락을 여러 번 쳤지만 다행히 다치지도 않고 오히려 기쁘기만 했다. 인부들도 선교사님이 가르쳐 준 찬송을 부르며 즐겁게 돌을 쪼갰다.

선교사님은 부모에게도 자녀에게도 죄인이었다. 갑자기 아버지가 돌아가셨다는 소식을 들었지만 하루 이틀에 갈 수 없는 여건이기에 곁에서 임종을 지키지 못했으며, 한국에 두고 온 아이들을 다른 부모처럼 보살필 수 없었다. 떠나올 때 초등학생과 중학생이었던 아이들은 어느덧 큰 아이는 대학생이 되었고 작은 아들은 대학 진학을 눈앞에 두고 있다. 선교사님은 아들들 생각만 하면 마음이 아프다고 한다.

"옆에서 위로해 주거나 격려해 주는 사람도 없어요. 할머니가 돌봐 주시긴 하지만 아이들이 무척 힘들고 외로울 거예요. 그렇지만 하나님께서 두 아들을 지키시리라 믿고 그럴 때마다 기도로 위로를 받습니다."

나도 두 아들이 있기에 남 일 같지가 않아, 이참에 아들들과 통화하라고 권했다. 작은 아들과 통화하는 선교사님 목소리에는 부모로서 곁에서 돌보지 못하는 미안한 마음이 한가득 묻어났다.

"철아! 비록 아빠 엄마 몸은 여기에 있지만 너희들을 위해 하루도 빠뜨리지 않고 기도하고 있어. 조금만 더 참고 인내하길 바란다. 다른 방법은 없어. 모든 사람의 삶은 하나님께서 주관하시는 거니까. 용기를 가지렴."

전화를 끊은 선교사님의 눈에서 눈물이 주르륵 흐르다 급기야 서럽게 흐느끼셨다. 아들이 진로를 결정해야 하는 중요한 시기에 고아처럼 홀로 놔둘 수밖에 없는 죄인 된 심정에 얼마나 가슴이 아플까. 선교사님 부부의 눈물에 마음이 아파서 나는 밖으로 나왔다. 아프리카 선교사의 길이 참으로 멀고도 험하구나. 나도 어느새 눈물을 흘리고 있었다.

오후 늦은 진료 시간, 젊은 시절 간호사였던 사모님은 의료 진료소에서 병든 아이들을 돌보는 중이었다. 책상 위에는 한국 약사가 보내 온 약들이 풍성했다. 그녀는 진단서를 작성하고 위생 장갑을 낀 채 피부병에 걸린 아이에게 연고를 발라 주고, 약을 조제해 준 뒤 연고를 건넸다. 기침 환자, 말라리아 환자, 모두 그녀를 찾았다.

"환자가 참 많습니다."

"예, 소문이 좀 났나 봐요. 요즘은 병원에서 저희에게 환자를 보낼 정도예요. 저는 선교 시작할 때부터 의료 공부를 해서 자격증이 있어요. 그렇지만 의사는 아니니까 주사는 놓지 않고 소독과 약을 처방하는 정도만 할 뿐이죠."

"치료해서 병이 나은 사람도 있나요?"

"예, 하나님이 놀랍게 치료하고 계세요. 어떤 학생은 열일곱 살인데, 6, 7년 동안 피부 궤양을 앓아 병원을 다녔는데 나중엔 방법이 없다고 그러더래요. 그래서 혹시나 하는 마음으로 저한테 왔어요. 그런데 두 달 반 만에 싹 나았어요. 분명 하나님께서 역사하고 계세요."

한국에서 목회하면 이렇듯 중노동 안 해도 되지 않느냐는 나의 물음에 사모님은 의연했다.

"그래도 이 사람들이 불쌍하니까 외면할 수 없어요. 짐승처럼 살다가 짐승처럼 죽어 가잖아요. 모두 똑같은 인간으로 태어나서 왜 이들만 고통을 당해야 하는지, 그 사실이 가슴 아파서 저희가 어려워도 이 일을 하고 있어요."

선교사님 부부는 아프리카를 사랑하기에 하나님의 사랑을 전하고, 교육에 힘쓰고 고아들을 돌보고, 아픈 아이들을 치료해 주었다. 그들의 헌신과 그 아들들의 희생, 온 가족의 순종은 내게 깊은 감동을 주었다.

굶주림에 울부짖는 기아 마을

잠비아에서의 이동 거리는 1,545km, 카푸에, 시아봉가, 카리바 호수, 다시 카푸에를 거쳐 루사카, 치파타 국경을 통과하여 탐험의 다섯 번째 나라 말라위를 달린다. 말라위는 세계에서 가장 못 사는 나라 중 하나이다. 국민의 평균 수명은 43.45(2008년)세, 1인당 하루 평균 소득이 우리 돈으로 772원, 연간 소득이 269달러, 약 281,000원(2012년) 정도로 세계 최대 빈국이다. 차창 밖엔 가난을 상징하듯 갈라지고 메마른 붉은 땅이 펼쳐졌다. 어쩜 이렇게 농작물 하나 없는 헐벗은 땅의 연속일까. 이곳 사람들은 어떻게 먹고살 수 있을까!

수도 릴롱궤를 지나 한 시간쯤 달려 작은 기아 마을로 접어들었다. 태양은 뜨겁다 못해 아지랑이가 피어났고, 서정적 풍경과 소박한 나무들이 우리를 반겼다. 동네 어귀에 다다르자 아이들이 기다렸다는 듯 차를 뒤따라왔다.

은탄디르 기아 마을에 들어서니 아기들 울음소리가 들렸다. 동네 한가운데에 엄마들이 아기를 품고 힘없이 앉아 있었다. 나는 아기에게 젖을 물린 엄마에게 다가갔다. 아기는 젖을 열심히 빨아 보지만 나오지 않는지 울어 버렸다. 그 아기를 내 품에 안았다. 아기는 눈을 감은 채 입을 쪽쪽 빠는 시늉을 하다가 다시 울다가를 반복했다. 다른 엄마 품에 안긴 아기들도 비슷한 처지였다. 배고픔에 지쳐 울 힘조차 없는 아

제발 죽지 않기를 바라는 간절한 마음으로 그의 어린 아들을 두 팔로 꼭 안아 주었다.

기들은 엄마의 젖을 열심히 빨았지만 영양실조에 걸린 엄마에게서 젖
이 나올 리 없다. 제대로 먹지 못한 아기의 팔다리는 꼬챙이처럼 가늘
고 배만 볼록 부풀어 있었다. 머리카락도 피부도 성장이 멈춘 듯 푸석
푸석했다.

　기아 마을의 삶은 슬펐다. 하루 24시간 배고픔을 참는 것 외엔 할 수
있는 게 아무것도 없는 이들. 끝이 안 보이는 처참한 굶주림 속에 몇 명

의 아이나 살아남을 수 있을지, 나는 잠시 바라보는 것조차 질식할 것 같았다. 살아 있으나 숨이 멈춘 것 같은 아기의 얼굴에 파리 떼가 들러붙어 오물을 빨아 먹는다. 엄마는 애끓는 눈으로 배고픔을 호소한다. 아빠들은 에이즈로 목숨을 잃었다. 굶주린 고아도 정말 많다. 오랜 가뭄과 기근으로 황량한 기아 마을은 더 이상 인간이 살 수 있는 곳이 아니었다. 어찌 이런 일이 일어날 수 있을까! 비참하다고 말할 수 없었다. 가슴 아프다고 말할 수도 없었다. 그 어떤 말로도 표현할 수 없는 처절하고 참혹한 기아 마을에서 나는 이것이 정말 꿈이기를 바랐다.

여섯 아이와 엄마 아빠가 살고 있는 한 가정을 방문했다. 그때는 오후였지만 아이들은 아침밥인 옥수수 죽도 점심도 먹지 못했다. 아빠 마리소니마페파가 말했다.

"전에는 밭갈이를 해서 얻어 온 옥수수 가루로 겨우 끼니를 연명했지만, 지금은 제가 병이 들어 아버지 노릇을 못해 자식들이 굶고 있습니다. 아비로서 가슴이 찢어집니다."

혹시 그가 에이즈에 걸린 것은 아닌지! 제발 죽지 않기를 바라는 간절한 마음으로 나는 눈이 퀭하고 배가 볼록 나온 그의 어린 아들을 두 팔을 벌려 안았다. 오랫동안 배를 곯아 먹고 싶은 게 많으면 헛배가 부풀어 오른다는데, 그렇게 배가 부푼 아이는 힘없이 나의 눈을 맞추고 내가 적이 아니라고 생각했는지 내게 폭 안겼다. 물이 없어 씻지도 못한 아이의 다 해지고 더러운 옷에서 악취가 진동했다. 내 품에 안긴 아이를 토닥거리며 함께 체온을 느끼고 있는데 아무 반응이 없다. 오랫

동안 굶은 아이는 금방이라도 맥박이 멎을 것만 같았다. 하나님, 이 어린 생명이 이토록 굶주려야 하는 이유가 무엇인가요! 나는 새근새근 잠들어 가는 아이에게 자장가를 불러 주며 가슴에 멍이 들었다.

"아가야! 제발 죽지 말고 살아나거라. 잘 먹을 수 있을 때까지 버텨 내야 한단다."

하나님, 하나님도 지금 저와 함께 이 아이들을 보고 계시지요! 제가 이들을 위해 할 수 있는 일은 무엇인가요? 지린내 절절 나는 아이들을 안아 보고 놀란 나에게 스스로 물었다.

"가난에 병든 아프리카 아이들이 뭐가 좋다고 그러니!"

그럼에도 불구하고 나는 눈망울이 횅한 더러운 그 아이들이 무척 사랑스럽게 느껴졌다. 그래서 더더욱 이 거대한 가난의 현실 앞에 아무 것도 도울 수 없는 무능력한 내 존재에 목 놓아 울고 싶었다.

할머니와 고아 소년이 살고 있다는 집에도 방문했다. 마침 두 사람이 뭔가를 뜯어먹고 있었다. 가까이 다가간 나는 깜짝 놀랐다.

"할머니, 뭘 드시는 거예요?"

"나무껍질이요. 이거라도 씹어야 허기를 달랠 수 있어요."

나무껍질을 뜯어먹는 소년 라피의 커다란 눈에서 눈물이 글썽거리더니 볼을 타고 흘러내렸다. 라피는 눈물을 훔치며 말했다.

"할머니와 나는 배가 고파서 매일 나무껍질만 먹어요. '쉬마'(말라위인들이 주식으로 먹는 옥수수 가루떡) 죽을 한 번 먹고 싶어요. 엄마 아빠는 에이즈로 죽었어요. 그래서 할머니와 둘이 살아요. 제 소원은 할머니에게 꼭 옥수수 죽을 먹여 드리는 거예요. 나도 부모님이 있는 애들처럼 학교에 다니고 싶고요."

라피의 손에 쥔 나무껍질 위에도 눈물이 떨어진다. 나는 더 이상 라피의 얼굴을 바라볼 수 없었다. 무슨 말로 라피를 위로한단 말인가! 라피를 끌어안고 함께 흐느껴 울 수도 없다. 가난한 아이라고 동정심으로만 대해서도 안 되기 때문이다. 그렇다고 아줌마가 지금 너를 위해 기도하고 있다고 말할 수도 없었다. 나는 쏟아질 것 같은 눈물을 감추기 위해 라피의 손을 놓고 집 뒤쪽으로 얼른 갔다. 비로소 참았던 눈물을 마구 쏟아내었다.

"어떡하면 좋으니 라피야! 아줌마가 능력이 없어서 너를 도울 힘이 없구나."

그렇지만 물러서지 말고 뚫고 나가자. 아프리카의 가난을 아파하기보다 현실로 받아들이자. 눈물짓기보다 아주 작은 것이라도 지속적으로 도울 수 있는 방법을 찾아 행동으로 옮기자. 이것이 내가 마음에 담을 일이다.

굶주린 기아 마을을 뒤로하고 인근의 '나미탐보 건강센터'를 찾았다. 아기에게 죽 한 그릇을 먹이기 위해 먼 길을 걸어온 수많은 엄마가 그늘 밑에 앉아 있었다. 죽 한 그릇은 아기의 생명 그 자체이기 때문이다. 죽어 가던 아이도 죽 한 그릇이면 기력을 차릴 수 있다. 그래서 아기에게 한 그릇의 죽을 먹이는 것이 유일한 꿈인 엄마들, 못 먹어 말라 버린 아기들만큼, 메말라 버린 엄마의 가슴만큼, 건강센터에서 바라본 처절함에 내 마음이 또 무너져 내렸다. 어서 빨리 아기들에게 영양 죽을 만들어 배식해야겠다. 좀 굵게 갈린 옥수수 가루는 건강 상태가 괜찮은 아기들에게 먹이고, 고운 것은 건강이 최악인 아기들에게 먹였다.

센터 안에 따로 격리된 병실에도 가 보았다. 이곳은 영양실조로 이미 면역체계가 마비되어 내일을 기약할 수 없는 아이들이 잠시 있는 곳이었다. 나는 누워 있는 6개월 된 아이를 들어 올리며 왈칵 눈물을 쏟았다. 아이가 그냥 포대기만 집은 것처럼 엄청나게 가벼웠기 때문이다. 아이는 가벼운 몸무게만큼 이제 곧 생명이 멎으려 하고 있었다.

나미탐보 건강센터는 세계 각지의 NGO에서 옥수수 가루와 분유를 지원받고 있지만 그 양이 턱없이 부족한 실정이었다. 굶주린 아이들은 면역력이 약해져서 말라리아와 질병으로 쉽게 목숨을 잃는다고 한다. 진료실에서는 중증 아기들이 치료를 받고 있었는데 그 치료약이 비타민 시럽 한 스푼이라는 게 놀라웠다. 그러나 영양실조가 극심한 아이들은 영양 죽도, 비타민 시럽조차도 흡수할 수 없었다. 내가 그곳을 떠나오던 날, 포대기를 잡은 것처럼 가볍던 그 아이는 끝내 숨을 거두고 말았다.

말라위의 기아 마을을 돌아보며 나는 아무것도 도울 힘이 없는 내게 절망할 뻔했다. 그러나 용기를 내어 하나님께 말씀드렸다.

"내게도 능력을 주셔서 불쌍한 아프리카 아이들을 돌볼 수 있도록 힘을 키워 주세요."

국제구호단체가 두 팔을 걷어붙이고 죽어 가는 사람들에겐 먹을 것을, 병든 자들에겐 치료약을 공급하는 아프리카 현장을 두루 보았다. 사랑한다고 백 마디 말하는 것보다 단 한 번이라도 사랑을 표현하고 실천하는 것이 진짜 사랑이라는 것을 깊이 깨달았다.

세계에서 가장 가난한 대륙은 아프리카이다. 이 시간에도 곳곳에서는 매일 5세 이하의 어린이 3만 5천여 명이 굶주림과 질병으로 죽어가고 있다. 또한 5세 이하의 어린이 2억여 명이 매일 굶주림의 고통 속에서 시달리고 있다.

누군가를 돕는 일에는 마음을 내려놓는 용기가 필요하다. 누가 알아주지도 않고 세상에 드러나지도 않는다. 누구를 도왔다고 해서 하나님이 즉시 눈에 보이는 복을 주시는 것도 아니다. 그렇지만 하나님은 반드시 어떤 모양으로든 축복을 주실 것이다. 그러나 축복을 바라고 베푸는 것이 아니라, 하나님이 우리를 아낌없이 사랑하셨듯이 우리도 조건 없이 사랑을 전하는 것이다. 나는 참혹한 실상의 말라위에서 그들과 함께 울고 아파하며 세상과 사람을 사랑하는 법을, 하나님이 기뻐하시는 사랑의 법을 그리고 가슴에 멍이 든다는 것이 무엇인가를 조금씩 알게 되었다.

달리는 차 안에서 창밖을 바라본다. 다음 목적지로 가는 길도 헐벗은 가난한 땅의 연속이다. 배가 볼록 나온 마리소니마페파의 어린 아들, 눈물 맺힌 라피의 얼굴, 몸무게가 없는 숨이 멎은 아이가 마음 깊은 곳에서 교차되었다.

에이즈 검사 한번 받아 보시죠!

　　　　말라위에서의 이동 거리는 1,225km, 릴롱궤, 볼렌티에, 몽키베이 항구, 말라위 호수, 일랄라크루즈 보트, 칠린다 셀레마니 어부 마을, 만고치를 달려 모잠비크의 국경을 통과했다. 모잠비크에 입국하는 이유는 다양하지만 가장 중요한 것은 죽음의 문 에이즈에 노출된 매춘 여성들을 만나고 싶어서이다.

　　모잠비크는 아프리카 남동부에 위치하며 1498년 포르투갈의 해상 탐험가 바스코다가마가 인도항로 길에 상륙한 땅으로서, 포르투갈에 의해 500년간 식민 통치를 받다가 1975년 독립한 나라이다. 그 뒤 17년간의 내전 끝에 민주주의 국가가 성립되어 황폐화된 나라를 재건해 나가고 있는, 아직은 국민소득이 낮은 나라이지만 동아프리카에서 발전 가능성이 높은 나라이다.

　　우리의 자동차 애마는 착실하게 달려갔다. 가도 가도 끝없는 울퉁불퉁한 황톳길, 붉은 먼지, 비슷비슷한 풍경들을 뒤로하고 13시간을 달려 한밤중이 되었다. 이제 좀 눕고 싶다고 몸이 말하는데, 마침 운 좋게 상가들이 나타나 하룻밤 쉬어 가기로 했다.

　　모두 내리자마자 약속이나 한 듯 기지개를 펴면서 온몸을 뒤틀었다. 다리에 쥐가 나 코끝에 침을 바르며 구부러진 다리를 주무르기도 했다. 밤 12시가 넘어 짐 정리를 끝내고 제각기 잠자리에 들었지만 토요일이었다. 숙소가 떠나갈 듯 밤새 틀어놓은 아프리카 음악 소리와 덜덜 돌아가는 천장의 프로펠러 선풍기는 한숨도 잘 수 없게 만들었다.

그러나 예정대로 새벽 4시 반, 무거운 몸을 일으켜 짐을 싣고 새벽별을 바라보고 어김없이 목적지를 향해 출발했다. 피디가 차 안에 재빨리 몰래 카메라를 부착했다. 어젯밤 잠을 설친 탓에 입을 헤! 벌리고 침을 질질 흘리면서 푸푸거리는 대원들을 포착하기 위해서이다.

안개 낀 새벽길은 상쾌하고 빗방울이 촉촉이 창문을 적셨다. 안개 자욱한 풍경 속 까만 아저씨는 자전거를 몰고 그림같이 지나갔다. 5시간을 달려가니 해님이 나오고 가게가 나타났다. 커피와 빵으로 아침을 먹었다. 얼마를 더 갔을까. 갑자기 뒷좌석에서 소리쳤다.

"정차! 화장실 갑니다!"

달리던 애마가 숲 속 앞에 얌전히 멈추었다. 한 대원이 허허벌판 속으로 어기적거리며 들어갔다. 만약 내가 볼일 보러 간다면 두 명의 대원이 보디가드가 되어 차에서 벌떡 내린다.

"총재님, 혼자 다니시다간 쥐도 새도 몰래 납치당하십니다."

처음에는 그런 그들이 몹시 거북했지만 안전을 위한 공동체 전략상 따를 수밖에 없다.

애마는 다시 고삐를 당겨 달리는데 누군가 부스럭부스럭 배낭 뒤적이는 소리가 들렸다. 그것은 바로 나였다. 서울에서 가져온 커다란 초콜릿과 맛김을 꺼내 앞뒤의 대원들에게 건넸다. 달콤한 피로회복제 초콜릿을 맛있게 먹는 대원들의 표정은 아기같이 해맑기만 하다.

드디어 9시간을 달려 오후 2시경 남플라에 입성했다. 말라위에서 이곳 모잠비크까지 이틀이나 걸려 달려온 이유는 에이즈를 가까이에서 접해 보기 위함이다. 우리와 전혀 상관없을 것 같은 에이즈, 그러나 우리나라에도 감염자가 점점 늘어 표면적으로 집계된 숫자보다 훨씬 많은 환자가 고통받고 있다.

에이즈는 HIV라는 바이러스에 의해 전염되는 질병이다. 처음에는 특별한 증상이 없어서 감염돼도 잘 모르며 HIV 보균자 중 50% 정도가 5년에서 10년 이내에 에이즈로 전환되어 죽음을 맞는다. 세계보건기구(WHO)에 따르면, 2010년 말 기준 전 세계 HIV 감염자가 3,400만 명에 달하며 매년 200만 명이 에이즈로 사망하는데, 특히 아프리카 사하라 사막 이남 지역이 전체 사망자 3분의 2를 차지한다고 밝혔다.

남플라의 에이즈 클리닉 센터에 갔다. 마침 교육장에서는 매춘부들에게 콘돔 사용법을 교육하는 중이었다. 한 원생이 콘돔을 들고 일어서서 어떻게 사용해야 실패하지 않는지 물었다. 강사는 정성을 다해 대답했다.

"결론부터 말하면, 콘돔을 정확하게 사용하지 못한다면 생명이 위험할 수 있어요. 콘돔을 잘못 사용하면 성관계 후 HIV 보균자가 될 가능성이 대단히 높거든요. 그래서 관계를 가질 때는 콘돔을 잘 선택해야 하고, 반드시 튼튼하고 질긴 제품인지 꼼꼼하게 확인해야 합니다. 그 길만이 여러분의 생명과 상대의 목숨을 함께 지켜 낼 방법입니다."

나는 뒤편에 서서 매춘 여성들을 지켜보며 그녀들의 어쩔 수 없는 현실에 마음이 무거웠다. 이곳에 와 보니 에이즈가 정말 우리 삶 가운데 깊숙이 들어와 있는 무서운 현실임이 느껴졌다. 그때 피디가 머리를 긁적거리며 조심스럽게 내게 제안했다.

"총재님, 방송을 위해서 에이즈 검사 한번 받아 보시겠어요?"

"뭐, 그러죠. 여기까지 왔는데 좋은 생각이에요."

승낙을 해 놓고 어째 좀 찜찜했다. 하지만 곧 결심을 굳혀 비록 검사이긴 해도 에이즈 감염자들의 마음을 조금이라도 공감할 수 있겠지, 하고 생각했다. 센터에는 넋이 나간 듯 힘없이 앉아 있는 여자들과 남자들이 여기저기서 검사를 받기 위해 대기하고 있었다. 검사실로 향하며 그들을 쳐다보니 나까지 우울해지려고 했다. HIV 반응 검사 진료카드를 작성했다. 의사는 내 가운뎃손가락을 탈지면으로 문지른 다음, 주사바늘로 콕 찔러 동글게 솟아오른 피를 솜으로 닦아 냈다. 그러곤 한 번 더 찔러 피를 빼고, 빨대 같은 바늘로 피를 채취해서 검사 판에 그 피를 묻혔다. 이제 결과만 기다리면 된다.

그런데 내가 에이즈에 걸릴 확률이 없음에도 불구하고 결과를 기다리는데 이상하게 불안하고 초조한 마음에 휩싸였다. 나는 HIV 보균자 양성 반응 검사를 통해, 가난해서 에이즈에 걸려 죽어 가는 아프리카 사람들의 심정을 깨알만큼이라도 헤아려 보고픈 소망이 있었다는 사실을 알게 되었다. 그러나 매춘부 여성들의 마음을, 그녀들이 갖는 죽음의 공포를, 어찌 다 헤아릴 수 있으랴.

늦은 오후, 나는 내 얼굴만 한 햄버거와 콜라를 받아 들었다. 그러나 햄버거를 들고 있는 내 마음 가운데 굶주림으로 숨이 멎어 가는 말라위 아이들의 애처로운 얼굴이 어른거렸다.

"하나님, 어쩌면 좋아요. 도울 능력은 없고 마음만 아파요."

죽음의 문턱을 서성이는 에이즈 환자들

　　아프리카의 아침 6시, 바삐 움직이는 삶의 소리가 활기차고 희망이 넘친다. 오늘은 남플라에서 나갈라 항구 지역으로 아스팔트 길을 4시간 정도 달릴 예정이다. 이곳에서 매춘 행위를 하는 여성을 만나려고 하니 생각만 해도 마음이 무거워 온다.

　모잠비크는 동아프리카 내륙의 주요 관문이다. 그래서 나갈라 항구는 국경을 넘나드는 화물차들이 수없이 오간다. 나갈라 항구 해변에서 메콘타 지역의 토리도로 쭉 뻗은 길은 에이즈 웨이라고 불리는데, 화물차를 몰고 온 운전기사들이 하룻밤 쉬어 가면서 자연스럽게 사창가가 형성되었기 때문이다.

　밤이 되고 불이 켜진 사창가가 하나둘 눈에 띄었다. 손님을 기다리며 서성이는 여자들이 보인다. 멀리서 트럭이 들어오고 손님과 여자가 웃으며 대화한다. 노란 승용차도 미끄러지듯 들어온다. 어느새 남자와 여자가 노란색 승용차에 올라 어디론가 사라진다. 조심스럽게 지켜보던 우리는 이제 막 스무 살이 된 사창가의 여성과 이야기할 기회를 얻었다.

　"에이즈에 가까이 노출돼 있는데 무섭지 않아요?"

　"당연히 무섭죠. 하지만 더 중요한 문제는 생존이에요. 살기 위해서는 어쩔 수 없는 선택이에요. 나를 받아 줄 다른 직장이 없거든요. 내겐

1년 4개월 된 아들이 있어요. 아이 아빠는 떠나갔고, 그 아들을 먹이고 필요한 걸 사 주려면 어쩔 수 없어요."

나는 그녀에게 텔레파시를 보냈다. '죽지 말고 아기랑 함께 꼭 살아남아야 해요.' 그녀와 헤어진 뒤 다른 여성과 인사를 나눴는데, 그녀는 열여덟 살의 앳된 소녀였다. 그녀 역시 비슷한 이야기를 했다.

"에이즈에 걸리면 큰일 나는 거 알아요. 하지만 다른 선택은 없어요. 엄마와 남동생이 있는데 내가 다 돌봐요. 아빠는 다른 여자에게 떠났고, 집에는 먹고살 돈이 없어요. 다른 일은 지금 정도의 돈을 벌 수 없고요."

"당장 돈을 못 벌어도 그만둬야 해요. 정말 생명이 위험해요. 그래도 계속할래요?"

열여덟 살 소녀는 잠시 발밑을 내려다보더니 고개를 끄덕끄덕 계속해야 한다고 답했다. 딸 같은 소녀의 애처로운 모습을 보니 내 가슴에 구멍이 뚫리는 듯 아팠다.

우린 뒤로 물러나 안타까운 풍경을 조용히 바라보았다. 사창가에 연이어 남자들이 들어갔다. 열여덟 살 소녀는 한 트럭 운전사를 따라 나섰다. 엄마랑 다정하게 사우나도 가고, 친구랑 꿈과 희망을 이야기해야 할 사춘기 소녀가, 아프리카의 가난을 몽땅 어깨에 짊어지고 만신창이가 되어 죽음으로 달려가고 있었다.

나는 밤새 황톳길을 달리고 별을 보고 야영을 해도 몸은 힘들지만 다가올 또 다른 여정의 희망으로 감사하다. 그러나 가난에 허덕이다 죽음의 문턱에 선 어린 여성들을 만나 보니 가슴이 답답하고 어지러웠다.

에이즈의 실상을 더 알아보기 위해 에이즈 환자가 많이 살고 있는 마을을 찾아갔다. 이곳에서 한 청년을 만났다. 그는 자신이 HIV 보균자임에도 불구하고 에이즈 환자를 돌보는 자원봉사자로 활동하고 있었다.

"에이즈 감염자를 돕는 봉사자 프로그램에 우연히 참여했다가 검사를 받고 내가 에이즈에 걸렸다는 것을 알았어요. 처음에는 믿어지지 않았어요. 내가 성생활이 문란해서 걸렸지만 참 많이 울었어요. 이제 내 생명은 신의 손에 있어요. 그래도 아직은 건강하니까 먼저 걸린 사람들을 정성껏 돌봐 주고 싶어요. 나도 갈 때가 되면 떠나야 하니까요."

가슴을 울리는 착한 청년을 뒤로하고 여성 환자의 집으로 갔다. 중년의 여성은 살가죽과 뼈가 맞붙어 있었고, 눈이 움푹 들어간 채로 누워 있었다. 머리맡엔 약병과 한 움큼 빠진 머리카락이 널브러져 있다. 나는 조심스레 물었다.

"어디가 어떻게 편찮으세요? 많이 아프세요?"

그런데 그녀가 뜻밖의 대답을 했다.

"감기가 들었어요. 두통이 심하고 기침과 설사를 하는데 이 약을 먹으면 낳을 거예요."

"남편이 돌봐 주나요?"

"남편은 결핵으로 벌써 죽었어요."

안타깝게도 이 여성은 곧 생명이 끝날 것처럼 보였다. 백인 여성 자원봉사자가 말한다.

"에이즈 환자들은 자신이 에이즈에 걸린 사실을 강하게 부정해요. 다 죽어 가면서도 감기에 걸려서 구토, 설사, 기침을 하는 것일 뿐, 자기는 곧 낫는다고 하면서 에이즈로 죽는다고는 절대 인정하려 하지 않아요. 지금 저 여성 역시 남편이 에이즈에 걸려서 죽었는데, 결핵 때문에 죽었다고 생각하고 싶은 거예요."

스물일곱 살의 젊은 여성 봉사자는 이론적으로만 떠드는 사랑이 아닌, 척박한 땅끝 아프리카까지 내려와 행동으로 직접 사랑을 실천하고 있었다. 그녀의 모습은 내 마음에 큰 인식의 변화를 몰고 왔다.

에이즈의 실상을 접하고 숙소로 돌아오는 길엔 몸도 마음도 멍하게 가라앉아 헝클어져 버렸다. 그렇지만 음지에서도 새싹이 돋고 꽃은 핀다. 자신이 HIV 보균자이기에 곧 죽을 것을 알면서도 먼저 죽음으로 가는 에이즈 환자를 돌봐 주는 감동적인 청년도 있다. 백인 여성처럼 세계 도처에서 에이즈 환자를 돌보는 움직임이 일고 있다. 에이즈 완치 백신이 개발될 때까지 세계인들이 각 분야에서 물질로, 기술로, 봉사로, 사랑으로 헌신하고 있다.

나는 믿는다. 우리 하나님은 살아 계시기에, 언젠가는 반드시 에이즈가 진짜 감기에 걸린 것처럼 주사 한 방 맞고 하룻밤만 자고 나면 툴툴 털고 일어나 완쾌되는, 그런 질병이 되게 해 주실 것이라고.

미역 감는 까만 꼬마들

하늘의 구름은 하얀 뭉게구름, 타잔의 동네 밀림의 풍경이 끝도 없이 펼쳐진다. 아프리카 대탐험 길은 한 번의 이동 거리가 7~8시간, 심하게는 13시간의 험악한 길이 보통이다. 가도 가도 끝없는 준사막지대의 풍경, 인적 없고, 상가 없고, 먹을 것이 없다.

우리가 생명을 지키기 위해 꼭 가지고 다니는 것이 있는데, 그것은 바로 물이다. 비상시를 대비해서 돈은 두둑이 가져왔다. 안전을 위해 돈 전대를 복부에 두둑이 차고 다니지만 그것은 아무 쓸데없는 종이 같았고, 가치 있는 것은 오직 물뿐이었다. 생수는 반드시 미리 구입하여 비좁은 차내에 실어 두고, 라면 끓일 식수는 주유 통에 담아서 트레일러에 싣는다. 가끔 현지인이 따뜻한 마음으로 건네주는 알 수 없는 물을 마신다면, 우리의 위장은 즉시 대반란을 일으킬 수도 있으므로 섭취 금물이다. 차내가 비좁아 생수를 많이 비치할 수 없기에 꼭 몸이 요구할 때만 마시고, 간간히 거쳐 가는 상가 거리에서 구입하여 부족분을 보충했다.

우리가 다니는 경로에는 생수가 흔치 않다. 숙소도 거의 없어 묵을 곳 구하기가 하늘의 별 따기보다 어렵다. 우리가 가는 코스는 주로 일반인이 다니는 길이 아니기 때문이다. 해가 지기 전에 지붕이 있는 쉴 곳을 찾게 된다면 그건 대단한 행운이다.

어느 날, 모잠비크 무웨다의 마콘테 부족을 찾아가는 길이었다. 그 곳 역시 가파른 산을 넘어가야 하는 험한 여정이었다. 날이 빨리도 어두워 가고, 우리는 산언덕에 위치한 여관에서 하룻밤을 쉬어 가는 행운을 잡았다.

숙소에 들어가자마자 하루 종일 인내해 온 신진대사를 해결하기 위해 변소로 달려갔다. 악취가 진동하는 변소는 욕실을 겸하고 있었다. 그곳엔 절구통 같은 낡아빠진 커다란 물통이 놓였는데, 때가 덕지덕지 몇 두께로 끼였다. 그것은 손님이 투숙할 때마다 씻으라고 물을 담아 놓는 물통이었는데 안을 들여다보니 물이 하나도 없다. 주인에게 이 사실을 알리자 그는 저 멀리서 물을 길어다 퍼 부었다. 비록 더럽긴 했지만 그런 물이 있는 것만으로도 고맙다. 물을 한 바가지 푹 퍼서 몸에 부을 수 있으니까, 깨끗한 물이 아니라고 투정을 부리는 것은 여기선 말도 안 되는 일이다. 누른 밥, 된 밥을 가린다는 것은 우리나라처럼 좋은 환경에서나 가능하다. 나는 악취 나는 음침한 화장실에서 병균이 웃고 있을 것 같은 물을 퍼서 몸에 묻은 시뻘건 먼지를 씻어 냈다. 그것만으로도 매우 기뻤는데 또 하나 기분 좋은 것은 옆에 조각 비누가 놓여 있는 것이었다.

처음 탐험에 나섰을 때는, 양치질만큼은 반드시 생수로 했다. 그러나 이제는 더러운 물이라도 양치할 수 있다. 대원 모두가 아껴 먹는 마실 물, 그 생수병을 들고서 매번 또박또박 양치질을 한다면 가장 연장자로서 모범적인 행동은 아니다. 지혜가 필요했다. 재래식 변소에 세면장이 함께 있는 곳에서는 불결한 벌레들과 악취 때문에 구역질을 하면서도 씻어야 한다. 어떤 때는 도저히 참을 수가 없어 서울에서 가져온 귀중한 물티슈를 꺼내 서걱거리는 얼굴을 요리조리 접어가며 알뜰하게 닦아 내기도 했다.

숙소의 침대는 골동품이었다. 명분상 침대라 부르지만, 많은 현지인이 누웠다 갔을 낡은 매트리스 속에선 뭔가 슬금슬금 기어 나올 것만 같았고, 그것조차 주저앉아 삐거덕거리며 신음했다. 탁자 또한 고물단지였다. 하지만 찬찬히 둘러보면 내 입가에 비시시 웃음을 실어 주는 고물 가구들이 왠지 따뜻하고 정겹다.

탄자니아 국경으로 가는 길로 접어드니 타잔의 동네가 끝없이 이어진다. 이 길은 험악하기로 유명해 현지인들도 다니기를 꺼린다는 밀림 같은 길이다. 애마는 좁은 오솔길로 들어섰다. 아! 멋지다. 내 마음 깊은 곳에서 잠자던 낭만이 고개를 들었다. 한밤중, 이곳에서 차가 고장난다면 동물들이 새로운 친구가 찾아왔다며 달려 나온단다. 그중 덩치 큰 코끼리가 대장이다.

이 길의 또 다른 주인은 억센 나뭇가지들이다. 애마를 후려치는 나뭇가지에게 "위험해서 문 닫는다."고 큰 소리로 신고하고 재빨리 문을 닫았다. 평소에는 붉은 먼지가 무더기로 쳐들어와도 문을 닫지 않는다. 뜨거운 바람을 쏘이는 것이 문 닫고 땀을 펑펑 쏟는 것보다 낫기 때문이다. 그러나 타잔 동네의 날카로운 가시나무들은 내 얼굴과 피부를 해치려 하기에 창문을 끌어올려 철통같이 방어했다.

애마는 침착하게 잘도 달렸다. 타이어가 줄곧 펑크 났지만 그 정도는 이제 이해할 수 있다. 길이 웬만큼 험악해야 말이지. 잔고장도 여전하지만 그것도 봐준다. 케이프타운에서 똥차로 출발할 때를 기억하면 그래야 마땅하다. 지금은 나름대로 자기 역할을 훌륭하게 수행하고 있으니 믿어 줘야 한다. 팔마 국경까지는 아직도 40km를 더 가야 한다. 그러니 타잔의 밀림 또한 40km를 더 달려야 할 것 같다.

얼마나 갔을까? 드디어 넓은 들판이 보이기 시작했다. 평화로운 야자수 마을도 나타났다. 개울가에는 빨래하거나 식수통에 물을 담는 소년, 소녀가 있었다. 개구쟁이 꼬마들은 흐르는 개울물에 미역을 감고 있었다. 꼬마들이 참 예뻤다. 하마가 살고 있다는 호수를 지나 탄자니아로 넘어가는 루부마 강 국경으로 향하는 길이다. 먹은 것도 없는 빈속에 울퉁불퉁한 험악한 길을 달려오느라 지칠 대로 지친 우리는 그림 같은 풍경의 개울가에서 잠시 휴식하기로 했다.

언어는 안 통해도 몸짓은 통하는 법! 미역 감던 꼬마들이 우릴 보고 부끄럽다며 얼른 옷을 주워 입었다. 그러곤 생김새가 다른 우리를 향해 호기심 찬 눈빛으로 살금살금 다가왔다. 꼬마들과 우린 우람한 팻션나무 아래에서 첫 만남을 가졌다. 배시시 웃는 꼬마들은 전혀 낯설지 않고 오히려 사랑스러웠다.

짓궂은 대원이 꼬마들에게 몸짓으로 배고프다고 이야기한다. 먼저 넙적한 자기 배를 손으로 몇 번 턱턱 두드리고 나서, 팻션나무를 손가락으로 가리킨다. 그러고 난 다음 입을 헤 벌리고선 벌린 입 속에 자기 손가락을 쑥 집어넣고는 머리끝에서 발끝까지 온몸으로 배고프다고 표현했다. 꼬마들은 그가 불쌍해 보였는지 어디론가 쏜살같이 사라졌다가 잠시 후 재빨리 달려왔다. 조막만 한 까만 손에는 노란색 팻션 열매가 한 개씩 쥐어져 있었다.

배고픈 시늉을 한 대원 덕분에 꼬마들에게 동정을 받은 우리 8명은, 4개의 팻션을 획득했다. 그렇지만 차 안의 생수가 한 병밖에 안 남아

"미역 감는 까만 꼬마들아! 아까 보니 개울물을 맛있게 먹더구나!
미역만 감아야지 그 물을 먹으면 아플 수가 있단다."

서, 정확히 말하면 반 병밖에 안 되는 양이지만 물을 아끼면서 살살 열 매에 부어야 한다고 입을 맞추고, 생수가 열매 밖으로 벗어나지 않도 록 조심스럽게 씻었다. 그러고는 탁구공보다 더 작은 팻션 열매를 정 확하게 반쪽씩 나누어 사이좋게 배분했다. 아직 덜 익어 약간 떫고 시 지만 단물이 촉촉이 나와 피로가 풀리는 것 같았다. 꼬마들은 똥그랗 고 커다란 눈을 가진 자기네 형들과 달리, 눈이 옆으로 쭉 찢어진 아저 씨들이 조그만 열매를 빨면서 오만상을 찡그렸다 폈다 하는 얼굴이 재 미있는지 깔깔거리며 자지러졌다.

나는 배가 고픈 우리에게 사랑을 베푼, 티 없이 맑은 꼬마 천사들을 꼭 안아 주고 쓰다듬어 주며 작별했다. 금방 정이 들어 헤어지기 섭섭 한 예쁜 꼬마들은 까만 손을 흔들면서 점점 멀어져 갔다.

아프리카 대탐험은 끝없는 만남과 헤어짐의 반복이다. 그때마다 마 음을 순수하게 하는 것들, 정겹게 하는 것들, 아프게 하는 것들, 쓸쓸하 게 하는 것들이 내 마음에 하나둘 쌓여 간다.

"미역 감는 까만 꼬마들아! 아까 보니 개울물을 맛있게 먹더구나! 미 역만 감아야지 그 물을 먹으면 아플 수가 있단다. 행여 먹더라도 건강 하게 자라나서 90세까지는 꼭 살아야 한다."

탐험 차가 국경의 강을 건너려면

모잠비크에서의 이동 거리는 3,125km, 미란게, 남플라, 나카라, 일리아 섬, 나미아로, 펨바, 무웨다, 팔마 국경을 통과하여 탄자니아 동쪽 국경으로 넘어가는 나무이랑가 루부마 강가에 도착했다. 아! 그림 같은 시골 풍경, 때 묻지 않은 자연 그대로의 순수한 강! 정말 감동이었다. 하지만 자동차가 넘어가기에는 물이 너무 얕아 보인다. 우려하는 우리에게 조지가 말했다.

"사람은 얕은 물에서도 쪽배를 타고서리 건너면 되는 것입네다만, 탐험 차는 큰 배에 올라타야 됩네다래. 그러려면 강에 물이 많이 차올라야 하는데 지금은 건기라서 큰 배를 띄울 수 없다는 것입네다."

"만약 강에 물이 차지 않으면 어떻게 하죠?"

"낄낄낄, 그럼 물이 찰 때까지 열흘이든 한 달이든 여기서 강을 하염없이 바라보며 기다리던지, 아니면 먼 길로 돌아가셔야 된다는 것입네다."

이 말에 대원 중 한 명이 조지의 북한 말투를 되받아서 익살스럽게 말했다.

"조지 동무! 돌아가셔야 한다는 것입네다는 죽을 때 쓰는 말입네다. 우린 용감한 탐험대라요! 여기서리 마냥 기다릴 수는 없수다래. 선교사 선생, 돌아가려면 며칠이나서리 걸립니다래?"

"허허! 돌아간다고 할 것 같으면 먼저 차를 돌려서 모잠비크 팔마 출입국 관리소에 다시 가서 출국 비자를 받고 말라위 쪽으로 세월 없이 올라가야 해요. 그런 다음 말라위 호수를 돌아서 탄자니아 북쪽의 음베야 국경을 통과하는 길밖에는 없습니다."

"선교사님, 그러려면 얼마나 걸리나요?"

"허허허, 여기 동쪽에서 다시 북쪽의 국경으로 가려면 적어도 4일이나 걸려요. 거리로 2,500km 정도가 됩니다. 그래서 배를 타고 이 루부마 강을 건너는 것이 다르에스살람으로 가는 지름길입니다."

조지가 낄낄 웃으면서 덧보태며 말한다.

"아까 내가 뭐라고 그랬습네까! 그러니까서리 사람들이 이 강가에 앉아서 물아 차올라라! 차올라라! 하면서리 저 건너편 탄자니아를 바라보면서 거저 세월 없이 기다린다고 말하지 않았습네까."

1984년 조지는 북한의 원산농업대학교에 유학, 5년 후 졸업하고 귀국하여 북한시범농장 공장장으로 재직했다. 현재는 민주주의 국가가 된 탄자니아에서 손 선교사의 조력자로 활동하고 있다.

"4일씩이나 허비할 수는 없습니다. 조지와 막내 피디가 탄자니아로 건너가서 내일 배가 뜰 수 있는지 배의 주인을 찾아서……."

"배는 정부에서 운영하는 배가 되겠습네다. 개인 소유가 아니라는 뜻입네다."

"그렇군요. 조지, 어쨌거나 운영자를 찾아서 상황을 파악하고 내일 배가 오겠다는 약속을 확실히 받고 돌아오세요."

조지와 막내 피디는 막중한 임무를 띠고 여권을 챙겨 쪽배를 타고 강 위를 둥둥 떠갔다. 루부마 강 햇살이 유유히 흐르며 반짝였다. 그들이 멀리 떠나가는 모습에 갑자기 헤어짐이 생각나 마음이 찡해 왔다. 탐험이 끝나면 한 사람 한 사람 뿔뿔이 흩어지겠지. 또 만나자고 눈물을 흘리면서 다른 모습 다른 곳에서 만날 날을 기대하며 헤어지겠지!

해가 지는 모잠비크와 탄자니아 경계의 루부마 강은 무척 곱기도 하다. 한낮에 불같은 태양 아래 쪽배를 타고 탄자니아로 건너간 두 사람은 내일 배가 뜰 수 있을지 없을지 알아보기 위해 바쁘게 움직이고 있을 것이다. 어둠이 내리고 차 안에 앉아 있는 나는 흐르는 강물을 바라보았다. 사랑하는 님이 건너간 강가에 앉아 그 님을 하염없이 기다리듯 조지와 막내 피디가 안전하게 돌아오기를 기도하며 기다렸다. 기다린다는 것은 기쁘기도 하고 한편으론 슬프기도 하다. 때로 눈가에 이슬이 맺히기도 한다. 그들을 생각하니 왠지 모를 눈물이 내 시야를 가리며 가득히 고여 왔다.

풀벌레 울음소리가 강가에서 들려온다. 흔들리는 갈대 사이사이로 루부마 강 물결이 애잔하게 빛난다. 강 자락 위 산등성이 저 멀리 붉은 회색 하늘, 그보다 더 높은 곳에 붉은 주홍빛 하늘이 사라지려 한다. 인생도 해를 거듭해 갈수록 이렇게 사라져 가겠지. 나는 어떤 사람들과 함께하고 있는지, 그것이 내게 어떤 변화를 가져오는지, 나를 여기까지 인도하신 그분은 나를 앞으로 어디로 이끄실지, 쉴 틈 없이 달려온 여정에 잠시 현재의 길 위에선 나를 생각해 보았다.

"총재님, 저녁식사입니다. 라면 드세요."

저녁을 먹고 떠난 두 사람을 기다리다 보니 어느덧 한밤중이 되었다. 강둑에 모닥불이 활활 타올랐다. 뺑 둘러앉은 우린 아무 말이 없다. 낮에 떠난 두 사람이 늦은 시각까지 돌아오지 않기 때문이다. 맑은 달빛에 강물이 어슴푸레하게 비쳤다. 가물가물 저 멀리서 쪽배가 이쪽을 향해 노를 저어 온다. 틀림없이 조지와 막내 피디 같았다. 모닥불 앞에 앉아 있던 모두는 벌떡 일어났다. 반가움에 감독이 아주 큰 소리로 외친다.

"조 피디!"

"네! 조 피딥니다!"

그제야 조렸던 마음을 몽땅 강물에 던져 버리고 활짝 웃었다. 종일 고생한 두 사람이 든든하고 고맙고 가여웠다. 나는 아무것도 먹지 못했을 그들을 위해 얼른 라면 물을 올렸다.

"잘 다녀왔어? 몸은 괜찮아?"

"네. 내일 강에 물이 차오르면 배를 띄워 주겠다고 운영자와 기관사를 만나서 약속을 받았습니다. 그런데 만약에 물이 오늘같이 적으면 배가 못 뜬다고 그리 알라고 했습니다."

"아이쿠 큰일 났네! 그럼 어떡하지?"

"걱정할 필요 없어요. 총재님하고 선교사님 두 분이 기도하시면 하나님이 한밤에 물을 채워 주실 줄 믿습니다. 오늘 밤은 강둑에서 야영을 해야 하니 한 팀은 잠자고 한 팀은 트레일러를 지킵시다. 총재님은 불편하시더라도 차 안에서 주무시고요. 밖은 위험합니다."

다음 날 이른 아침, 강가에서 말소리가 들린다.

"총재님, 강에 물이 차올랐습니다. 배가 뜰 수 있을 것 같습니다."

나는 차 문을 열고 얼른 밖으로 나왔다. 새벽부터 물이 차오르는 것을 확인하기 위해 모닥불에 둘러앉은 대원들의 눈동자가 초롱초롱 반짝인다.

"주님! 저희의 긴급 기도를 들으시고 밤사이에 강물을 보내 주셔서 감사합니다."

강가로 내려가 탄자니아와 모잠비크 공동 국적의 강물에 손을 담그고 세수한다. 모든 것이 추억으로 간직될 아름다운 시간이었다. 머그잔의 커피 향이 어젯밤 차 안에서 쭈그리고 잔 몸을 따뜻하게 녹여 준다. 커피를 한 모금 입에 물고 강가를 거닐며 주님께 여쭤 본다.

"주님! 50대 여성인 제게 젊은 대원들과 함께 아프리카를 다시 돌아보게 하시는 이유가 무엇입니까? 당신의 사랑은 매우 깊어 알 길이 없어 그냥 순종합니다. 당신이 있기에 사랑할 수 있는 마음을, 참고 기다릴 수 있는 절제를, 세상을 이길 힘을 배웁니다. 당신이 있기에 용감하고 당당할 수 있고, 참된 헌신과 희생이 있다는 것을 알았습니다. 그래서 고운 마음 가지고 봉사할 때 기쁨이 충만해지고, 그건 곧 나 자신을 다스리는 길임을 깨달았습니다."

기도를 드리고 있는데 일행 중 한 명이 외쳤다.

"와, 배가 오고 있어요!"

"어디, 어디!"

우리는 주르르 강둑으로 몰려갔다. 정말 저 멀리 탄자니아에서 듬직한 배가 달려오고 있었다. 이렇게 기쁠 수가! 차가 배에 오를 수 있도록 강둑에 닿은 배에 발판을 놓아 지면과 연결했다. 다음은 그 위로 애마가 올라섰다. 강둑의 까만 사람들이 이제 됐다며 일제히 박수치며 펄쩍펄쩍 뛰었다. 우리 배가 못 떠날까 봐 함께 마음 조린 순수한 원주민들, 참으로 초조했던 시간들, 루부마 강가여 잘 있어요!

탄자니아 땅에 첫발을 내딛었다. 출입국 관리소가 옛날 옛적 할머니같이 우릴 반겼다. 벽에 새로 나온 콘돔 포스터가 대문짝만하게 붙은 걸 보니 모잠비크 사창가 열여덟 살 소녀가 내 마음을 두드렸다.

"여기부터 험악한 도로를 12시간 이상 달려갑니다. 어제 강가에서 날밤 세웠으니 오늘은 국경 근처 모텔에서 푹 쉬고 내일 아침에 떠나시죠."

"선교사님, 그게 아니죠! 빨리 가서 침대에 다리 쭉 뻗고 잠 한번 자봅시다."

"허허허. 그러려면 비포장도로 450km, 포장도로 100km를 주행해야 하는데, 황톳길의 굴곡이 깊어서 차도 펄쩍펄쩍 뛸 테고, 엉덩방아도 찔 것이고 운전도 초행길이라 힘들 껍니다."

"한밤중에라도 달려가서 제발 씻고, 라면 말고 밥을 먹어야 살 것 같아요."

그리하여 애마는 칠흑 같은 어둠을 뚫고 달려 나갔다. 대원들은 온

몸이 천장에 닿았다가 엉덩이가 의자에 철썩 떨어져도 잘 잤다. 엄청난 사고가 점점 다가오고 있음을 전혀 알 길이 없는 채.

한밤중 대형 사고

아! 아! 사고다! 심상치 않은 충격에 잠자던 눈이 번쩍 떠졌다. 차체가 쿵쿠덩 쿵 덜덜덜 끌려 나가고 내 몸도 덜커덕 덜덜 심하게 흔들거렸다. 정신을 차려 보니 애마가 뒤편으로 내려앉은 듯했다. 속력은 멈춰졌고 우린 화들짝 놀라서 밖으로 뛰쳐나갔다. 온 천지가 새까만 어둠속이다.

"이번엔 대형 사고입니까? 차가 어떻게 된 겁니까? 타이어가 또 펑크 났습니까?"

"저…… 트레일러가 만신창의가 됐어요. 뒤축이 다 내려앉았어요. 게다가 바퀴가 두 개 다 없어졌어요!"

"어서 빨리 손전등을 가져와요. 달려오던 길에 불을 밝히고 타이어를 찾아봐요."

"근처에는 없어요. 아마 멀리 날아간 것 같아요."

"저기 타이어가 있어! 한 개는 저기 계시고 다른 한 개는 저 뒤에 누워 계셔!"

"당황하지 말고 똑바로 말해! 타이어가 저기 계신 게 아니고 저기 누워 계신 거야!"

"똑같은 말이야! 지금 우리가 당황해서 타이어한테 존댓말을 쓰고 있잖아!"

"이곳은 차가 멈춘 곳에서부터 12m 정도 떨어진 지점이에요. 여기서부터 트레일러는 바퀴가 빠진 채로 차체에 끌려서 달린 거예요. 큰일 날 뻔했어요. 지축대가 완전히 부러져 나갔어요."

"도로에 구덩이가 이렇게 깊게 파인 줄 몰랐으니 무모하게 달렸죠. 아찔하네요."

"하마터면 차가 전복될 뻔했어요. 아프리카 탐험대가 사고 났다고 뉴스 나올 뻔했어요."

"여기 사고 지점은 킬로와 로드라는 길입네다. 제가 킬로와에 가서 이 트레일러를 싣고 갈 수 있는 화물차를 데려오도록 하겠습네다."

가이드인 선교사는 착잡한 마음이었고, 우리는 캄캄한 길가에서 조지를 보냈다.

"자, 모닥불을 피우고 놀랜 마음을 녹이도록 하죠."

대원들은 근처에서 나뭇가지를 주워 재빨리 불을 지핀다. 타오른 커다란 모닥불은 놀란 가슴들을 따뜻하게 진정시켜 주었고, 피어오른 연기는 별무리가 총총히 떠 있는 하늘로 오른다. 예기치 못한 사고에 잠시 멈춰선 이 한밤이 지치고 힘들지만, 어쩌면 평생 살아가면서 단 한 번 맛보는 스릴과 낭만이 있는 밤이니 좋은 추억이 될 것이라고 나는 위로했다.

툭툭 타 들어가는 모닥불 옆에 서둘러 가스등을 켠다. 냄비를 올려놓고 물을 부어 끓인다. 오늘 아침에도 라면만 먹고, 아직껏 먹은 것이 없는 대원들에게 다시 라면을 먹이기 위해서이다. 빨리 가서 모처럼 밥을 실컷 먹고 싶다던 부푼 희망이 사라지고, 새벽 달밤 위험한 길가에 앉아 컵라면으로 허기진 배를 채워야 하는 대원들. 그러나 나는 생각한다. 별이 쏟아지는 아프리카의 새벽에 차량 고장으로 길가에 앉아서 후루룩 라면을 먹는 날이 우리 인생에서 언제 또다시 올 수 있겠느냐고, 이 순간을 긍정하고 행복하게 즐기라고.

조지를 기다리는 동안 비상 대책 회의를 열었다.

"우리가 남아공에서부터 대탐험 출발 후 탄자니아 국경을 넘어온 거리가 12,000km 정도 됩니다. 루부마 강 국경에서 여기 사고 지점까지는 250km 달려온 거리입니다."

"선교사님이 국경 근처에서 하루 푹 쉬고 내일 아침에 출발하자고 한 이유를 알겠어요. 엉덩이가 펄쩍펄쩍 뛰는 비포장길을 450km나 가겠다고 목표로 세우고, 한 번도 가 본 적이 없는 초행길을 한밤중에 달린다는 게 무리였어요."

"앞으로는 '아프리카 여정은 생명을 보장할 수 있는 가이드를 따르라.'는 이 계명을 명심하겠습니다."

"허허. 탄자니아에서는 17개 지역을 둘러볼 것입니다. 8개국 중 가장 탐험 코스가 많은 나라이죠. 새벽에 출발하고 밤에 도착하는 거리가 많은데 모두 지형이 험하다고 보시면 됩니다. 많이 힘들 겁니다."

"우리가 무방비 상태로 앉아 있는데 이러다가 동물에게 습격을 받는 것 아닙니까?"

"여기가 늑대가 종종 출몰하는 지역입니다. 이런 길에서 차가 망가지면 사실 골치 아프죠. 나는 예전에 밀림 중간에서 차가 고장 나는 바람에 이틀 동안 꼼짝 못했는데, 사람은 하나도 안 지나가고 그 사이에 사자와 치타가 지나갔죠. 하지만 안심하세요. 오늘은 불빛이 있어서 사자가 나타나진 않을 겁니다."

"그럼 불빛을 보고 이리로 강도들이 몰려오면 어떡하죠?"

"강도는 안 나타날 겁니다. 이곳은 모슬렘 지역이라서 안전합니다. 모슬렘 법이 무섭고 강해요. 만약에 도둑이나 강도가 현장에서 붙잡히면, 거리에 세워 놓고 많은 사람이 보는 앞에서 돌을 던져서 죽이든지, 타이어를 머리에 씌워 놓고 불을 질러서 끔찍하게 죽여 버립니다. 그래서 이곳은 강도가 없어요. 여기서 사고 난 게 정말 다행입니다."

이야기꽃을 피우며 이제나 올까 저제나 올까 기다리던 조지가 구조 화물 차량을 데리고 새벽 3시경에 달려왔다. 이제 부서진 트레일러와 그 안에 실었던 갖가지 탐험대 살림살이들을 화물차에 옮겨 싣고 차량 정비소로 가기만 하면 된다. 대원들은 온몸을 부들부들 떨어가며 몇 번의 시도 끝에 가까스로 화물차 위로 트레일러를 밀어 올려놓는데 성공했다. 사고를 낸 기죽은 애마는 캄캄한 새벽에 태극기와 KBS 깃발을 멋쩍게 휘날리며 기어가는 구조 화물차를 뒤따라갔다. 킬로와 랑꾸루꾸루 차량 정비소에 도착했다. 날밤을 세운 우리를 닭이 꼬끼오 환영해 주었고 떠오르던 태양도 이제 괜찮다며 반겨 주었다.

트레일러와 차량을 정비하고 짐을 다시 옮겨 실은 후, 태극기와 KBS 깃발을 힘차게 휘날리며 다르에스살람으로 전진했다. 밤을 새운 대원들은 파도처럼 출렁이는 비포장 길에서도 곯아 떨어졌다. 내 머리는 쉴 새 없는 높이뛰기에 혹이 나 버렸고 머리카락도 붉은 흙먼지에 빨갛게 염색되었다. 모두 깡통만 들면 전쟁 피난민 같다. 땟국물이 자르르한 검은 피부, 깍지 못한 수염, 세수 못한 얼굴들. 내 몰골도 기가 막혀 아예 거울보기를 포기했다. 화장은 할 수도 없는 처지이고 하나님이 주신 천연 얼굴로 버텼다. 하지만 아무리 꼬질꼬질해도 연장자로서 최소한의 모양새를 지키고 싶었다. 그래서 나는 언제나 상큼한 향수만큼은 배낭에 챙겨 넣고, 차 안에서 꼭 뿌리고 피식 웃곤 했다.

원시가 꿈틀대는 야생의 아프리카, 아프리카 탐험 길은 목숨을 건 위험의 연속이다. 인간은 똑똑하지만 다가올 일을 알 수는 없다. 우리의 대탐험 길 완주를 응원하는 사람은 많다. 그러나 닥쳐올 사고를 알 사람은 없다. 알아도 달려와서 해결해 줄 능력자는 세상에 없다. 그래서 나는 우주 만물의 창조주이자 생명의 근원인 하나님께 탐험 길 위에선 우리의 생명을 지켜 달라고 간구했다. 그분만이 인간의 유일한 구원자이시기 때문이다.

야영하는 탐험대

　　대탐험의 일곱 번째 나라, 아프리카의 성자라 불리는 선교
사이며 탐험가인 '리빙스턴의 발자취를 따라서'라는 주제로 진행한 8
개국 육로 종단의 중심에 위치한 탄자니아 국경을 넘어선지도 벌써 13
일째이다. 국경 공동 구역인 모잠비크의 루부마 강가에서 탄자니아까
지 탐험 차를 싣고 건너가기 위해 애태우기도 하고, 한밤중에 비포장
도로를 달리다가 목숨을 잃을 뻔한 사고를 당한 킬로와 로드 그리고
애마를 이끌고 삶의 소리가 시끌벅적한 리피티 강을 건너서 탄자니아
최대의 중심지 다르에스살람에 이르렀다.

　새벽별을 보고 출발하여 밤하늘 별무리를 볼 때쯤 도착한 움베야,
백두산 천지 같은 분화구가 있는 숨바완가의 은고지, 마지모또 온천이
흐르는 우제비아, 컴컴한 밤 방향을 잘못 잡아 브룬디, 콩고 난민 40여
만 명이 수용된 미샤모 난민촌으로 차를 몰고 들어갔던 섬뜩한 순간,
리빙스턴이 걸어갔다던 길을 찾아서 지도에도 없는 험난한 길을 야밤
에 달려가며 가슴 조렸던 키고마, 리빙스턴과 미국 기자 스텐리가 망
고나무 아래에서 만났다던 우지지 마을, 약탈 강도가 총으로 쏴 죽이
는 길을 지나기 위해 무장 경찰들을 동승시킨 게이타, 세계에서 두 번
째로 큰 빅토리아 호수에서 쪽배 타고 나일퍼치 잡이 나섰다가 실신
직전까지 갔던 므완자를 거쳐, 자정이 다 된 시각에 아프리카 최대 규

모인 대평원 동물의 왕국 세렝게티에 개선장군 나폴레옹처럼 늠름하게 입성한 각설이 팀 아프리카 대탐험 대원들!

봐 주는 이 한 사람도 없지만 야밤에 승리의 태극기를 휘날리며 위풍당당 달려 들어가는데 포효하는 사자의 울음소리가 우릴 반겼다. 드디어 야영장에 도착했다. 각국의 팀이 자리 잡고 있어 마땅히 텐트 세울 곳이 없었다. 우린 길가에 텐트를 치면서 사자가 반겨 주는 것을 더 이상 원치 않았다.

굶주림에 지친 대원들이 자정 넘은 시각에 저녁밥을 지으려 했다. 그러나 서울에서 가져온 산더미 같던 식량이 다 바닥났다. 햄도 소시지도 다 먹고 이제 남은 건 라면 두 개, 햇반 한 개가 전부였다. 오늘의 식사 당번은 라면 두 개, 햇반 한 개를 합하여 만찬을 준비했다. 양을 많이 불리려고 물을 충분히 붓고 끓여서 뜸을 푹 들여, 라면도 아닌 게 쌀 죽도 아닌 게 정체불명의 이상한 죽이 됐다. 우린 그 죽을 상처뿐인 트레일러의 부엌살림, 찌그러진 양은 그릇에 나누어 담은 뒤, 서로 더 많이 먹으라고 양보하면서 주거니 받거니 이상한 모양의 죽을 덜어 주었다. 그리고 함께 땅바닥에 주저앉아 정체불명의 그것을 먹고 있는데 모두는 목이 메여 눈물이 줄줄 흘렀다. 달님과 별님이 내려다보고 힘내라며 위로했다. 사자도 우리가 참 마음이 따뜻한 동물들이라고 감동하는지 저만치에서 침범하지 않았다.

조그만 랜드크루즈 한 대에 여덟 명이 꼼짝달싹 할 수 없을 정도로 촘촘히 앉은 채, 7개국을 이동하는 것이 너무 힘들었지만, 한 사람도 내색 없이 낙오자 없이, 모든 것을 참으며 함께 웃어 왔다. 험악한 탐험의 막바지에서, 신의 세계와 가장 가까이에 있는 인류의 고향 탄자니아에서, 우린 서로 종교가 다르지만 이에 상관없이 여기까지 인도하신 하나님께 감사드렸다. 그리고 자꾸 흘러내리는 감회의 눈물을 훌쩍거리며 불어 터진 이상한 라면죽을 먹었다.

막내가 잠시 사라지더니 뭔가를 소중히 가져왔다.

"이것이 감춰 둔 마지막 소주입니다. 헤헤!"

"야! 고맙다. 이게 아직도 남았어? 역시 너는 최고다. 하하하!"

이틀 후 이른 아침, 상쾌한 마음으로 또 달려갔다. 목적지는 올두바이 계곡. 세계 최고의 구석기 시대 화석 두개골이 발굴된 인류의 고향을 찾아가는 길이다. 감동적인 이날은 남아공에서 고물 자동차로 첫 출발하여 고치고 또 고쳐 가며 7개국의 여정을 달려온 험난한 육로 길 46일째 되는 날이다.

차창 밖에는 하늘과 맞닿은 끝없는 대평원이 펼쳐졌다. 끝이 보이지 않는 대자연의 세렝게티 초원이 아주 저 멀리의 평원이 끝인 것처럼 가물가물 눈에 들어온다. 가늠할 수 없는 드넓은 사바나 초원 지대가 계속된다. 4시간쯤 달려 응고롱고로 분화구 방면으로 난 세렝게티 나비힐 게이트를 통과했다. 이제 붉은 흙먼지는 사라지고 먼지바람이 몰아친다. 회색빛 평원에 멀리 사바나의 신기루 현상이 일어, 물과 호수가 눈앞에 있는 것 같은 착시현상이 끊임없이 이어졌다. 우린 멋진 영화의 주인공같이 끝도 없이 이어지는 사바나 길을 달리고 또 달려갔다. 털털거리는 애마가 강한 모래바람을 맞았다. 굵은 빗줄기인 양 차창에 부딪쳐 흘러내리는 바람모래 줄기에 와이퍼의 속도가 급히 빨라졌다. 휙휙거리는 모래바람과 뜨거운 태양은 살 속까지 파고든다. 나는 이제 이런 현실을 부정하지도 긍정하지도 않은 채 그저 있는 그대로 누리는 여유까지 부리게 되었다.

이제 내게 창문을 닫거나 말거나 그건 그리 중요하지 않다. 내 눈썹과 머리가 모래바람을 맞아 하얀 눈썹에 하얀 머리카락의 할머니가 되어가도 문제 될 게 없다. 화장기 없는 얼굴에 검은깨가 닥지닥지 붙어버려도 그 얼굴에 방송 카메라를 돌려 대도 신경 쓰이지 않는다. 진실로 중요한 것은 나의 내면 세계이다. 내면에서부터 울려 나오는 소리, 갈급하게 외치는 소리, 내면에 존재한 내가 애끓게 찾고 있는 나의 참모습을 만나는 것, 그것이 가장 중요하다. 내가 왜 이곳에 왔으며 왜 여기서 모래바람을 맞으며 달리고 있는지, 왜 쉰 살이 넘어 어린 팀원들과 각설이 모양을 하고 험한 탐험을 해야 하는지, 내가 달려 나가야 할 내 길이 어디이기에 그리도 애타게 찾아 이곳에 왔는지, 내면에서 용솟음치는 그것을 얻기 전에는, 숙제를 풀기 전에는, 나는 이 여정을 마감할 수가 없다.

달리는 차 안의 덜컹거림과 불볕더위는 대원들의 수면제가 되었다. 대원들이 몽롱하게 잠에 빠져 있어도 나는 그들처럼 될 수가 없다. 나는 내가 그토록 사모하는 그분을, 내가 꿈속에서도 목 놓아 그리던 그분을 대탐험 여정 중에 꼭 만나기 위해 24시간 그분을 향하여 마음을 바치고 있다.

사바나의 오묘한 풍경 속에 창조주의 무한한 세계가 신비롭다. 마사이 여인들이 그림같이 물동이를 이고서 활동 사진처럼 뒤로 뒤로 물러선다. 그리고 내 가슴을 향해 그녀들의 영혼이 무엇이라 외친다. 천 년, 천오백 년 전의 삶의 방식을 그대로 지켜 가는 마사이족 여인들! 오직 아기 낳고, 밥하고, 빨래하고, 소똥을 개어 집을 만들고, 땔감 해 오고, 하루 10리, 20리 길을 오가며 물을 길어 나르는 삶이 전부인 인생. 그림 같던 생명 잃은 마사이 여인이 물동이를 이고서 내 품으로 살며시 들어온다. 무엇을 말하려고 들어오는 것일까.

물동이 이고 가던 마사이족 여인

조지는 분리한 트레일러와 텐트를 지키고 애마는 우리를 태우고 지구에서 가장 큰 응고롱고로 분화구의 와일드라이프 롯지로 향했다. 롯지는 전망 좋은 곳에 위치해 있어 내려다보는 분화구는 낭만이 있고 매력적이다. 또한 인간을 생각하는 갈대로 이끌어 가는 마력의 분화구이다.

태고적 신비와 동물의 왕국이 어우러진 하나님의 걸작인 대자연의 섭리 속 아프리카, 그런 경이로운 대륙 아프리카에서 굶주림, 기아, 에이즈, 더러운 물을 마시고 죽어 가는 어린 생명들을 마주하며 한 번 사는 인생 가치 있게 살아 보자는 의지를 가슴 깊게 부여하게 만드는 이곳 아프리카. 어둠이 깔린 라운지에서 바라보는 응고롱고로 분화구는 신의 존엄성을 느끼게 한다. 언제 이곳에 또 올 수 있을까? 온다 해도 지금 마음과는 다를지도 모르기에 추억이 될 만한 사진을 찍어 놓고 싶다. 어둠이 짙어 가는 분화구를 배경으로 멋지게 포즈를 취한 대원들을 바라보던 내 눈은 대원들의 옷매무새로 향한다. 코끝이 찡해져 온다. 세상에, 이런 거지들이 또 있을까!

오랜 야영 생활로 씻지 못한 몸, 갈아입지 못한 옷, 올두바이 모래바람마저 대원들의 모습을 처량하게 바꿔 놓았다. 모자 쓰고 깡통만 들면 꾀죄죄한 티셔츠에 축 쳐진 반바지 차림의 대원들은 꼭 각설이타

령 할 채비를 다 갖춘 것 같았다. 그래도 마음만은 물 만난 물고기들처럼 설레기만 하여 얼굴에 함박꽃이 활짝 피었다. 왜 아니 그럴까! 집을 떠나온 뒤 처음으로 이렇게 분위기 있는 곳에서 만찬을 한다는 사실에 험한 고생도 다 잊은 듯했다. 식사 전 들뜬 대원들은 분화구가 보이는 스탠드바에 자리를 잡았다.

나는 화장실로 향했다. 서울 호텔에 온 듯 낯익었다. 온수 꼭지를 돌리니 콸콸 나오는 온수가 신기하게 느껴졌다. 내가 만지면 안 될 것 같은 새하얀 수건도 걸려 있다. 대형 거울 앞에 비친 자연인의 초췌한 내 모습이 이젠 정겹다. 나는 가져온 누리끼리한 큰 손수건을 꺼내 놓고 혹시라도 다른 사람을 방해할까 봐 조심조심 비누칠하여 손을 닦았다. 하얀 세면대 위에 뻘건 물이 뚝뚝 떨어졌다. 서걱거리는 얼굴과 팔은 물론 머리까지 감듯이 닦아 내었다. 아무도 없는 화장실을 들락거리며 마치 목욕하듯 닦아 낼 수 있는 피부는 모두 닦았다. 누리끼리한 손수건은 어느새 뻘겋게 물들었다.

깨끗한 모습과 뽀송뽀송한 얼굴에 청량감이 돌았다. 내 인생에 모든 것이 새롭게 느껴졌다. 화장실에서 이렇게 씻을 수 있다니. 이렇듯 깨끗하고 따뜻한 물이 있다니. 코끝이 시큰하고 눈물이 핑 돌며 감사가 저절로 나왔다. 거울 속의 내 눈에서 눈물이 펑펑 쏟아진다. 손안의 뜨거운 물이 몸속까지 녹여 주었다. 나는 쏟아지는 눈물을 흘러나오는 뜨거운 물로 닦아 냈다. 그래, 물이 이렇게 좋구나! 먹는 물은 생명이 되고, 씻는 물은 나를 귀하게 만드는 구나! 못 씻은 몰골은 여정에서 만

난 굶주린 아이들의 가슴 아픈 모습이지 않는가!

어디선가 물동이를 든 그림 같던 마사이족 여인들이 웃으며 달려 나와, 내 품에 빈 물동이를 안겨 준다. 그리고 반짝이는 미소로 내게 말했다.

"여기에 물을 담아 주세요!"

그래, 물을 담아 주어야지. 물동이에 물을 담아 주어야지. 그래, 그렇게 해야지! 그녀들의 영혼이 내 가슴에 '물'을 각인시켜 놓았다.

어머나! 다 씻고 나니 내가 다른 사람처럼 완전히 바뀌어 버렸네. 그것 또한 물! 수도꼭지에서 흘러내리는 깨끗하고 따뜻한 물로 씻은 덕분이었다. 각설이 같았던 내가 우아한 모습으로 돌아왔다.

"총재님, 어디 갔다 이제 오십니까? 제가 시원한 맥주 한 잔 올려드리겠습니다."

각설이 대원들은 자기들의 모습을 내가 무엇이라 이름 붙였는지도 모르고 환하게 웃었다. 그리고 일제히 나를 바라보며 말했다.

"총재님, 왜 그렇게 깨끗해지셨습니까? 정말 총재님 맞습니까?"

만남, 아픔, 이별

　　탐험의 중심인 일곱 번째 나라 탄자니아에서 16개 지역의 탐험을 끝내고 아루샤, 킬리만자로가 있는 모시 지역을 거쳐 18개 곳을 두루 달린 탄자니아의 총 이동 거리는 5,592km이다. 이로써 7개국 육로 종단 종합 이동 거리는 17,063km에 달했다.

　　그동안 탐험의 두 번째 나라 짐바브웨에서부터 동행하여 잠비아, 말라위, 모잠비크, 탄자니아 5개국을 안내한 가이드 선교사와 조력자 조지가 탄자니아와 케냐의 국경인 나망가에서 하차하고, 대기하고 있던 케냐의 가이드가 배턴을 넘겨받았다. 우린 케냐로 입국하여 언제나 그랬듯 한밤중에 이동하여 여장을 풀었다.

　　다음 날 아침, 탐험의 첫 출발지 남아공에서부터 생사고락을 함께해 온 동지 애마와 아프리카투어회사 사장인 운전기사 마이클도 임무를 마치고 우리 곁을 떠나려 했다. 마이클은 남아공 고향으로 돌아가는 길에 우리의 생명이요, 발이 되었던 낡은 애마를 케냐의 중고 자동차 매매 시장에 처분하고 항공편으로 돌아간다고 했다. 나는 정든 애마와 헤어지려니 사랑하는 사람처럼 마음이 아프다. 그동안 많이 정들었는데.

　　처음 만났을 때는 내가 똥차, 고물차라고 부르면서 신뢰하지 않았는데 지금 나는 그것이 너무 미안하다. 나는 애마의 머리를 쓰다듬어 주었고 애마는 내게 뒷모습을 남긴 채 마이클에 이끌리어 쓸쓸히 떠나갔다. 아마도 애마는 우리가 케냐에서 막바지 탐험을 완주하는 동안 나이로비의 어느 중고 자동차 매매 전시장에서 헤어진 주인을 못 잊으며 처량하게 서 있을 것이다. 그리고 어느 날, 새 주인의 손에 이끌리어 새 보금자리로 달려가겠지.

삶은 만나서 함께하고, 정들고 헤어지고, 이별하고 가슴 아프고, 그렇게 연속되는 과정이기도 하다. 아프리카에 머문 숨결이 추억 속으로 들어서려고 한다. 오가며 만났던 사랑스러운 아프리카 아이들과 소박한 원주민들과의 이별, 우릴 반겨 준 푸근한 대자연과의 이별, 내 곁을 스쳐간 여정에 만난 모든 것과 이제 이별해야 한다. 그리고 또 나는 마지막으로 대원들과도 헤어져야만 한다. 우리는 돌아오지 않을 함께한 날들을 아쉬워하며 결코 다시는 이런 날들이 우리 앞에 없을 것이라고 무언으로 서로 말하며 눈물이 맺힐 것이다.

쉰 살이 넘게 살아온 내 인생길에 찾고 싶었던 가치를 발견해 준 아프리카 대탐험 길에서 나는 굶주려 울부짖는 아이들, 숨이 멎어 가는 아이에게서 구멍 뚫린 내 가슴을 보았고 진정한 사랑이 무엇인지 알았다.

나는 인류의 기원인 어머니 품속 같은 고향 아프리카에서 나를 부르던 아이들의 굶주린 모습과 해맑은 눈망울을 기억할 것이다. 무심코 지나쳤던 소중한 것들을 아름답게 깨닫게 해 준 여정 길을 떠올릴 것이다. 야생의 자연인인 초췌한 빈 마음의 나를 담을 것이다. 1977년 다시 태어난 내 고향 아프리카에서 2002년 다시 찾은 아프리카의 소명을 내 가슴에 깊이 새겨 놓을 것이다.

숙제를 풀어 주신 하나님

케냐는 아프리카 대탐험 8개국 육로 종단의 마지막 종착지이다. 올림픽의 대미를 마라톤이 장식하는 것처럼 우리도 마라톤의 금메달 획득 밭으로 명성 있는 케냐의 해발 1,800m~2,500m에 위치한 고산지대 엘도렛을 선택, 달려가 희망을 노래하는 고아들과 새로운 시작을 의미하는 마지막을 장식하고 싶다.

저녁 무렵 숙소에 도착했다. 내가 머무를 방은 2층이었다. 2층으로 오르는 매우 허름하고 비좁은 낡은 나무 계단은 금방이라도 부서져 내릴 것만 같았다. 방문을 여니 어디선가 본 듯했다. 그곳은 마치 만델라 교도소의 독방 같았다. 내가 독방에 들어가서 처음 느꼈던 그런 작은 공간에 침대가 한 벽으로 꽉 차 있었다. 금방이라도 주저앉을 것 같은 방은 가벼운 바람에도 훅 날아가 버릴 지경이었다. 왼쪽엔 겨우 손을 씻을 만한 세면기가 붙어 있고, 불결한 바닥엔 벌레들이 기어 다녔다. 낡아 빠진 매트리스는 푹 꺼졌고 어린이나 앉을 수 있을 법한 연약한 나무 의자가 하나 있었다. 그래도 정면 벽 위쪽에는 철망으로 뒤덮인 먼지 가득한 큰 구멍 만한 환기통이 있어 하늘을 볼 수 있으니 다행이었다.

나는 저녁은 안 먹겠다고 말하고 착잡한 마음으로 조그만 의자에 엉덩이만 걸친 채 앉았다. 그러고는 환기통의 철망 사이로 밤하늘에 떠 있는 반달을 쳐다보았다. 꼭 내 신세가 교도소에 수감되어 달님을 바라보며 가족을 그리워하는 애절한 모습 같다. 자꾸 눈물이 흘렀다. 나는 하나님께 간절히 기도하기 시작했다.

"하나님, 숙제를 품에 안고 떠나온 아프리카 대탐험입니다. 벌써 50일이 지났고 이제 내일이면 마지막 날입니다. 하지만 아직도 답을 몰라 저는 슬픕니다. 해답을 주세요. 만약 해답을 안 주신다면 이대로 한국에 돌아갈 수 없잖아요."

마음을 하나님께 향하고 눈물로 간곡히 소원하는데 머리에서, 마음에서, 가슴에서 무언가가 떠올랐다.

"그래, 그거야! 서울에서 발대식을 할 때부터 이미 해답을 주셨어! 여정 중에도 다 보여 주셨어. 그건 바로 방송이야! 방송으로 아프리카를 알리려고 내가 다시 아프리카에 왔듯이 한국에 돌아가서도 방송으로 아프리카의 실상을 알리면 되잖아! 그런데 어떻게 방송을 하지? 방송국을 세운다는 건 아닌 것 같고 아프리카 소식을 영상으로 만들면 되겠다. 그런 곳을 세우면 돼! 그럼 영상으로 담을 아프리카 나라들을 꾸준하게 다녀야겠지. 아프리카 나라들을 다녀서 무얼 하지! 그래, 아프리카의 구제 현장과 선교 현장을 알리면 되는 거야! 그렇지! 이번 탐험 길에서 본 것이 굶주림, 기아, 질병, 에이즈, 물 부족이었잖아!"

나는 드디어 숙제의 해답을 찾았다. 쿵쾅거리는 가슴이 내게 이야기했다.

"아프리카에서 다시 태어난 나! 아프리카를 위해 살자! 내 삶의 존재

이유는 아프리카를 사랑하고 아프리카 사람들과 함께하는 것이다. 그
래 바로 이것이구나. 방송이야, 방송!"

나는 화들짝 놀라 가슴이 먹먹하였고 심장이 요동치기 시작했다. 나
는 확신이 섰다. 내가 해야 할 일, 아프리카의 프로젝트가 완연히 떠올
랐다. 'TV 방송을 통해서 아프리카의 고통스러운 실상을 알리자. 아프
리카의 모든 것을 있는 그대로 알리자. 사람들에게 아프리카를 제대로
보게 하고, 알려 주고, 느끼게 하고, 돕고 싶은 마음이 생기도록 동기부
여를 해 주자.'

이렇게 탐험하면서 고통받는 아프리카 사람들을 돕자고 호소하고,
그들이 필요로 하는 것들을 지원해 주자고 알리려는 것처럼 미디어센
터를 세워서 이곳을 알리고 도와주면 되겠다. 신기하게도 내 머릿속에
서는 즉시 '세계영상선교센터'라는 이름이 떠올랐다. 그래, 나는 영상
으로, 미디어로 하나님의 사랑을 전하고 어렵게 사는 사람들을 구제하
는 선교센터를 세워야 해!

"하나님, 바로 이것입니까? 세계영상선교센터!"

"그래, 이제 알겠니? 내가 네게 보여 준 숙제와 해답은 바로 그것이
란다. 지구 끝까지, 땅끝까지, 아프리카에서 영상으로 복음을 전하는
세계영상선교센터. 그곳의 진실을 세상에 알리는 것이란다."

만델라 교도소 같은 숙소로 나를 찾아오신 하나님은 아프리카 대탐
험의 끝, 마지막 밤에 케냐의 엘도렛 초라한 방에서 나를 만나 주셨다.

나는 1977년, 아프리카에서 복합성 풍토병에 걸려 사경을 헤매게

되었다. 그때 나는 하나님께 "제발 목숨만 살려 주신다면 시키는 대로 하겠습니다."라고 간절히 기도하였고, 하나님은 그런 나를 거짓말처럼 즉시 고쳐 주셨다. 그 뒤 나는 어떻게 하는 것이 하나님과의 약속을 지키는 것인지 수많은 세월이 지나는 동안에도 그 생각이 잊히지 않았고 더 또렷하게 가슴에 자리 잡았다. 그리고 나도 모르게 어떤 힘에 이끌리어 각가지 영적 훈련으로 연단되었고, 인내와 담대함으로 성장되어 갔지만, 나는 그 변화를 알아채지 못했다. 그렇게 25년이란 세월이 흘러 어느덧 50대가 되었다. 그리고 비로소 주님의 일꾼으로 쓰임받기 위해 아프리카 탐험 길에 나서게 된 것이었다.

하나님은 2002년 아프리카 대탐험을 쉰 살이 넘은 나를 위해서, 내세울 것도 할 줄 아는 것도 변변히 없는 나를 위해 준비하셨다. 그리고 탐험 내내 지켜 주시고 보호해 주시면서 내가 숙제를 풀고 해답을 찾도록 보고 느끼고 깨닫도록 보살피셨다.

하나님은 내게 말씀하셨다.

"이제 훈련은 끝났다. 가라, 땅끝으로! 네가 다시 태어난 너의 고향 아프리카로. 그곳에서 네 생명을 다 바쳐서 일하거라. 화려한 곳이 아니라 굶주림과 질병으로 고통받는 고아들과 꿈이 있는 새싹들에게 희망을 주는 땅끝에서, 빈민가의 사람들을 돕는 곳에서 그들과 함께하거라. 그것이 네가 나를 사랑하는 방법이란다."

아프리카 대탐험이여, 안녕

이른 아침, 우린 엘도렛 고아원을 방문하기 위해 숙소 마당에 모여 현지인 가이드를 기다렸다. 그는 약속 시간보다 2시간 반이 훨씬 지나서야 빙긋이 웃으며 천천히 나타났다.

"늦으면 전화를 해야지 어떻게 된 거야?"

한국인 가이드가 물었다.

"아, 미안합니다. 제가 어제 휴대전화를 잊어버려서 전화를 할 수 없었습니다."

"그럼 오늘 약속 시간에 제대로 와야지."

"지금껏 휴대전화를 찾느라 늦었습니다."

"그래서 휴대전화는 찾았어?"

"아뇨, 벌써 다른 사람 주머니로 들어갔지요. 이제 아예 포기했어요."

이때 휴대전화 벨 소리가 요란하게 울려댄다. 바로 휴대전화를 잃어버렸다는 안내자 청년의 주머니 속에서이다.

"너 휴대전화 잊어버렸다고 했잖아. 그건 뭐냐?"

"글쎄요, 휴대전화가 왜 여기 있지?"

아프리카의 문화는 느리고 단순하다. 지위고하를 막론하고 시간을 잘 안 지킨다. 약속을 하고 두세 시간 늦는 것은 보통이다. 그러니 외국인과 약속하면 그들은 변명하느라고 거짓말쟁이까지 된다.

우린 주머니 속에서 요란하게 울려대는 청년 안내자의 휴대전화 소리에 깔깔깔 웃으며 희망을 꿈꾸는 고아들의 보금자리에 도착했다.

보라색 나팔꽃과 풀을 뜯는 젖소와 오리 세 마리가 나를 반기고, 잔디밭에 널어놓은 아이들의 옷가지 사이로 고양이가 다가와 풀을 뜯는다. 실내로 들어서서 아이들과 "잠보"(안녕)로 인사를 나누고 가져간 사탕이랑 과자를 나누어 준 뒤, 수줍어하는 사내아이 두 녀석을 목욕시켜 주기로 했다. 욕조 안에 물을 받고 두 아이를 앉힌 뒤, 비누칠을 하고 머리도 감겨 주며 온몸을 깨끗하게 씻겼다.

나는 녀석들이 웃는 모습이 예뻐서 한 아이를 번쩍 안은 다음 등을 쓰다듬어 주고 내려놓았다. 그러나 아이는 내 품에 머리를 묻은 채 필사적으로 떨어지지 않으려고 했다. 그래서 한 번 더 등을 쓰다듬어 주고 내려놓으려는데 아이는 더욱더 내 품으로 파고들었다. 엄마의 사랑과 따뜻한 체온이 그리운 것이었다. 나는 아이들을 번갈아 품에 안으며 아줌마가 너를 사랑한다고 말하면서 깨끗한 옷으로 갈아입혔다. 그리고 한 아이는 등에 업고 다른 아이는 손을 붙잡고 잠재울 방으로 데리고 갔다. 아이들을 침대에 눕히고 가슴을 토닥거려 주었다. 아이가 내 손을 꼭 잡고서 잠이 들기 시작했다. 눈을 뜨고 나면 '목욕해 준 아줌마가 갔구나.' 하고 생각할 것만 같아 돌아서 나오는 내내 마음이 아팠다.

우린 다시 나이로비로 돌아가기 위해 차에 올랐다. 창밖을 내다보며 고아원 원장인 '에스터 우둘리'의 인터뷰를 떠올렸다.

"우리 아이들은 옷을 포함하여 침구, 담요, 여러 가지 생활용품이 필요해요. 학교에서 공부할 때 쓸 교과서와 노트도 필요해요. 신발들이 오래 신어 낡았기 때문에 신발도 있어야 해요. 하지만 지금 우리가 직면한 가장 큰 문제는, 대부분의 아이가 이 고아원에서 지내는 기간이 끝나면 갈 곳이 없다는 거예요. 우린 더 많은 후원자의 손길을 기다리고 있어요. 그래서 우리 아이들이 대학 공부도 할 수 있고, 그 뒤 직업을 얻을 수 있도록 지원해 줬으면 좋겠어요."

나는 놀이터에서 아이들에게 시소를 태워 주면서 우리말로 "안녕하세요. 사랑해요. 아, 예쁘다. 또 만나요."라고 말해 줬는데 아이들은 한국말을 나보다도 더 정확한 발음으로 바로 따라 했다. 아이들이 북을 치며 스와힐리어 "하쿠나마타타", 즉 "우린 괜찮아요. 걱정거리 없어요. 다 잘 될 거예요."라고 노래하며 환영해 준 합창이 귀에 들려온다.

고아 천사들은 자신들이 잘 될 것이니 우리에게 걱정하지 말라며 희망을 노래했다. 하나님은 고아를 불쌍히 여기시고 사랑하신다. 그리고 우리에게도 고아들을 돌보라고 말씀하신다. 앞으로 어떻게 아이들을 도와줄 수 있을 것인가. 엘도렛에서 만난 고아들은 내게 탐험의 끝은 새로운 시작을 의미한다고 알려 주었다.

나는 세계여자대학생평화사절단의 부총재로서, KBS 방송팀과 함께 꿈에도 그리던 아프리카로 건너갔다. 하지만 내가 만난 그곳, 아프리카 대륙은 슬픔과 아픔이 가득했다. 나라마다 가난과 기근, 에이즈, 전쟁으로 얼룩져 고통받고 있었고, 도처엔 마실 물과 먹을 것이 없어서

"안녕하세요. 사랑해요!"라고 한국말을 정확하게 따라 하는
아이들의 합창 소리가 귀에 들려온다.

신음하는 사람들로 가득했다. 난 가슴이 아파서 눈물을 줄줄 흘리며
다니기도 했고, 창조주 하나님이 만드신 장엄한 세계에 감탄하기도 했
다. 아름다운 만큼 슬픈 대륙 아프리카 8개국을 55일간 돌아보면서, 눈
망울이 순수한 아프리카 사람들을 바라보면서, 25년이 흘렀어도 풀지
못한 숙제를 풀기 위해 고심했다. 엉덩이가 천장까지 뛰어오른 붉은
비포장 길 위에서도, 40도를 웃도는 태양 아래에서도, 차 안 가득한 대

원들의 씻지 못한 요상한 냄새를 맡으면서도, 병균이 놀고 있을 더러운 물로 온몸을 씻으면서도, 마실 물이 부족하여 아끼고 또 아껴 먹으면서도, 나 자신을 향해 외롭게 고통하며 물음표를 던졌다. 허허벌판 야영장의 밤하늘에 뿌려 놓은 은가루의 별무리들을 쳐다보며 위대한 대자연에 경의를 표하면서, 하나님이 아프리카로 나를 다시 부르신 이유와 해답을 찾기 위해 고심했다. 그리고 아프리카 대탐험은 나를 사랑하신 하나님의 특별 기획 작품이었음을 깨닫게 되었다.

우리 탐험대는 8개국 육로 종단 길을 총 55일에 걸쳐 17,993km를 달려왔다. 그중에 케냐의 이동 거리 930km가 포함되었다. 비행경로는 인천에서 출발하여 홍콩, 요하네스버그를 거쳐 케이프타운에 도착했고, 돌아올 때는 나이로비에서 출발하여 요하네스버그, 홍콩을 경유해 인천으로 귀국했다. 총 비행 거리는 29,722km이다. 자동차 육로 거리 17,993km와 비행기 항로 거리 29,722km를 합하면 총 47,715km를 이동했다. 육로 종단 거리는 험난한 특성상 다소의 오차가 있을 수 있다.

2002년 아프리카 대탐험 육로 종단 3만km는 1차로 여기서 끝이 났다. 하지만 나는 할 수만 있다면 2차, 3차, 4차까지 다니며 아프리카의 실상을 알리며 구제와 선교를 하고 싶다. 1차는 남부에서 동아프리카로 올라갔다. 2차는 동부에서 북아프리카로 올라갈 것이고, 3차는 북부에서 서아프리카로 내려가야 하고, 4차는 서부에서 남아프리카로 더 내려가야만 한다. 그리고 중앙아프리카도 남았다. 아프리카 대륙은 총 54개국으로 절대 빈곤 국가가 많아 도움의 손길이 절실한 가장 가난한 대륙이다. 아프리카 아이들이 꿈, 희망, 미래의 날개를 달고 훨훨 성장할 그날을 나는 진심으로 바란다.

선교사이자 탐험가 리빙스턴의 발자취를 따라간 아프리카 대탐험이여 안녕히! 마지막 종착지 케냐여, 다시 만날 날을 기약하며 안녕히!

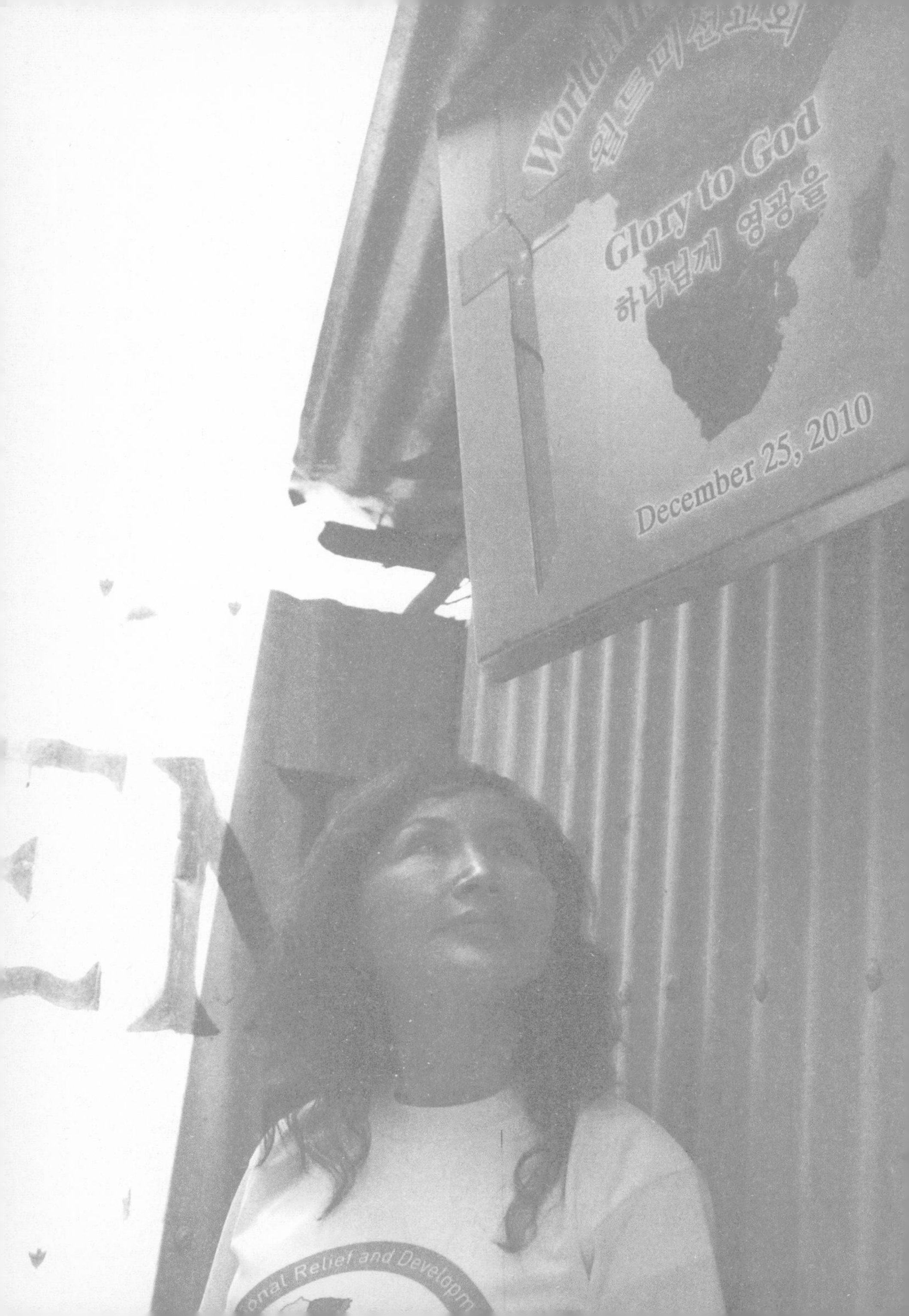
Glory to God
하나님께 영광을
December 25, 2010

5부

아프리카에서
다시 찾은 소명

내가 죽기 전에 내 고향 아프리카 사람들에게 무슨 말을 꼭 하고 싶은가!

나는 꼭 하나님을 의지하라고 말하고 싶다.

어떤 상황 속에서도 웃음을 잃지 않는 천사 같은 케냐 아이들

날아다니는 화장실

키베라를 생각하면 비장한 각오를 하듯 어떤 사명감이 느껴진다. 뭔가를 꼭 해야만 할 것 같다. 그냥 지나칠 수 없는 곳이라고 내 안에서 소리친다.

2005년 8월, 나는 키베라 슬럼가를 향했다. 키베라는 나이로비 중심부로부터 5km 정도 떨어진 곳에 위치해 있다. 먼저 내 눈에 들어온 것은 그들의 열악한 환경이었다. 오물이 흐르는 비탈길 옆 공동 수돗가에 줄지어 선 플라스틱 물통들과 물 뜰 차례를 기다리는 여인들, 시궁창 썩는 냄새와 산더미처럼 쌓인 쓰레기들, 더러운 옷을 입고 놀고 있는 아이들이 있었다. 어디를 둘러봐도 상황은 비슷했다.

키베라 슬럼은 1~13구역으로 나뉘며 이는 우리나라 동 단위와 같은 의미이다. 각 구역에 공중화장실이 한 개씩은 꼭 있지만 한 구역의 범위가 워낙 넓어서 화장실을 만나기가 쉽지 않다. 공중화장실은 유료이고 지역주민자치회에서 한 가정당 월별로 사용료를 결정한 후 젊은 그룹을 선정하여 관리 운영을 맡겼다. 이용 시간은 아침부터 이른 밤까지만 개방하다가 생리 현상을 시간으로 제약할 수 없기에 2014년 8월부터는 24시간 개방하고 있다. 하지만 근본적으로 화장실이 부족한 키베라는 오래전부터 괴이한 화장실이 등장했다. 그건 바로 '날아다니는 화장실', 즉 '플라잉 토일렛'(Flying Toilet)이다. 이것은 아무 곳에서 나 용변을 보고 그것을 봉지에 싸서 던지는 방식이다. 컴컴한 밤에 배설을 하려고 먼 거리에 있는 화장실을 가려면, 가는 도중에 배설될 수도 있어 아예 걸어가기를 포기하기 때문이다. 특히 여성은 밤길에 화장실을 가다가 성범죄에 노출될 수 있어 플라잉 토일렛이 애용된다. 이렇게 쌓인 아찔하고 끔찍한 길거리 배설물은 주거 환경을 파괴하고 질병을 유발하여 주민들의 생명을 빼앗아간다. 아이들은 작은 양동이에 배설하면 엄마가 이를 재래식 화장실이나 시궁창에 내다 버려 키베라가 병균과 악취로 만연하다.

　넘쳐 나는 화장실의 변을 퍼다 버리는 일은 더욱 심각하다. 키베라에는 하수 시설을 갖춘 화장실 구조가 없다. 때문에 변을 손으로 일일이 퍼 담아서 배수 시설에 갖다 버리는 수동 방식으로 관리하고 있다. 또한 길이 대체로 미로처럼 구불구불하고 경사가 심하며 폭이 매우 좁아 변을 옮기는 일은 위험천만한 곡예이다. 전체 키베라 지역 중 일부에서는 실험적으로 배설물을 자동 운반되도록 배관하는 설비인 배관 시도(Vacu-Tug)를 하고 있다. 하지만 장기적으로 제 기능을 갖출 수 있을지는 미지수이다. 80%의 재래식 화장실은 그마저도 열악하여 쉽게 막힌다. 그러나 막힘을 해결해 줄 업체가 거의 없기 때문에 뚫기도 어렵다. 사정이 이렇다 보니 몇 안 되는 화장실마저 30% 정도가 사용할 수 없는 상태가 되어 화장실 자체를 폐쇄하기 일쑤이다.

　맑은 눈동자, 환한 웃음을 가진 이 아이들에게 밝은 미래를 선물하기 위해서는 키베라의 환경을 100% 개선해야 한다. 나는 우선 주민 모두에게 해당하는 시급한 문제는 무엇일까 생각했다. 좁은 길을 제외하고는 땅이 보이지 않는다. 빽빽이 들어찬 흙집들과 거기 거주하는 수십만 사람들, 부족한 화장실 때문에 생겨 난 플라잉 토일렛, 그로 인해 길거리에 가득한 배설물의 악취, 비가 오면 집안으로 흘러드는 정체 모를 오물, 시커멓게 흘러가는 시궁창의 폐수, 이것이 키베라 사람들의 생명에 악영향을 줄 수 있는 심각한 환경 문제이다. 그래서 나는 〈키베라 슬럼 지역 환경개발개선사업〉을 착수하기로 했다. 그것은 바로 물이 콸콸 쏟아지는 청결한 현대식 화장실을 만드는 것이다.

  '바위에 계란 치기'란 부정적인 말이 있지만, '첫 술에 배부르랴'라는 옛 어른들의 용기를 북돋아 주는 격언과 '처음 시작은 미약하나 나중은 심히 창대하게 되리라'는 성경의 희망찬 말씀을 떠올렸다. 처음 공중화장실 한 개를 세우는 것은 미미한 일일지 모르나, 뜻이 있는 사람들이 뭉쳐서 포기하지 않고 키베라 사람들의 생명 살리기를 계속한다면 10개, 100개가 세워지지 말라는 법은 결코 없을 것이다.

  내가 이끌고 있는 아프리카 전문 국제구호개발 NGO 아이러브아프리카가 키베라에 펼치고 싶은 사업은 무수히 많다. 오염된 환경, 식수, 교육, 질병, 에이즈, 고아, 청소년, 여성 문제 등 그들에게 절실한 문제는 셀 수 없을 정도이다. 하지만 먼저 남녀노소 모두의 생명과 직결되는 공중화장실부터 짓기로 결정했다. 환경이 파괴되면 한두 명의 생명을 앗아가는 것이 아니라 모두의 생명을 한꺼번에 빼앗기 때문이다.

빈약한 기반 시설 부족, 쓰레기더미 속 키베라의 주거 환경

나는 수년 전부터 케냐의 도심에 세워진 친환경 기업 에코텍트 (Ecotact)에서 고안한 공중화장실 '이코토일렛'(Iko-Toilet)을 주시했다. 마하트마 간디의 '위생은 독립보다 중요하다.'는 말에 감명받아 만들어진 이코토일렛은, 위생의 가치를 최적화했을 뿐만 아니라 수익 창출, 일자리까지 제공하는 신개념 화장실로서 위생 환경이 빈약한 아

프리카에 적합한 모델이다. 이코토일렛은 도시, 시장, 공원 그리고 임시 정착지구인 빈민가에 세워졌으며, 매일 평균 1,000여 명의 주민에게 깨끗한 화장실과 샤워 시설을 제공하고 사용료를 받아 운영하고 있다. 그리고 5년 뒤 지역사회 자치회에서 직접 운영하도록 권한을 넘겨준다.

나는 키베라에 이코토일렛을 세우기로 결정하고 함께 협력할 에코텍트의 대표 데이비드 쿠리아와 지속적인 회의를 했다. 계속 회의를 해 나가며 해를 거듭하는 사이 화장실 건축이 시급하다는 사실을 절감했지만 여전히 근본적인 문제를 해결하지 못했다. 근본적 문제란 건축 부지는 정부로부터 제공받아야 하는데 키베라 슬럼에는 공중화장실을 건축하기에 마땅한 정부의 땅이 없어 부지를 지정받지 못했다. 또한 부지를 받는다 해도 각 정부 기관으로부터 건축 허가를 비롯한 행정적 절차를 밟아야 하고 그 기간이 적어도 4개월 정도는 걸린다. 그러므로 건축이 완공되는 시점까지 1년은 족히 걸릴 거라고 예상했고 이것들은 내게 큰 부담으로 작용했다.

케냐의 법은 영국법에 기초한다. 아프리카라고 무시했다가는 곧 만만치 않음을 깨닫게 된다. 적당히 되는 법이란 결코 없다. 그래서 '어서 빨리 현대식 화장실을 세워 줘야지!'라는 안타까운 마음으로 시작했지만 쉽지가 않았다. 그렇게 악조건 속에서도 꾸준하게 추진하였으나 2012년이 다 지나가도 프로젝트 해결의 실마리를 찾지 못했다.

나는 케냐에 가면 슬럼이 나를 이끌었고 그곳을 드나들면 마음이 아팠다. 그래서 그들을 기쁘게 해 줄 수 있는 것이 무엇일까! 마음에 담고 있던 중에, 2010년 본격적으로 '슬럼의 공중화장실과 슬럼 사람들의 관계성'에 몰두하게 됐다. 그리고 그토록 그들에게 뭔가 해 주고 싶었던 소원을 2013년이 되어서 확실하게 첫 씨앗을 심게 됐다.

자! 빨리 서두르자. 어서 공중화장실을 세워 '날아다니는 화장실'을 하나라도 줄여 주자.

키베라 슬럼은 위험해서 안 됩니다!

공중화장실을 세우는 데 첫 씨앗인 후원 기업이 나타났으니 건축 완공일부터 잡기로 했다. 목표가 없으면 아프리카 사람들은 제 날짜에 완성하지 못할 것이기 때문이다. 그들의 천천히 일하는 습성과 추진력 있게 할 수 없도록 맞물려 돌아가는 사회적 시스템과 환경, 아직은 번듯하게 갖춰져 있지 못한 국가 경쟁력 때문이다.

그래서 나는 6월에 완공하는 것을 목표로 세웠다. 목표가 세워지니 그들도 각오를 새롭게 했다. 그러나 그들은 지속적으로 밀어붙이지 않고 조금만 느슨하게 대하면 본래의 습성으로 금방 돌아가 버린다. 내 경우에는 다행히 그동안 아프리카에 헌신하며 구축해 놓은 네트워크가 있기에 계속 추진해 나갈 수 있었다.

화장실 사업을 진행 중이던 어느 날 후원 기업의 담당 팀장으로부터 전화가 걸려왔다.

"이사장님, 재단 이사회에서 키베라 슬럼 지역이 세계에서 가장 열악한 빈민가 중 한 곳이라는 것을 알고 걱정을 많이 했어요. 봉사단이 가기에는 너무 위험해서 안 되겠다고요. 화장실 세울 장소를 봉사단이 방문하기에 안전한 장소로 변경해 달라는데요. 일단 키베라 슬럼가는 제외해야겠습니다."

"네, 그렇게 하도록 하지요. 무엇보다 중요한 게 봉사단의 안전 문제인데요. 당연히 그래야죠. 알려 주셔서 감사합니다."

나는 아무렇지 않은 듯 전화를 끊었지만 갑자기 기운이 쑥 빠졌다. 나 혼자 하는 일이라면 죽음도 두렵지 않다. 하지만 장래가 창창한 젊은 봉사단이 개막식에 참석하려면 그들이 안전하도록 화장실 건립 지역을 변경해야만 했다. 나는 다시 원점으로 돌아가기 위해 설레던 마음을 내려놓았다. 마음이 급해졌다. 다른 장소도 물색해야 하고 시일도 없다. 한국 기업에서는 후원만 하면 빨리 될 거라고 생각했지만 케냐의 상황은 그렇지가 못했다.

나는 공사가 점점 더 늦어질 것을 확신하고 완공 날짜를 6월에서 다시 8월 마지막 주로 변경했다. 케냐는 2013년 3월 4일이 제4대 대통령 선거일이었고 초대 대통령 '조모 케냐타'의 아들인 '우후루 케냐타'가 대통령에 당선됐다. 그래서 새 정부의 행정이 아직은 안정되지 않아, 공중화장실을 건축하려면 거쳐야 할 각 부처의 절차가 순조롭게 진행되지 않을 것이라 생각됐다. 그렇다면 8월 개막식도 힘들겠구나!

마음이 다급한 5월의 어느 날, 나는 파트너사인 에코텍트 대표와 만나 이 문제에 대해 진지하게 의논했다. 그는 말했다.

"현재로선 아무리 기다려도 정부의 땅인 화장실 부지가 나이로비에 한 곳도 나오지 않네요. 새 정부가 들어와서 책임자가 바뀌었어요. 그래서 지금 상태로는 새로운 책임자와 관계를 유지할 때까지 기약 없이 기다리는 수밖에 없어요. 그렇다고 건축 허가를 받은 화장실 부지가 없는 것은 아닙니다. 그런데 그것이 케냐의 남동부 해안에 위치한

오물이 흐르는 환경에서 태연한 아이들의 모습이 오히려 안쓰러운 케냐의 모습.
그곳에 화장실이 절실히 필요하다.

먼 지방에 있어요. 말린디와 응예리, 옹가타, 롱가이, 니후루루 같은 지
방입니다."

"말린디와 몸바샤는 제가 수년 전에 가 본 케냐의 끝 지방이라 저도
알고 있어요. 한국으로 말하자면 부산 항구 같은 곳들이에요. 거리로는
부산의 두 배가 되고도 넘을 것 같은데요. 지도를 안 봐서 모르겠습니
다만 그곳들은 너무 멀어서 거기에 화장실을 건축하고 싶지 않군요."

"이사장님, 여기 5개 지방은 건축 허가까지 완벽하게 받아 놓은 상태죠. 지금 당장이라도 공사가 가능합니다만……."

"수고스럽지만 나이로비에 땅이 없으면 위성도시라도 알아봐 주시면 좋겠어요."

"네, 그러지요. 그렇지 않아도 나이로비 인근에 있는 키쿠유 지역을 알아보고 있습니다. 최대한 빨리 좋은 소식을 드리지요. 조금만 기다려 주세요. 정부를 통해서 알아봐야 하는데, 좀 전에 말씀드린 대로 새 정부가 출범한 직후라 행정이 느립니다. 하기야 아프리카 문화는 늘 느린 것이 정상입니다만, 한국인들은 동작이 빠르죠. 너그러이 이해해 주시면 좋겠습니다. 건축은 뽈레뽈레(천천히) 아프리카에서 해야 하니까요."

당연한 이야기였다. 그러나 벌써 작년부터 함께했는데 조금도 진척이 없는 상황이 너무도 답답했다.

"뽈레뽈레든 빨리빨리든 건축할 장소가 어서 나와야겠지요."

"그런데 이사장님, 나이로비 인근 도시에 건축 장소가 있기는 합니다만 수도관의 접근성이 매우 떨어져서 말씀을 안 드렸습니다."

"수도관의 접근성이라면 건축 장소와 물을 연결할 수도관과 거리가 멀다는 것인데요. 그렇게 되면 어떤 문제가 있나요?"

"만약 이곳에 아이러브아프리카가 화장실을 건립한다면 수도관, 전기, 하수도 배관 등 추가 비용 일체를 지불해야 합니다. 그리고 이 사항에 대해 정부 기관과 추가로 절차를 밟아야 하기에 기간이 또 길어짐니다."

"그렇군요. 수도관의 접근성이 먼 곳은 여러 가지로 문제가 많군요."

"이사장님, 제 느낌으로는 정부 땅이 쉽게 나올 것 같지 않군요. 시간이 필요할 것 같습니다."

아직 땅도 구하지 못했는데 개막식은 8월로 잡아 놓고 나는 거꾸로 일을 하고 있다. 이러다간 12월에도 완성된다는 보장이 없다. 그렇다고 열 번째 세우는 화장실도 아닌 첫 번째 건립하는 화장실을 수도 나이로비와 위성도시를 다 제쳐 두고 먼 지방까지 찾아가서 세울 수는 없다. 아니 한국에서 아프리카로 건너가서 다시 국내선 비행기를 갈아타고 또 가서 케냐의 끝에다가 첫 번째 화장실을 세운다면 정말 말도 안 된다. 그렇다고 아프리카 사람들만 믿고 무작정 기다릴 수도 없다. 빨리 다른 방법을 찾아 조치를 취하자! 나는 단호하게 결단하고 에코텍스사와는 다음 기회에 협력하기로 결정했다.

나의 새로운 동역자

공중화장실 세우기에 함께할 새로운 파트너를 찾아야 했다. 나는 평소 친분이 깊은 킹스웨이 그룹의 마니쉬 회장을 떠올렸다. 마니쉬 회장은 내가 케냐에서 활동하는 데 있어 여러모로 적극적인 조언을 아끼지 않는 분이다. 그는 인도 사람으로 그룹의 총수이지만, 외적인 사업 경영은 친형제들, 사촌들에게 맡기고 자신은 구제 활동에 전념하고 있다. 그는 20년이 넘도록 매해 케냐의 수백 명 어린이가 개안 수술을 받을 수 있도록 도왔다.

또한 세계 곳곳에서 무료로 안과 치료를 시행하는 'Vision without Borders'의 대표로 스페인의 안과 의사들을 초빙하여 'Eye Camp'를 해마다 주최했다. 뿐만 아니라 마차코스 주 아뜨리버 잼 슬럼에 어린이집과 직업자활학교를 세워 기업의 이익을 사회에 환원하고 있다. 그 외에도 의료팀을 지원하고 가난한 젊은이들에게 꿈을 펼칠 기회를 주기 위한 프로젝트 개발에 몰두하고 있으며, 아마리타재단의 이사장으로서 봉사에 모든 인생을 건 겸손하고 선한 사람이다.

그가 4년 전 서울을 방문했을 때 우리 가족은 그를 초청하여 함께 식사를 나누며 좀 더 효과적으로 한국과 케냐가 상생할 수 있는 나눔에는 무엇이 있을까 의논하기도 했다. 나는 그런 그를 만나 공중화장실 문제에 대한 조언을 구했다.

"회장님, 현재 아이러브아프리카에서 케냐에 공중화장실 건립 프로젝트를 진행 중입니다. 처음에는 키베라 슬럼에 세우려고 했지만 혹시라도 한국 봉사단이 갔을 때 예기치 못한 위험이 닥칠 수도 있어서 비교적 안전한 다른 슬럼에 세우려고 하는데 아직 건축 부지도 잡지 못한 상태입니다. 8월에 완공된다고 후원 기업에 말했는데 걱정입니다. 좋은 방법이 없을까요?"

"아무 걱정 마세요. 제가 이사장님을 돕겠습니다. 즉시 알아보면 화장실을 세울 만한 장소를 찾을 수 있을 겁니다."

그는 민첩한 행동으로 나이로비 위성도시인 마차코스 카운티, 키암부, 보이 카운티의 주지사들과 논의했고, 그들은 화장실을 건축할 정부의 땅이 있는지 속히 알려 줄 것을 약속했다. 만약 주지사들의 관할 지역에 건축하게 된다면, 보통 몇 달이 걸리는 각 부처 간 업무를 급박한 상황임을 감안해 돕겠다고 주지사들은 또 약속했다. 마니쉬 회장은 그들에게 말하기를, 한국의 후원 기업 봉사단이 8월 개막식 참석을 위해 케냐에 오기 때문에 그때 화장실이 완공되어야 하는 우리의 입장을 주지사들에게 밝혔다. 주지사들은 NGO 아이러브아프리카의 화장실 프로젝트에 진심으로 감사하다고 말했다. 이틀 뒤 나는 마니쉬 회장과 다시 만났다. 그는 진지하게 말했다.

"이사장님, 제가 이틀 동안 알아본 결과 현재로서는 마차코스, 키암부, 보이 카운티에도 화장실을 세울 만한 정부 땅이 없답니다. 주지사들은 계속해서 찾아보겠다고 조금만 기다려 달라고 합니다. 하지만 정확히 언제까지 기다려야 할지 알 수 없습니다. 아프리카는 인내하고 기다려야 합니다. 8월에 완공하고 개막식을 갖기가 힘들지도 모릅니다.”

“회장님, 그럼 어떻게 하죠? 한국에선 케냐에 공중화장실 하나 짓는 것이 이렇게 복잡하다는 것을 상상도 못합니다. 가난한 아프리카니까 그냥 후원만 하면 모든 것이 쉽게 되겠지 생각해요. 그렇지만 저로서는 후원 기업과의 신뢰가 중요해요. 빨리 지을 수 있는 다른 방법은 없을까요?”

“있기는 합니다만……”

“그래요! 그것이 무엇인데요?”

“이사장님과 제가 직접 진두지휘해서 멋지게 건축하면 됩니다. 저도 공중화장실 세우는 일은 처음이지만 문제없습니다. 행정 절차는 주지사가 속히 진행해 주기로 약속했으니까요. 사실 물이 쏟아지는 현대식 공중화장실 건축은 NGO 아이러브아프리카가 케냐 정부에 공헌해 주는 대단한 일입니다. NGO 국제단체들이 케냐에 많이 들어와 있지만 공중화장실 사업은 잘 안 하는 것 같아요. 힘든 만큼 폼은 덜 나고, 비용도 생각보다 많이 들고, 절차도 복잡해서 접근하기 쉬운 사업이 결코 아닙니다.”

“칭찬해 주셔서 감사합니다. 그런데 우리가 어떻게 직접 짓는다는 거죠? 정말 놀라운 도전입니다!”

“네, 그렇습니다. 도전은 새로운 길을 열어 주죠. 그 도전 정신으로 마차코스 카운티에 화장실을 건축한다면 우리가 직접 지휘할 수 있습니다. 그곳은 나이로비에서 자동차로 30분 거리에 위치해 있습니다. 단, 길이 막히지 않을 때 기준입니다."

정말 좋은 의견이었다. 그가 말한 곳은 나이로비 위성도시 마차코스 주 아뜨리버 잼 슬럼이었다. 키베라 슬럼의 1구역같이 조그만 동네이지만 이방인에게는 비교적 안전한 지역이었다. 하지만 그곳에 정부 땅이 있는지가 또 문제였다. 그런 내 마음을 아는 듯, 마니쉬 회장은 내 걱정을 일축시키며 말했다.

"있습니다. 현재 정부가 세워 준 공중화장실이 슬럼 전체에 딱 한 개가 있는데, 그 낡은 화장실을 헐어 버리고 그곳에 이사장님이 원하는 현대식 화장실을 만들면 됩니다."

"오! 놀라운 생각이에요! 그런데 물은 어디서 어떻게 끌어오나요? 그것이 핵심인데요?"

"아무 걱정하지 마세요. 이사장님이 이곳에 화장실을 건립한다면, 저는 그 화장실에 공급할 물을 제공하겠어요. 저의 아마리타재단 건물이 공중화장실 가까이에 위치해 있어요. 아마리타 건물 담 밑으로 화장실까지 수도관 파이프를 연결해서 끌고 가면 됩니다. 우물은 깊이 200m의 지하수를 끌어올렸기 때문에 물의 매장량이 풍족합니다. 제가 슬럼 주민들이 매일 충분히 사용할 수 있는 양을 공급하겠습니다. 물론 무료입니다."

이곳에 200m 정도의 우물을 파려면 4천만 원이 넘게 든다. 또한 우물을 파려면 주정부 수도국에 신고하고 절차를 밟아야 한다. 왜냐하면

지하수는 정부와 주민들의 공동 재산이기 때문이다. 그동안 장소 선정 문제로 두 다리 편히 뻗은 날이 없었는데, 그가 물 문제까지 한꺼번에 해결해 주었다. 감사와 감동이 물밀 듯 밀려왔다. 하지만 그는 오히려 자신도 도울 일이 생겨서 기쁘다고 말하며 내게 공을 돌렸다.

"당신이 아프리카를 사랑하는 열정에 오히려 제가 감동하고 있어요. 소외된 슬럼 지역 사람들에게 애정과 관심을 갖는다는 것이 결코 쉽지 않은 일인데 이사장님은 정말 마음이 따뜻한 사람입니다. 앞으로 열심히 돕겠습니다."

이렇게 해서 우리는 협력하여 잼 슬럼에 낡은 공중화장실을 헐어 버리고, 물이 콸콸 쏟아지는 수세식 화장실을 건립하기로 뜻을 모았다. 그리고 8월 마지막 주까지 완성하여 개막식을 갖는 것을 목표로 삼았다.

나는 언제나 그의 선한 겸손함과 지혜, 온화한 리더십을 존중하며 많은 것을 배운다.

문득 아프리카 대탐험 중 스스로에게 했던 다짐이 떠올랐다. 미지의 세계를 향한 두려움을 떨쳐 버리고 담대히 나아가자. 열정적으로 기도하자. 웃으며 긍정하자. 인내하고 도전하자. 그렇게 노력한다면 예기치 못한 환한 길이 내 앞에 열릴 것이다.

공중화장실에서 커뮤니티센터로

다음 날 나는 아이러브아프리카 케냐 팀과 함께 잼 슬럼 입구로 들어섰다.

"아, 하나님! 키베라 슬럼이 아니라도 잼 슬럼에서 화장실을 세울 수 있도록 허락해 주셔서 감사합니다. 생전 처음 짓는 공중화장실이라서 아는 게 없으니까 힘에 부치지 말라고 작은 동네로 저를 보내 주시는 군요. 이곳에는 4천여 명이 살고 있다고 합니다. 이 슬럼도 주거 환경이 열악하기로는 키베라와 다를 바 없다고 하네요."

아이러브아프리카 케냐 팀원 메리가 한 곳을 가리키며 내게 말했다.

"저것이 정부가 지어 준 유일한 공중화장실이에요."

"정말이니? 진짜 정부가 지어 준 거 맞니?"

"네! 진짜 정부가 지어 준 거 맞아요."

"그래! 키베라 화장실은 저것보다는 좋은데 여기 화장실은 너무 심했다. 나이로비가 아니고 위성도시라서 아무래도 수준이 떨어지나?"

"그런 면도 있지요. 하지만 동네도 주민들도 키베라보다는 순박할 거예요."

"그래, 맞아! 그런데 저것 하나로 4천여 명이 배설을 다 할 수 있겠니?"

"글쎄 말이에요. 앞으로 아이러브아프리카가 슬럼가에 화장실을 많

정부가 만들어 준 화장실 앞에서

이 세워 주면 좋겠어요."

"그건 나도 간절히 바라는 일이야, 메리."

메리는 나를 향해 예쁘게 웃었다. 그녀는 케냐에서 최고의 대학인 나이로비 대학교를 졸업한 재원이다. 내가 케냐에 있을 동안 늘 곁에서 챙겨 주는 메리는 나를 따라다니면서 처음으로 슬럼가 속으로 들어와, 그가 사는 세상이 아닌 다른 세상의 비참한 현실을 보고 있는 것이다.

나는 낡은 함석 몇 장 초라하게 붙여 놓은 것 같은 화장실로 가까이 다가갔다. 뭐라 말할 수 없이 안쓰러운 여덟 칸의 변소 중 다섯 칸은 이미 가득 찬 배설물로 더 이상 사용할 수 없어 폐쇄시켰고, 세 칸만 이용이 가능했다. 문을 가만히 밀쳐 보았다. 형편없을 것이라고 예상은 했지만 정말 상상도 못할 정도였다. 바로 이런 환경이 슬럼이고 그 속에서 살아가는 사람들이 슬럼가 사람들인 것이다. 나는 순간 마음이 아팠다. 하지만 하얀 구더기가 바글바글 들끓는 변소가 물이 콸콸 쏟아지는 수세식 화장실로 변신해서 주민들이 환하게 웃으며 드나들 것을 생각하니 희망이 솟았고 기쁨이 가득해졌다.

잼 슬럼의 연장자 그룹 리더 키여코의 안내로 온 동네를 둘러보았다. 동네 어귀에 앉아 있는 노인과 인사를 나누고, 빨래하는 엄마와도 웃으며 이야기하고, 집안에서 죽 끓이는 실업자 청년도 만나고, 일 나간 엄마를 기다리며 놀고 있는 아이들도 안아 주면서 좋은 생각이 떠올랐다.

"잼 슬럼은 키베라의 1구역 정도 크기의 작은 동네야. 그래서 주민들이 하나의 공동체로 단합하기가 쉬울 것이다. 동네에 하나뿐인 허름한 공중화장실을 커뮤니티센터로 확장해서 건립한다면, 이 센터가 마을 회관 역할까지 할 수도 있겠다. 공공화장실을 중심으로 건축하되 다른 영역을 함께 구축해 보자. 또한 잼 슬럼 주민 공동체에게 운영권을 모두 일임하고 자체적으로 자생할 수 있도록 수익의 범위를 넓혀 보자. 이를테면 여성을 위한 재봉 수선 및 맞춤옷가게 운영, 엠파샤 점(휴대전화로 은행 업무 입출금을 하는 시스템), 주민을 위한 작은 회의실 등을 만들면 좋겠구나. 그러면 주민들이 자율적인 운영체제를 구축하게 되고 자연스럽게 일자리가 창출될 것이다. 뿐만 아니라 주민자치회의에서 결정한 한 가구 당 책정된 화장실 사용료 수입과 점포에서 발생되는 수익금을 공동으로 얻게 될 것이고, 더 나아가 서로 연합하여 청결한 환경 속에서 건강하게 살아갈 수 있을 것이다. 이 일은 분명 주민들에게 꿈과 희망을 주는 커뮤니티센터로서 첫걸음을 내딛는 계기가 될 것이야!"

처음 시작은 미약하지만 나중은 심히 창대하게 되리라. 그렇다! 앞으로 아이러브아프리카도 이곳 슬럼가 사람들에게 필요한 것과 그들의 희망과 꿈이 무엇인지 더욱 관심을 기울이자. 그들 편에 서서 현지인들과 함께 돌파구를 찾아가는 바람직한 단체가 되자. 더 이상 망설일 이유가 없다. 공중화장실만이 아니라 꿈과 희망을 키우는 커뮤니티센터로 확대하여 건립하는 것이다!

기획과 설계는 내가 이끄는 아이러브아프리카 팀이 맡았고, 시공은 마니쉬 회장이 이끄는 팀이 맡았다. 이로써 잼 슬럼 주민들을 위한 맞춤형 커뮤니티센터 건립 준비를 모두 마쳤다. 이것은 아프리카 전문 NGO 한국 본부 아이러브아프리카가 케냐 아마리타재단과 연합하여 선을 행한 〈케냐 슬럼 지역 환경개발개선사업〉의 첫걸음이 되었다. 또한 마니쉬 회장과 나 자신의 인생에 있어서도 쉽게 다가오지 않는 아름다운 봉사로 기억되었다.

공중화장실을 중심으로 한 '꿈과 희망의 커뮤니티센터' 구조는 다음과 같다. 남성과 여성은 물론 어린이도 사용할 수 있는 양변기를 설치했고, 남성 전용 소변기는 물론 몸을 씻을 수 있는 남녀 구분 샤워기도 확실하게 달아 놓았다. 손을 씻고 세수하도록 세면대도 달아 두고 아기 돌봄대도 갖춰 놓고 장애인을 위한 대형 화장실도 만들었다. 정문 입구 중앙에는 사무실 겸 매표구가 있고 건물 안에는 엠파샤 점, 재봉 수선 및 맞춤옷가게, 주민공동회의실을 만들었다. 슬라브 지붕을 피하고 삼각형 모양이 되도록 박공지붕을 얹었고, 지붕 중앙을 높이고 양쪽 면을 비스듬히 내려오게 설계해 통풍이 잘되도록 하였다. 또한 슬럼가에 전기가 들어오지 않는다는 점을 고려하여 지붕 일부를 언제나 햇빛이 들어오도록 설계했다.

커뮤니티센터를 삥 둘러서 희망의 나무, 어린 나무 50그루를 일정한 간격으로 심어야겠다. 어린 나무는 태양이 뜨거워도 비바람이 몰아쳐도 스스로 견뎌 내며 희망의 나무로 자라날 것이다. 나는 주민들의 꿈과 희망도 커뮤니티센터를 통해서 조금씩 솟아오르기를 바란다. 희망이란 큰 것에서부터 솟아나는 것이 아니라 아주 사소한 작은 것에서부터 피어나기 때문이다.

주민들이 춤추며 함께 모인 그날은

　　꿈과 희망의 커뮤니티센터 개관식 날이었다. 전날 밤 사정 없이 내리던 빗줄기는 간 곳이 없고, 푸르른 높은 하늘, 하얀 뭉게구름, 신선한 바람이 개관식을 축복했다.

　　공중화장실을 세워 주셔서 감사하다며 기쁨에 들 뜬 잼 시티 동네가 발칵 뒤집혀 환영 행사 준비를 했다. 천막도 치고 플라스틱 의자들도 정돈해 놓고, 앰프와 마이크도 갖다 놓고, 오색 풍선도 즐비하게 장식 했으며 개막식 커팅 가위도 접시에 올려놓았다. 식이 시작됐다.

　　이날을 위해 한 달이나 연습했다는 뚱보 엄마 합창단이 엄청 큰 엉덩이를 사정없이 흔들며 입장했다. 그중 대장은 단연코 뚱뚱하다 못해 집채만 하다. 뚱뚱한 그녀가 한 손에 마이크를 들고 우렁찬 남자 목소리로 괴성을 지르며 목에 핏줄을 세웠다. 대원들은 그 괴성에 맞춰 몸을 돌려대며 고래고래 불협화음을 연출해 괴상하게 합창했다. 듣는 사람 생각은 안 해봤는지! 땀을 뻘뻘 흘리며 그 큰 몸집들은 쓰러질 것처럼 위태로워 보였다. 충격적인 합창단 율동에 천막 속의 축하객도 온몸을 전후좌우로 흔들어 주며 박장대소한다. 빼곡히 모여 앉은 동네 어른, 아이도 "옆집 엄마 맞아!" 하며 놀라운 장면에 배꼽 빠지게 웃어대고 젊은이들은 일어서서 흔드느라 법석이다.

　　이때 건장한 축하객 키베라 슬럼 국회의원 오콧이 뚱보 대장 옆으로 나가서더니 역시 온몸을 흔들며 엉덩이춤을 춰 웃음을 선사했다. 이에 뒤질새라 반대편에서 한국 여성이 나가더니 뚱보 엄마들과 엉덩이춤을 췄는데 그 여성은 바로 나였다. 이쯤 되니 개관식은 웃음바다가 되어 주민과 축하객 모두가 한마음이 되어 기쁨이 충만했다.

공중화장실이 커뮤니티센터로 변경되어 완공된 것은 8월을 지나

축제의 한마당이 된 커뮤니티센터 현장

11월 29일이었다. 예정대로 8월에 입국한 봉사단은 정말 이름처럼 아름다운 봉사를 했다. 벽에 페인트를 칠하고 타일도 붙이고, 물을 끌어오기 위한 파이프를 배관 작업할 땅을 파고 흙도 나르고, 사다리를 타고 올라가 지붕 밑에 대못도 쳤다. 한국의 신사들은 구슬땀을 흘리며 가난한 이곳 사람들이 태어나서 처음 사용하게 될, 물이 쏟아지는 양변기 화장실을 만들어 주려고 정성을 다했다.

　주빈으로는 케냐 정부 관료를 대표해서 마차코스 부지사, 지역의회 국회의원, 키베라 국회의원, 아뜨리버 카운티 대표, 국회의원 지역 대표, 주정부 경찰 대표, 지역 공동체 대표, 잼 시티 목사, 한국인 선교사, 동역자 마니쉬 회장이 참석하여 감사와 축하의 말을 전했고, 케냐 주재 한국 대사님은 유럽 회의에 참석하셔서 공사참사관이 축하 메시지를 띄웠다.

　"한국 정부는 I LOVE AFRICA와 같은 비정부기구의 뛰어난 업적에 대해 늘 자부심을 갖고 있습니다. 또한 인도적 지원을 보다 많은 지역에 제공함에 있어 NGO야말로 효율적으로, 효과적으로, 지역사회와 상호작용을 할 수 있는 주체라는 것을 인식하고 있습니다. NGO 아이러브아프리카와 아마리타재단의 협력을 통해 잼 시티에 '드림 앤 호프 커뮤니티센터' 프로젝트의 결실을 맺어 낸 것을 축하드립니다. 이 자리가 케냐와 한국의 우정이 계속될 것을 확인하는 자리라 믿습니다. 한국에 '천리 길도 한 걸음부터'라는 속담대로 우리의 우정이 길고도 보람찬 것이 될 것이라 생각합니다. 감사합니다. 아산테 사

아이들의 위생을 책임질 공중화장실의 늠름한 모습

나!(Asanteni sana!)"

　"하나님, 감사합니다. 이 모든 영광을 받아 주세요. 당신께서 케냐 잼 슬럼의 가난한 사람들을 위해 물이 쏟아지는 깨끗한 화장실을 만들게 하셨고, 재봉틀을 가지고 수익도 창출하게 하셨고, 주민들이 오손도손 희망을 나누도록 회의실도 마련하게 하셨습니다. 이제 저는 주민들이 커뮤니티센터에서 꿈과 희망의 씨앗을 심어 가기를 기도하겠습니다."

아프리카가 미래를 향해 달린다

아프리카의 떠오르는 별 젊은 리더들! 그들이 미래를 향해 달린다. 케냐 비전 2030년을 목표로 신흥산업국가로 혁신하기 위해 달리는 대통령 우후루 캐냐타는 40대이다. 아프리카 최첨단 경제 도시를 마차코스 주에 조성하기 위해 중동의 두바이를 모델로 신도시 건설에 박차를 가하는 주지사도 40대이다. 키베라에서 태어나 미국 유학 후 돌아와 키베라 젊은이들에게, 우리도 할 수 있다는 희망의 날개를 달아 주는 국회의원 오콧도 40대이다. 아뜨리버 지역을 위해 뛰고 있는 마보코의 국회의원도 40대이다.

아프리카의 밝은 미래를 예측하는 것은 젊은 리더들이 분야마다 자리 잡고 있기 때문이다. 이들은 추진력 있고 빠르다. 2014년 8월 나는 마보코의 의원과 마주 앉았다. 우린 초등학교를 건립할 땅에 관한 회의를 했고, 그와 나는 협력하여 초등학교를 세우면 좋겠다는 데 뜻을 모았다. 땅을 보기로 한 다음 날 아침 8시, 중간 지점인 길에서 만났다. 그런데 그는 약속 시간보다 훨씬 일찍 나와 기다리고 있었다. 코리언 스타일 '빨리빨리'였다. 그는 붉은 먼지를 휘날리며 날쌔게 달려가서 마차코스의 광야 같은 땅에 차를 세우고, 말뚝을 꽂아 놓은 초등학교 부지와 마사이 가족을 내게 소개했다. 이 땅에 초등학교를 세워 주변의 여러 종족 아이들이 함께 모여 공부하면 좋겠다고 설명했다. 그리고 헤어지면서 다음 주 7시에 조찬을 하자고 제의했고 그때도 역시 약속 장소에 먼저 와 기다리고 있었다. 그는 말했다. 한 달에 한 번씩 일주일은 아침식사를 가볍게 하고 금식하면서 5년째 실천하고 있는데 국가와 자신을 돌아보는 냉정한 시간이 되었다고.

2013년 8월, 나는 봉사단과 함께 키베라 슬럼의 국회의원 오콧을 만났다. 오콧은 자신이 공부했던 허름한 학교와 에이즈 보균자로 살아가는 여성들이 구슬공예로 일하는 'Power Women' 그룹에 우리를 데려갔다. 그는 또 키베라 아동재단 등 지역 사회 여러 단체로 안내했는데, 차를 타고 이동하며 내게 말하기를 바빠서 점심도 못 먹었다고 했다. 마침 나는 키베라의 〈학대당하는 아동보호센터〉에서 오전에 의료 진료를 실시할 때 아이러브아프리카와 협력한 캐냐타 대학교의 의료팀 30명에게 점심으로 샌드위치를 나눠 주고 내 몫으로 남은 것이 있었다. 나는 그 샌드위치를 오콧에게 주었더니 차 안에서 맛나게 먹었다. 오콧의 성실한 안내는 밤이 되어서야 끝이 났다. 그는 키베라가 직면한 현실을 얼마나 진지하게 설명하던지 키베라를 발전시키고자 하는 열망이 절절하게 배어났다.

2014년 어느 날, 오콧과 나는 아침 7시에 조찬 회의를 했다. 그와 나는 가난한 키베라 아이들의 성장을 위해 동역할 수 있는 일이 무엇일까 논의했다. 그리고 결론 내리기를 키베라 슬럼은 다닥다닥 붙어 있는 양철집 때문에 땅을 확보하기가 불가능하니 현재 땅 위의 낡은 건물을 헐어 버리고 최소 비용으로 새 건물을 짓는 방법을 생각해 냈다.

우리는 "이 아이들이 살 수 있도록 도와주세요!"라고
외치며 그 길을 제시해 주는 역할자이다.

그런데 깜짝 놀랄 일은 다 쓰러져 가는 양철 학교를 헐고 재건축하는
일인데, 학교의 크기와 모양이 겨우 밟고 다닐 땅과 낡아 빠진 판잣집
같다는 사실이다.

더 놀라운 것은 그런 학교에서도 똘망똘망한 아이들이 방마다 빼곡
히 앉아서 미래를 향해 꿈과 희망을 갖고 열심히 공부하고 있다는 것
이다. 또한 공중화장실을 청결한 화장실로 바꿔 주는 일, 키베라의 가

난한 초등학생들과 우리나라의 풍족한 초등학생들에게 영어로 메일을 주고받으며 세계관을 넓히도록 아프리카 친구 맺어 주기, 메일을 주고받을 학교에 부족한 컴퓨터 기증해 주기, 유소년 축구단 자매결연 및 지원하기 등 최소 후원금으로 최대 효과를 거두는 일에 함께하자고 굳게 다짐했다.

그러나 세계에서 가장 처절하다는 키베라 슬럼가의 국회의원과 고통받는 아프리카 아이들을 전문으로 돕는 아이러브아프리카 단체장인 내가 굳게 결심한다고 해서 당장에 이루어지는 일은 하나도 없다. 왜냐하면 우리는 아이들이 희망찬 미래로 진입할 수 있도록 기획하고, 후원자에게 돕는 방향을 제시하며, 가치를 알려 주고 실행하는 역할자이기 때문이다.

나는 후원자를 진심으로 존경한다. 그들은 돈이 많아 후원하는 것이 아니다. 다만 마음이 넉넉하여 후원하는 것이다. 안 쓰고 안 먹고 절약하여 처절한 환경 속에 살아가는 아프리카 아이들을 살리는 고귀한 일을 돕는다. 티끌 모아 태산이 되듯 그 사랑과 정성이 쌓일 때, 낡은 양철학교 교실의 바닥이 썩어 어느 순간 나무가 푹 꺼져, 공부하던 어린이가 아래층 바닥으로 떨어져 평생 장애아로 살아가는 일이 다시는 생기지 않을 것이다.

나는 아프리카 사람들을 가슴으로 사랑한다. 그래서 아프리카가 가난했던 한국을 모델로 삼아 성장하기를 희망한다. 그런 의미에서 꼭 말하고 싶은 것이 있다. 아프리카가 발전하려면 사람들의 정신이 변화되어야 한다는 것이다. 그러려면 국가가 앞장서서 한국의 새마을 정신 교육을 아프리카인의 특성에 맞게 재창조하여 주입시켜야 한다. 이미 고정된 사고의 어른들을 교육하는 것도 필요하지만, 새롭게 자라는 새싹들에게 물을 주고 거름을 주어 아프리카의 미래를 키워야만 한다. 새마을운동으로 한 마을에 농기구를 갖추고 훈련시키는 농업 교육도 좋다. 하지만 무엇보다 미래의 저력인 아이들, 젊은이들에게 아프리카의 성장 동력이 될 새로운 사고와 자립 정신을 갖게 하는 재창조 교육이 국가 차원에서 혁신적으로 투자될 때, 아프리카는 새롭게 거듭날 것이라고 확신한다.

나는 또 생각한다. 내가 죽기 전에 내 고향 아프리카 사람들에게 무슨 말을 꼭 하고 싶은가! 그건 아기가 엄마를 따르듯 하나님을 의지하라고 말하고 싶다. 세상 살아가면서 힘든 일이 너무 많으니 그때마다 하나님께 도와달라고 살려 달라고 부르짖는다면 하나님은 손을 내밀어 당신을 꼭 붙잡아 주실 것이라고, 하나님만이 당신이 사는 끝 날까지 곁에서 지켜 주는 영원한 사랑의 아버지이시라고. 내가 지금껏 살아오면서 겪은 이야기를 당신에게 말하는 이유는 내 고향 아프리카 친구인 당신이 너무나 좋으니까!

어린 나무를 키우시는
하나님의 사랑

하나님의 치밀한 사랑이었다

2002년 숙제를 품고 떠났던 약속의 땅, 아프리카에서 해답을 찾아낸 나는 귀국 후 2004년 5월 세계영상선교센터(World Multimedia Mission Center)를 설립했다. 그러나 이것은 순전히 하나님의 사랑이었다. '영상으로 땅끝까지 복음의 빛을'이란 거창한 목적을 세운 뜻과 달리, 나는 법인체를 세울 설립 자금과 운영 자금도 없는 대책 없는 사람이었다. 그런 나에게 상상조차도 못할 일이 일어났다. 그것은 태어날 아기에 대한 하나님의 치밀한 사랑이었다. 어느 날 하나님은 세계영상선교센터를 세우도록 돕는 자를 보내 주셨는데 그분은 OBS 경인 TV 이사회 의장이자 영안모자의 백성학 대표회장이셨다.

내가 백 회장님을 처음 뵙게 된 것은, 1993년 숭실대학교 중소기업대학원 최고여성경영자 총동문회 선교회장으로 봉사할 때였다. 그때 선교회의 대행사로 '경영과 간증'이란 주제로 강사를 모셔야 했다. 나는 김성진 총장님에게 말씀드렸다.

"총장님, 믿음이 신실한 하나님을 사랑하는 강사님을 추천해 주세요."

"우리 학교에서 꼭 모시고 싶은 순수한 분이 있어요. 요즘 보기 드문 특별한 분인데 '모자 왕'이라 불리는 영안모자 백성학 회장이에요. 그런데 이분은 외부 강연을 절대 안 하시는 분이에요. 이 회장이 직접 찾아가서 모셔 오면 어떨까요? 절대 허락하실 분이 아니긴 합니다만."

나는 정중히 찾아뵈었고 어렵게 모셔 온 백 회장님은 처음으로 외부 강연을 하시게 됐다. 회장님은 이북에서 1.4후퇴 때 본의 아니게 내려와 고아 아닌 고아가 되었지만 신실한 마음으로 하나님만을 섬겼더니 하나님께서 오늘의 성공을 만들어 주셨다고 한다. 그런 회장님은 2004년 3월, 나의 남편에게 말씀하기를 아내인 내게 설립 자금을 지원해야만 한다고 조언하셨다.

"여성이 국내도 아니고 아프리카까지 오가며 하나님의 일을 하겠다는 생각은 누구나 할 수 없는 믿음이에요. 아마 이 대표는 하나님께서 쓰시려는 딸, 일꾼일 것입니다."

그렇게 격려하시며 물심양면으로 후원해 주셨다.

하나님의 사랑은 또 치밀하셨다. 그것은 방송 프로그램을 제작할 영상선교센터의 직원들을 보내 주셨는데, 그들은 놀랍게도 아프리카 대탐험의 동지들인 감독과 피디들이었다. 나는 끓는 열정으로 기도만 했고 '믿습니다. 아멘!'만 외친 대책 없는 철부지 아이였지만, 하나님은 그 기도를 다 들으시고 돕는 자들을 모으신 것이었다. 또한 백 회장님은 모자를 만들어 처음 구입했다는 모자 빌딩의 큰 사무실을 쓰라고 하셨지만, 나는 가장 작은 방을 택했다. 그리고 월드비전 회장인 박종삼 목사님을 모시고 소박한 창립예배를 드린 뒤 비좁은 공간이지만 목사님도 백 회장님도 모두가 제자리에 앉아 주문해 온 도시락을 차례대로 옆 사람에게 넘겨 주고 받아 가며 감사히 나눠 먹었다.

하나님은 또한 특별한 사랑을 준비하셨는데 그것은 아기와 할머니, 할아버지가 나란히 함께 걷는 일이었다. 즉 CTS기독교TV(감경철 회장)와 월드비전(박종삼 회장), 세계영상선교센터의 대표인 내가 지구촌

한 가족 공동 캠페인 업무 조인식을 맺는 것이었다. 세 단체가 공동으로 '휴먼다큐 함께 걸어요!'라는 〈지구촌 소년 소녀 가장 돕기〉 프로그램을 만들어 방송하고, 시청자가 보내 온 후원금으로 소년 소녀 가장들을 지원하기로 했다. 각각 역할 분담은 CTS는 방송을, 세계영상선교센터는 촬영, 제작, 제작지원 기업 발굴을, 월드비전은 전국에 있는 소년 소녀 가장을 추천하고 후원금을 집행하기로 했다. 그 후에 고맙게도 나의 진실한 요청에 응답한 SK텔레콤이 사회공헌 차원에서 제작지원사로 동참해 주었다.

어느 날 나는 기도 중에 환상을 보았다. 길가에 어린 가로수가 심어져 있었다. 어린 나무는 뿌리가 내릴 때까지 보호받기 위해 양 옆에 나무 받침대로 받혀져 있었다. 비바람에 쓰러져 죽지 않도록 대어 놓은 것이었다. 그 뒤 나무는 무럭무럭 자라나기 시작했다. 그리고 누군가에 의해 아직은 어리지만 자생력을 갖춰야 한다며 양 옆의 버팀목이 거둬져 버렸다. 그래서 어린 나무는 홀로 서 있었다. 나는 쓰러지면 어떡하지? 하는 마음에 얼른 다가가서 그 나무를 살펴보았다. 앗! 이 어린 나무는 갓 태어난 아기, 세계영상선교센터가 아닌가! 양 옆의 버팀목은 할머니와 할아버지의 역할을 하고 있었던 CTS TV와 월드비전이 아니었던가! 아, 하나님은 세계영상선교센터를 뿌리내리시려고 거대한 두 단체를 버팀목으로 사용하셨던 것이다. 이것은 갓 태어난 어린 나를 키우기 위한 하나님의 치밀한 사랑의 작전이었다.

하지만 좋은 일만 있는 것은 아니었다. 나의 열정과 당당함은 사회 활동에 에너지가 되었지만 믿음 생활에서 마주하는 신앙 지도자의 눈에는 그런 당당함이 헛바람 든 여성으로 지목되기도 했다. 주님은 외모로 사람을 판단하지 말라고 말씀하셨지만 나는 정죄의 대상이 됐다. 선교는 교회를 통해서 하면 될 것을, 굳이 교회 밖에 나가서 설치는 진실하지 못한 여성으로 간주되어 슬펐다. 하지만 나의 이런 아픔을 슬퍼하지 말라며 위로해 주신 분은 하나님, 예수님이셨다. 두 분은 나의 진실을 있는 그대로 받아 주시며 용기를 가지라고 힘을 주셨다. 그래서 나는 거의 매주 주말이면 조용한 수도원을 찾아가 더 열심히 주님을 만났다. 나를 정죄했던 믿음의 지도자 덕분으로 감사하게도 더 가까이 하나님, 예수님 앞으로 나아갈 수 있었다. 그리고 나의 부족한 면을 점검하고 고쳐 가는 깨달음의 시간이 됐다. 나는 고백했다.

"주님! 제 마음을 드릴 분은 오직 주 예수 그리스도 당신뿐이십니다."

나의 '오직 주 예수 그리스도'라는 고백은 2002년 아프리카 대탐험 중에도 어김없이 나타났다. 짐바브웨와 잠비아의 국경 빅토리아 폭포 리빙스턴 다리에서 번지점프를 했을 때이다. 나는 당시 세계에서 두 번째로 높다는 111m의 번지점프대에 올라 몸에 밧줄을 매고 뛰어내렸는데 무서워서 "예수님!"만 부르며 떨어졌다.

2005년, 나는 3년간 진행을 맡아 오던 CTS기독교TV의 섬김과 나눔 프로그램 〈예수 사랑 여기에〉 사회자를 내려놓았다. 그리고 영상으로 소외된 아프리카 사람들을 알리는 선교와 구제에 몰두했다. 그리고 〈12인의 하나님의 사람들〉, 〈12인의 예수님의 사람들〉, 〈24인의 성령의 사람들〉,〈24인의 대학 총장에게 듣는다〉 프로그램을 기획 제작하여 수년간 CTS TV에 방영했다. 〈성령의 사람들〉은 명사들의 신앙 간증으로《홀리 피플》이란 도서로 출판하게 됐다. 선교 탐험은 지속과 반복으로 남아프리카공화국, 레소토, 스와질란드, 나미비아, 보츠와나, 모잠비크, 케냐, 탄자니아, 에티오피아, 우간다 등을 돌아보며 TV 선교와 구제 활동을 이어 나갔다. 그리고 이것은 선교와 구제를 각각 분리시킨 독립적 구호단체, 아프리카전문 국제구호개발 비정부기구 NGO 아이러브아프리카의 태동을 알리는 모체가 되었다.

정말 완벽한 이름입니다

"이 대표! 예수 믿는 사람들 하고만 일하면 예수를 알릴 필요가 없잖아요. 예수 안 믿는 사람들과 일을 해야 예수 믿고 구원받으라고 전도도 할 수 있잖아요. 불쌍한 아프리카 아이들을 돕는데 왜 예수 믿는 사람들끼리만 모여서 합니까? 예수를 사랑하든, 석가를 사랑하든, 공자를 따르든, 내 주먹만 믿든, 무교이든, 굶주린 아이들 돕는데 무슨 종교가 필요해요? 모두 함께 나서야 맞는 것 아녜요? 이 대표가 종교를 초월해서 함께 아름다운 세상을 만들어 가는 진실한 단체를 만들어 줘요. 그럼 각계각층의 우리도 함께 참여할 수 있고 좋잖아요!"

평소 알고 지내던 지인들의 조언이 내 마음의 소리와 일치했다. 그렇지 않아도 선교와 구제를 분리하여 목소리를 확실하게 내야겠다는 생각이 깊었기 때문이다. 나는 '함께 걸어요!'를 통해 종교와 상관없이 소년 소녀 가장들을 도울 수 있어 기뻤고, 〈예수 사랑 여기에〉 진행을 하면서 가난으로 수술을 받지 못해 생명이 위험한 아이를 후원해 달라고 호소하면서 가슴에 멍이 들어갔다. 하지만 크게 깨달은 바가 있었다. 그래, 그렇지! 죽어 가는 어린 생명부터 살려야 한다. 세상의 빛이요, 미래의 꿈과 희망인 아이들과 청소년의 생명을 살리자!

2011년 2월 23일, 나는 비정부기구(NGO) 사단법인 〈아이러브아프리카〉를 설립했다. 이것은 아프리카를 전문으로 돕는 국제구호개발 비정부 단체로서 주무관청은 외교통상부(외교부)이다. 설립하기 전 어느 외교관이 내게 용기를 북돋아 줬다.

"이 대표님은 아프리카를 위한 실질적인 봉사를 많이 하면서 왜 NGO 단체를 아직도 세우지 않습니까? 대표님처럼 아프리카를 사랑하는 분이 단체를 설립하고 활동하는 것이 바람직합니다. 그런데 NGO를 세워 놓고 종교 행위를 한다면 외교통상부에서는 절대 허가를 내 드릴 수 없습니다."

"걱정 마세요. 저는 NGO와는 별도로 선교센터를 8년 전부터 운영해 오고 있습니다. 그리고 케냐에는 이미 NGO 단체를 설립했습니다. 케냐 NGO 협의체에 등록된 법인체인데요, 2009년에 신청해서 2010년에 허가를 받았습니다. 처음에는 단체 명칭을 〈I LOVE AFRICA〉라고 제출했는데, 심사 과정에서 'LOVE'는 대중이 모두 사용하는 단어라며 당신 단체만 소유하면 안 된다고 하기에 〈AFRICAN FRIENDS〉, 즉 '아프리칸 친구들'이란 뜻의 명칭으로 변경, 허가를 받았습니다."

"그러셨군요. 여기는 대한민국입니다. 제 생각엔 '아이러브아프리카'가 훨씬 따뜻하고 아름다운 이름입니다. 아프리카를 사랑해서 돕겠다는 뜻이 단체명에 고스란히 배어 있는데 더 이상 어떤 말이 필요합니까! 정말 완벽한 이름입니다. 저는 '아이러브아프리카'를 적극 추천합니다."

이렇게 하여 종교를 초월한 〈아이러브아프리카〉가 외교부로부터 허가받아 한국 본부가 탄생됐다. 그 뒤 케냐에 먼저 설립한 〈AFRICAN FRIENDS〉도 〈I LOVE AFRICA〉로 명칭을 변경할 수 있었다. 5월 31일에는 출정식을 가졌는데 외교부에서 참석하셔서 격려해 주셨고, 종교를 초월한 다양한 사람이 함께 모였다.

특별히 제너시스 BBQ그룹의 윤홍근 회장님은 물심양면으로 아이러브아프리카가 자리 잡을 수 있도록 각별한 사랑으로 지원해 주셔서 내게 큰 힘과 위로가 되어 주셨다. 손병두 호암재단 이사장님과 웅진그룹의 윤석금 회장님은 아이러브아프리카가 설 수 있도록 버팀목이 되어 주셨다. 한국 정부가 무상원조와 유상원조로 아프리카를 돕고 있지만, 아프리카 사람들의 고통을 곁에서 직접 해결해 주는 아이러브아프리카의 역할이야말로 국위선양과 민간 외교의 큰 몫이라며, 한국수출입은행(김용환 전임행장)과 한국예탁결제원(김경동 전임사장)은 아프리카의 미래인 새싹들이 자라는 초등학교에 우물 파 주기 사업과 초등학교 화장실 개량사업에 적극적으로 지원하였다. 이것은 대한민국이 가난했던 시절 선진국의 도움을 받던 나라에서 이제는 원조를 주는 나라로 성장함에 따른 의리의 뜻 깊은 지구촌 공헌사업이었다.

탄자니아 대한민국 대사관의 정일 대사 내외분은 우물을 세우는 초등학교에 오셔서 어린이들에게 깨끗한 물 먹고 건강해서 훌륭한 사람이 되라고 아이들에게 희망을 주었다. 문용린 전 교육부 장관님과 임덕규 디프로머시 회장님은 케냐에 건립할 공중화장실 발대식에 오셨는데, 때마침 절전중인 관계로 땀을 뻘뻘 흘리며 슬럼가로 떠나는 봉사자들에게 크게 격려하였다. 법무법인 세종 명동성 대표 변호사님은 출정식에서 아프리카를 함께 돕자고 뜨겁게 외쳐 놓고선 다들 왜 이렇게 조용하냐고 안타까워하시며 아프리카로 출발하는 내게 많이 먹어야 한다고 밥을 푸짐하게 사 주셨다. 24년 전 숭실대학원에서 처음 만나 언니동생으로 함께해 온 손인춘 국회의원은 현재 한국 퇴역여군회 회장이다. 20여 년 전 손 의원과 나는 건강이 최악의 상태였다. 하지만 입원한 내게 손 의원은 군대용 담요를 들고 와서 "언니, 군용 담요가 굉장히 따뜻해요. 병원 침대는 회복에 좋지 않아요." 하면서 담요를 정성껏 깔아 주었다. 우린 부둥켜안고 서로 아픔을 위로하며 한참을 울었다. 내가 세계영상선교센터를 세울 때도, 아이러브아프리카를 설립할 때도, 그녀는 언니처럼 내 곁을 지켜 줬다.

KBS TV 〈생로병사〉를 진행했던 오유경 아나운서, SBS TV 〈모닝와이드〉의 김원태 프로듀서는 세상에서 가장 아름다운 일은 고통받는 이들을 돕는 일이라며 순수한 열정으로 어려운 일에도 적극 뛰어들어 도와주었다. 여기까지 달려올 수 있도록 기도와 물질로 사랑과 관심으로 후원해 주신 모든 분에게 머리 숙여 인사드린다.

"여러분이 계셨기에 아이러브아프리카의 기초 공사를 마쳤습니다. 감사합니다."

나는 계속 앞을 향해 이 길을 가야만 한다. 이제 남은 내 삶에 존재의 의미는 아프리카 사람들과 함께하는 것이다. 이 길 위에서 나는 용기를 잃지 않기 위해, 주저앉지 않기 위해, 좀 더 많은 사람이 아프리카에 관심을 갖고 도움을 주기 위해 끊임없이 노력해야만 한다.

1977년, 아프리카에서 사경을 헤맬 때 만난 하나님은, 2002년 다시 떠난 아프리카 대탐험 길에서 나를 기다리고 계셨다. 그리고 세계영상 선교센터를 세우시고 영상으로 선교의 빛을 발하게 하셨다. 이어서 아이러브아프리카를 세워 놓으시고 아프리카 사람들을 사랑하고 구제하는 일에 마음을 다하라고 명하셨다. 하나님은 영육 간에 고통받는 아프리카 사람들을 가슴 절절히 지독히도 사랑하고 계셨다. 그리고 너무도 보잘것없는 나를 30년이 훌쩍 넘도록 이끌어 주시고 말씀하신다.

"얘야! 너도 이 길을 나와 함께 가지 않겠니?"

사랑합니다, 하나님!

당신을 만난 뒤 제가 이렇게 변화된 것을 책으로 세상에 알립니다. 부족한 저의 글솜씨로 제 삶에서 일하시는 당신을 다 표현하기가 얼마나 어렵던지요.

아프리카에서 당신을 만난 뒤 37년이란 긴 세월이 흘렀습니다. 그 긴 시간은 숙제를 풀고 약속의 땅으로 들어가는 길이었습니다. 봄, 여름, 가을, 겨울 끝없는 연단과 도전이 기다리고 있었습니다. 고통스러웠지만 인내하고 극복하며 오늘이 되었습니다. 그렇게 당신은 제게 찾아와 제 몸에 맞는 옷을 입혀 주셨습니다. 그 옷은 약속의 옷, 제가 할 일의 옷이었습니다. 그리고 말씀하셨습니다.

"자! 이제 나와 함께 가자! 네가 사경을 헤맬 때 나를 만났던 그곳, 약속의 땅 아프리카로! 네가 있어야 할 그 땅으로!"

이렇게 당신을 따라 여기까지 걸어온 길을 세상에 내놓았습니다. 왜 책을 썼느냐고 물으신다면, 아직도 당신을 모르는 사람들에게 선물하려 한다고 말하겠습니다. 제가 당신을 만난 뒤 이웃을 향해 돌아보기 시작했다고요. 때로 뒤뚱거리고 넘어지기도 했지만 그래도 여기까지 왔다고요. 그렇게 희망이 피어나고 열정이 솟았다고요. 그것들이 아프리카를 사랑할 수 있는 밑바탕이 되었다고요.

이제 사는 날까지 제가 할 일은 당신을 따르는 것뿐이라고 말하겠습니다. 늦은 나이인 제게 순수한 열정으로 일할 수 있는 믿음을 주셔서 고맙습니다. 진심으로 아프리카 사람들을, 아이들을 사랑하는 마음 주셔서 고맙습니다. 길이 보이지 않아 좌절할 때도 다시 일어나서 기도할 수 있는 힘을 주셔서 고맙습니다. 앞을 향하여 용기를 갖고 헤쳐 나가게 해 주셔서 고맙습니다.

당신을 처음 만난 그날처럼 매 순간 새롭게 하시고,
오늘의 고백처럼 당신을 한결같이 사모하게 하소서.
약속의 땅 그곳에서 까만 아들딸을 가슴에 보듬고
당신의 사랑으로 숨 쉬게 하소서.
이 생명 다하는 그날까지
당신의 사랑으로 숨 쉬게 하소서.

고맙습니다, 하나님!

"우리는 마지마마리가 참 좋아요!"